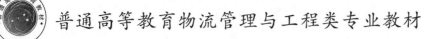

普通高等教育物流管理与工程类专业教材

物流工程学

王　宁　主　编
赵　姣　副主编
胡大伟　主　审

人民交通出版社股份有限公司

北　京

内 容 提 要

本书是普通高等教育物流管理与工程类专业教材。本书分为九章:第一章介绍物流工程的相关概念;第二章至第七章分别介绍运输、仓储、装卸搬运、包装、流通加工以及配送等物流活动及其优化相关知识;第八章介绍物流信息与信息系统;第九章介绍21世纪的物流系统。

本书可作为高等院校物流管理与工程类专业的教材,也可作为物流领域管理和技术人员组织和实施物流活动的参考用书。

图书在版编目(CIP)数据

物流工程学/王宁主编. —北京:人民交通出版社股份有限公司,2021.5
ISBN 978-7-114-17187-1

Ⅰ.①物… Ⅱ.①王… Ⅲ.①物流管理—高等学校—教材 Ⅳ.①F252

中国版本图书馆 CIP 数据核字(2021)第053837号

书　　名:	物流工程学
著 作 者:	王　宁
责任编辑:	钟　伟
责任校对:	孙国靖　龙　雪
责任印制:	张　凯
出版发行:	人民交通出版社股份有限公司
地　　址:	(100011)北京市朝阳区安定门外外馆斜街3号
网　　址:	http://www.ccpcl.com.cn
销售电话:	(010)59757973
总 经 销:	人民交通出版社股份有限公司发行部
经　　销:	各地新华书店
印　　刷:	北京市密东印刷有限公司
开　　本:	787×1092　1/16
印　　张:	13.25
字　　数:	301 千
版　　次:	2021年5月　第1版
印　　次:	2021年5月　第1次印刷
书　　号:	ISBN 978-7-114-17187-1
定　　价:	38.00 元

(有印刷、装订质量问题的图书由本公司负责调换)

PREFACE 前　　言

物流工程学科是一门综合性交叉学科，可以看作是社会科学和自然科学之间的交叉学科，也可以看作是管理科学和工程技术科学之间的交叉学科。因其应用的广泛性，近年来，我国物流工程学科发展如火如荼，无论是软件还是硬件方面，都取得了长足的进步，物流新技术、新方法、新装备、新标准层出不穷，在为我国物流业发展提供保障的同时，也带来了诸多挑战。了解、掌握及优化处理物流工程相关环节，对于降低物流成本、提高效益和竞争力至关重要。

近年来，我国对物流工程高等教育十分重视，教育规模迅速扩大，但同时也应正确处理教学数量和教学质量的关系。良好的教育资源是保证教学质量的关键，而适合我国物流发展现状以及满足企事业单位对于人才需求的教材是一种重要的教育资源。本书结合我国物流业的发展和物流工程教学的实际，在借鉴和吸收国内外物流工程的基本理论和最新研究成果的基础上，从物流工程的基本概念入手，结合当前物流业的最新实践，对现代物流工程中的运输、仓储、装卸搬运、配送以及信息系统等多个环节的基本理论和应用实践进行了较为细致的介绍。在编写过程中，选用了近年来国内外物流工程领域中的最新技术和研究成果，理论性、实践性和系统性较强，不仅能推动我国高等院校物流工程专业的教材建设，而且也能够较好地满足当前企业中从事物流工程相关工作人员的实践需要。

全书共九章，从物流工程的产生和发展着手，对物流工程的发展过程进行梳理，并对现阶段物流工程的含义进行再认识，在此基础上，针对物流系统中的各项活动进行了详细的介绍，同时紧密结合物流工程操作实际，梳理相关概念以及优化方法等知识。结合物流工程的发展现状，针对21世纪先进的物流系统，如智能化物流系统、互联网物流系统、绿色物流系统的内涵、组成和发展趋势等进行了阐述。

本书由王宁担任主编（编写第一、二、三、四、八、九章），由赵姣担任副主编（编写第五、六、七章），由胡大伟担任主审。另外，陈刚、杨海兰、杨倩倩、曲珂琦和马鹏洋等参与了本书的编写工作。

本书在编写中参考了国内外物流领域相关的文献资料，引用了一些专家学者的研究成果，在此对这些文献的作者深表谢意。由于物流工程在我国尚处在不断发展完善中，一些理论和应用实践尚处于探索阶段，同时由于水平和时间有限，本书在叙述中难免存在一些不足之处，敬请各位专家、学者、读者批评指正，以利于我们水平的提高和共同促进现代物流工程研究的发展。

编　者
2021 年 3 月

CONTENTS 目 录

第一章 物流工程及其系统化 ·· 1
  第一节 物流工程的产生与发展历史 ······································ 1
  第二节 物流工程的基本概念 ·· 8
  第三节 物流工程再认识 ··· 12
第二章 运输系统及其优化 ·· 18
  第一节 运输系统的特征 ··· 18
  第二节 运输系统优化 ··· 26
  第三节 多式联运 ··· 33
第三章 仓储系统 ·· 36
  第一节 仓库 ··· 36
  第二节 储存 ··· 44
  第三节 库存管理与控制 ··· 52
第四章 装卸搬运系统 ·· 62
  第一节 装卸搬运的定义及分类 ··· 62
  第二节 装卸搬运机械的选择 ··· 65
  第三节 货物装载技术 ··· 69
  第四节 装卸搬运系统分析与设计 ······································· 72
  第五节 装卸搬运合理化与现代化 ······································· 79
第五章 包装系统 ·· 82
  第一节 包装分类 ··· 82
  第二节 包装器材 ··· 83
  第三节 包装技术 ··· 89
  第四节 包装管理 ··· 94
  第五节 包装标准化 ··· 99
第六章 流通加工系统 ··· 102
  第一节 流通加工的意义和作用 ·· 102
  第二节 流通加工的内容和组织 ·· 105
  第三节 流通加工的方法和技术 ·· 109
  第四节 流通加工合理化 ·· 113
第七章 配送系统 ··· 116
  第一节 配送概述 ·· 116

第二节　配送中心概述 ………………………………………………………… 121
　　第三节　配送系统优化 ………………………………………………………… 135
　　第四节　配送的现代化与发展趋势 …………………………………………… 141
第八章　物流信息与信息系统 …………………………………………………… 144
　　第一节　物流信息 ……………………………………………………………… 144
　　第二节　物流信息系统 ………………………………………………………… 150
　　第三节　物流信息技术 ………………………………………………………… 167
第九章　21世纪的物流系统 ……………………………………………………… 193
　　第一节　智能化物流系统 ……………………………………………………… 193
　　第二节　互联网物流系统 ……………………………………………………… 195
　　第三节　绿色物流系统 ………………………………………………………… 197
参考文献 …………………………………………………………………………… 203

第一章　物流工程及其系统化

第一节　物流工程的产生与发展历史

一、物流工程的产生

物流工程最初发源于两种各自独立的工业生产活动：一是工业设计部门和起重运输行业对生产领域的物料流和物料搬运，面向生产企业将原材料变成产品的制造过程的设计、研究与生产；二是物资流通部门及其所属研究机构对物资流通领域的物资流通和分配的规划、运作以及研究工作。

随着信息科学的发展和产业的专门化、集成化，长期以来处于割裂的两个方面走到了一起，主要表现在以下几个方面：

(1) 物流管理体制的变化，从过去专门的物资流通部门的"统购统销"，向多元化的市场经济发展；

(2) 物流系统化、专业化、集成化，从而形成新型物流企业；

(3) 物流管理的信息化，决策的科学化；

(4) 传统的物料搬运设备和仓储设备向自动化、智能化发展；

(5) 物流系统的集中监控，集散控制系统在物流设备中的应用；

(6) 物流装备的监控与物流管理的集成；

(7) 计算机科学和电子商务的飞速发展，促进了物流业从传统的运作模式向现代物流的发展。

目前，对"物流工程"有两种理解：一种认为"物流工程"是"物流系统工程"的简写，从这个意义上理解的"物流工程"是从系统科学的角度对物流进行研究；另一种认为"物流工程"与"物料搬运"的含义是相同的。产生这两种想法的原因在于物流工程起源的两个方面，因而其各自的理解都是不全面的。必须明确的是，物流工程是物流管理、工程技术和信息技术的有机结合。在物流工程中，如果把信息技术比喻成大脑和神经系统，则工程技术构成了它的骨架，而物流管理科学就是它的肉体，单纯强调某一方面的作用都会偏离发展方向。因而，物流工程应全称为物流工程与管理，近年来，西方国家也称之为 LEM(Logistics Engineering and Management)。物流工程体现了自然科学和社会科学相互交叉的边缘学科的如下几点特征：

(1) 物流工程以多学科综合为其理论基础。物流工作人员和研究人员需要有多方面的知识，除了要掌握生产、运输等技术知识外，还要掌握经济学、统计学等经济管理知识。

(2) 物流工程研究的对象一般是多目标决策的、复杂的动态系统。在系统分析时，既要考虑其经济性指标,又要考虑其技术上的先进性和科学性,因此,不仅要运用自然科学中常用的科学逻辑推理与逻辑计算,同时,也常采用对系统进行模型化、仿真与分析的方法对其进行研究。研究中,常采用定量计算与定性分析相结合的综合性研究方法。

(3)物流工程是一门交叉学科。作为一门交叉学科,它与交通运输工程、机械工程、计算机科学与技术等学科有着密切的联系。

二、物流工程的发展过程及发展趋势

物流工程的源头可以追溯到产业革命时代制造业的工厂生产设计。早在1776年,苏格兰经济学家亚当·斯密在《国富论》中,提出了"专业分工"能提高生产率的理论,同时还提出可以设计一个生产过程,使劳动力得以有效利用。

18世纪末,美国发明家惠特尼将生产过程划分成几道工序,使每道工序形成简单操作的成批生产,并提出"零件的互换性"概念。他用了10年时间来发明、设计、制造自己提议的机器,并布置他的生产。

20世纪初,工业工程和科学管理的创始人之一吉尔布雷斯在建筑工作中提出的动作分析和后来的流程分析就带着物流分析的含义。因此,可以说自从有了工业生产就产生了工厂设计和企业物流的问题。19世纪末到20世纪30年代,以泰勒为首的工程师对工厂、车间、作坊进行了一系列调查和试验,细致地分析、研究了工厂内部生产组织方面的问题,倡导"科学管理"。当时工厂设计的活动主要有以下3项:方法工程、工厂布置和物料搬运。其中,方法工程研究的重点是工作测定、动作研究等工人的活动;工厂布置则研究机器设备、运输通道和场地的合理配置;物料搬运就是对原材料到制成产品的物流控制。在此期间,主要凭经验和定性方法开展工厂设计。

20世纪50年代起,管理科学、工程数学、系统分析的应用,为工厂设计由定性分析转向定量分析创造了条件。这期间陆续发表了一些工厂设计的著作,如爱伯尔的《工厂布置与物料搬运》、穆尔的《工厂与设计》、缪瑟的《系统布置设计》和《物料搬运系统分析》等。

20世纪70年代以来,推出了一些计算机辅助工厂布置程序,较著名的有CRAFT(位置配置法)、COPELAP(相互关系法)、ALDEP(自动设计法)、PLANET(分析评价法)等。这些程序是以搬运费用最少、相互密切度最大为目的,以产生一个最好的工厂布置方案。

20世纪80年代,在物流系统分析中,开始利用计算机仿真技术进行方案比较和优选、复杂系统的仿真研究,包括从原料接收到仓库、制造、后勤支持系统的方针,仓储系统进行分析、评价的方针等,设施设计的动态、柔性问题的研究,利用图论、专家系统、模糊集理论进行多目标优化问题的探讨。

20世纪90年代,结合现代制造技术、FMS(Flexible Manufacture System,柔性制造系统)、CIMS(Computer/Contemporary Integrated Manufacturing Systems,计算机/现代集成制造系统)和JIT(Just in Time,准时制)等进行物料搬运和平面布置的研究,物流系统的研究也扩大到从产品订货开始直到销售的整个过程。充满生机和活力的物流业在全球范围内蓬勃发展起来。我国物流工程的最初形态是设施设计与工厂设计,根据其系统(如工厂、学校、医院、办公楼、商店等)应完成的功能(提供产品或服务),对其各项设施(如设备、土地、建筑物、公用工程)以及人员、投资等进行系统的规划和设计。

新中国成立初期的工厂设计一直沿用苏联的设计方法,即注重设备选择的定量运算,对设备的布置以及整个车间和厂区的布置则以定性布置为主。这种方法在当时起到了积极作用。但是,随着科技的发展以及人类空间的缩小,新建或改建一个工厂仍完全按此粗放型布局已越来越不适应我国经济发展的需要。1982年,美国物流专家Richard Muther来华讲授SLP(Systematic Layout Planning,系统布置设计)、SHA(Systematic Handling Analysis,物料搬运设计)、SPIF(Systematic Planning of Industrial Facilities,系统化工业设施规划),国内将其3本著作翻译出版,产生了极大的影响;日本物流专家也在北京、沈阳、西安等地举办国际物流技术培训班,系统介绍了物流技术的合理化技术和企业物流诊断技术。在这些理论的影响下,我国的物流工程与设施规划业迅速发展。

1987年,国内出版了首本物流学方面的专著——《物流学及其应用》,各地纷纷建立物流研究机构。但是由于我国物流基础的落后,这些研究机构并没有能够真正起到应有的作用,有的研究机构在很短时间内就消失了。实际上,近几年物流工程的迅速发展更多的是针对物流系统装备和管理软件的发展,特别是欧洲和日本的技术和装备的引进。

中国机械工程学会从1994年开始举办现代物流技术与装备国际会议,目前已举行了3届,2000年召开的第一届国际机械工程会议中专门设有物流工程论坛。目前,我国物流工程的重要性逐步被社会所认识,被认为是国民经济中的一个重要组成部分。同时,提高物流效率,降低物流成本,向用户提供优质服务,实现物流合理化、社会化、现代化也是各国物流界所共同面临的重要课题。

物流活动与社会经济的发展是相辅相成的。一方面,经济的发展引起物流总量的增加,促使物流活动更频繁;另一方面,物流活动又反作用与经济发展,对其产生促进或阻碍作用。我国的物流发展,除了和我国经济水平、经济结构、技术发展状况有关外,还和我国经济体制变革有直接关系。图1-1所示为我国物流发展经历的几个阶段。

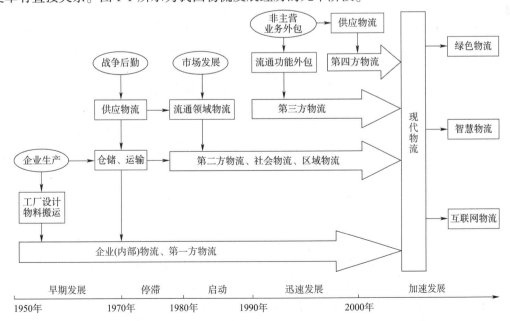

图1-1 我国物流发展经历的几个阶段

物流工程的特点和发展趋势如下：

(1) 物流的系统化。社会经济的发展要求进一步提升物流系统化水平，使之真正成为一个跨部门、跨行业、跨区域的社会系统，真正发挥其节约社会成本、提高国民经济运行质量和效益的功效。物流系统化是流通系统化的具体体现，是流通现代化的主要标志，是一个国家综合国力的体现。

(2) 物流系统的柔性化。随着市场经济的发展，计划经济时期的固定物流运作模式转变为多样化物流运作模式。市场的多变性，产品的小批量、多品种，要求物流系统具有对这种物流运作方式的适应性，以满足生产企业和用户对产品的需求。

(3) 仓储、物流装备的现代化。物流离不开物流装备与仓储，仓储现代化要求高度机械化、自动化、标准化，组织起高效的人-机-物系统。

(4) 物流服务的优质化和全球化。现代企业能否成功地适应全球化市场环境，关键在于能否以有竞争优势的产品使企业的产品和服务跻身全球流通市场。为此，生产企业必须及时整合物流要素和物流资源，选择最合理的物流管理模式。物流企业要与生产企业更紧密地联系在一起，共同顺应新的社会化分工条件下现代物流国际化的发展潮流。

随着消费多样化、生产柔性化、流通高效化时代的到来，社会和客户对物流服务的要求越来越高，物流服务的优质化是物流今后发展的重要趋势。五个亮点的服务，即把好的产品，在规定的时间、规定的地点，以适当的数量、合适的价格提供给客户，将成为物流企业优质服务的共同标准。物流成本已不再是客户选择物流服务的唯一标准，人们更多的是注重物流服务的质量。

物流服务的全球化是今后发展的又一重要趋势。根据荷兰国际销售委员会(MIDC)在最近发表的一篇题为"全球物流业——供应连锁服务业的前景"的报告中指出，目前许多大型制造部门正在朝着"扩展企业"的方向发展。这种所谓的"扩展企业"基本上包括了把全球供应链条上所有的服务商统一起来，并利用最新的计算机体系加以控制。同时，报告认为，制造业已经实行"定做"服务，并不断加速其活动的全球化，对全球供应连锁服务业提出了一次性销售(即"一票到底"的直销)的需求。这种服务要求具有极其灵活机动的供应链，这迫使物流服务商几乎采取了一种"一切为客户服务"的解决办法。

(5) 物流的信息化。基于网络的电子商务的迅速发展，促进了电子物流(E-Logistics)的兴起。联合国贸发会议2020年4月27日发布的《联合国贸发会议2018年全球电子商务评估报告》称，全球电子商务销售额达到25.6万亿美元，面向消费者的电子商务销售和跨境采购快速增长。企业通过互联网加强了企业内部、企业与供应商、企业与消费者、企业与政府部门的联系和沟通，相互协调，相互合作。消费者可以直接在网上获取有关产品或服务信息，实现网上购物。这种网上的"直通方式"使企业能迅速、准确、全面地了解需求信息，实现基于顾客订货的生产模式(Build To Order，简称BTO)和物流服务。此外，电子物流可以在线追踪发出的货物，在线规划投递路线，在线进行物流调度，在线进行货物检查。可以说，电子物流将是21世纪物流发展的大趋势。物流的信息化有助于使产品的流动更加迅速合理，增强物流过程的可预见性和可控性，实现物流资源的优化配置和利用，大幅提高物流管理的科学化水平，物流的信息化也是实现物流网络化、国际化的重要技术基础。

(6) 物流与商流、信息流的一体化。按照流通规律,商流、物流、信息流是三流分离的,但是现代社会不同的产品形成不同的流通方式与营销业态,要求物流随之变化,要求物流中心、配送中心实现商流、物流、信息流的统一。

(7) 物流的网络化。物流的网络化包含两个层面:一是指物流系统的计算机通信网络,供应商、制造商、物流中心及用户通过计算机网络进行业务联系和结算管理;二是组织的网络化,分散的物流单体只有形成网络才能满足现代生产与流通的需要。网络上各节点的物流活动保持系统性和一致性,才能保证运输与配送的快速性与机动性,使整个物流网络保持最优的库存分布和库存总水平。

(8) 物流的社会化和专业化。无论是企业自营物流,还是委托社会化物流企业承担物流服务,均以"服务-成本"的最佳组配为目标。国际上有企业自营物流取得成功的例子,更有大量利用第三方物流企业提供物流服务的范例,物流的专业化、社会化是其发展的主流。物流的社会化趋势是其网络化的进一步发展,主要是物流中心、配送中心的社会化。物流中心及配送中心的社会化有利于其实现集约化、规模化经营,在更大范围实现物流的合理化。

(9) 物流的规模化。国际上现代运输企业向现代物流的融合拓展,是推动现代物流发展的重要途径和趋势,尤其是少数大型运输物流企业的形成和规模化经营(例如,国际航运公司的大举合并及码头多经销商的全球化发展),构成国际运输物流市场的主导力量。集装箱及其专用船舶继续向大型化方向发展,国际运输物资业务将更趋向集中化,枢纽港将获得更快的发展。物流园区将呈现更大的发展,促进实现物流企业的规模化、专业化经营,有利于发挥各物流企业的优势互补并形成它们的整体优势。

(10) 物流的内陆化。广大内陆地区虽然经济技术发展落后,但富藏各类资源且市场潜力巨大。发达国家和地区通过将剩余的资金、成熟的或过熟的产业及技术向内陆地区转移扩张,可以获得使其得以持续繁荣发展所需的宝贵资源和市场。因此,沿海经济发达地区与落后的内陆地区的互动融合发展是客观规律。经济全球化过程中,随着市场逐渐向内陆地区延伸和扩展,内陆地区将成为国际投资和市场开发的热点地区。这就要求以沿海港口为主要枢纽节点,以国际集装箱多式联运为主要载体的国际物流最大限度地向内陆地区延伸扩展,实现物流的内陆化发展。

(11) 物流企业将向集约化与协同化发展。21世纪是一个物流全球化的时代,企业之间的竞争将十分激烈。要满足全球化或区域化的物流服务,企业规模必须扩大,形成规模效益。规模的扩大可以是企业合并,也可以是企业间的合作与联盟,主要表现在两个方面:

①物流园区的建设。物流园区是多种物流设施和不同类型的物流业在空间上集中布局的场所,是具有一定规模和综合服务功能的物流节点。日本是最早建立物流园区的国家,至今已建立20个大规模的物流园区,平均占地约74万 m^2;荷兰统计的14个物流园区,平均占地450万 m^2;德国不来梅的货运中心占地在100万 m^2 以上,纽伦堡物流园区占地达700万 m^2。物流园区的建设有利于实现物流产业的专业化和规模化,发挥它们的整体优势和互补优势。

②物流企业的兼并与合作。随着国际贸易的发展,美国和欧洲的一些大型企业跨越国境,展开连横合纵式的并购,大力拓展国际物流市场,以争取更大的市场份额。德国国营邮政出资11.4亿美元收购了美国大型的陆上运输企业AEI,美国UPS则并购了总部设在迈阿

密的航空货运公司——挑战航空公司。据不完全统计,1999年美国物流运输企业间的并购数已达23件,并购总金额达6.25亿美元。从1997年开始,德国邮政公司在短短两年间并购欧洲地区物流企业达11家,现在它已经发展成年销售额达290亿美元的欧洲巨型物流企业。并购中的一个新特点是国有企业并购民营企业。英国国营邮政公司并购了德国大型民营物流企业PARCE,法国邮政收购了德国的民营墩克豪斯公司。德国、英国和法国的邮政公司为争夺欧洲物流市场,竞相收购民营大型物流运输企业。国际物流市场专家们认为,世界上各行业企业间的国际联合与并购,必然带动国际物流业加速向全球化方向发展,而物流全球化的发展走势,又必然推动和促进各国物流业的联合和并购活动。新组成的物流联合企业、跨国公司将充分发挥互联网的优势,及时掌握全球的物流动态信息,调动自己在世界各地的物流网点,构筑起本公司全球一体化的物流网络,节省时间和费用,将空载率压缩到最低限度,以战胜竞争对手,为货主提供优质服务。除了并购外,另一种集约化方式是物流企业之间的合作与建立战略联盟。

(12)第三方物流的快速发展。第三方物流(Third Party Logistics,简称TPL)是指在物流渠道中由中间商提供的服务。中间商以合同的形式在一定期限内,提供企业所需的全部或部分物流服务。第三方物流提供者是一个为外部客户管理、控制和提供物流服务作业的公司,通过提供一整套物流活动来服务供应链。

在美国,第三方物流被认为尚处于产品生命周期的发展期;在欧洲,尤其在英国,普遍认为第三方物流市场有一定的成熟程度。欧洲目前使用第三方物流服务的比例约为76%,美国约为58%,且需求仍在增长。研究表明,欧洲24%和美国33%的非第三方物流服务用户正积极考虑使用第三方物流服务;欧洲62%和美国72%的第三方物流服务用户认为他们有可能在3年内更多地使用第三方物流服务。全世界的第三方物流市场具有潜力大、渐进性强和增长率高的特征,这种状况将使第三方物流企业拥有大量的服务客户。国际上大多数第三方物流服务公司大都是以传统的"类物流"业为起点而发展起来的,如仓储业、运输业、空运、海运、货运代理和企业内的物流部等,它们根据顾客的不同需要,通过各具特色的服务取得成功。

(13)绿色物流是物流发展的一大趋势。物流虽然促进了经济的发展,但是物流的发展同时也会给城市环境带来不利的影响,如运输工具的噪声、污染排放、对交通的阻塞等,以及生产及生活中废弃物的不当处理对环境所造成的影响。为此,21世纪对物流提出了新的要求,即绿色物流。绿色物流包括两方面:一是对物流系统污染进行控制,即在物流系统和物流活动的规划与决策中尽量采用对环境污染小的方案,如采用排污量小的货车车型、近距离配送、夜间运输(减少交通阻塞,节省燃料和减少排放)等。发达国家政府倡导绿色物流的对策是指在污染发生源、交通量、交通流3个方面制定相关政策。绿色物流的另一个方面就是建立工业和生活废料处理的物流系统。

(14)不断采用新的科学技术改造物流装备和提高管理水平。国外物流企业的技术装备已达到相当高的水平,目前已经形成了以系统技术为核心,以信息技术、运输技术、配送技术、装卸搬运技术、自动化仓储技术、仓库控制技术、包装技术等专业技术为支撑的现代化物流装备技术格局。今后进一步的发展方向如下:

①信息化——采用无线互联网技术、全球定位系统(Global Positioning System,简称

GPS)、地理信息系统(Geographic Information System,简称 GIS)、射频标识技术(Radio Frequency,简称 RF)等。

②自动化——自动引导小车(Automatic Guided Vehicle,简称 AGV)技术、搬运机器人(Robot System,简称 RS)技术等。

③智能化——电子识别和电子跟踪技术、智能运输系统。

④集成化——集信息化、机械化、自动化、智能化于一体。

三、物流工程对国民经济的影响和作用

物流在国民经济发挥了重要作用,已有"第三利润源泉"之称。其作为国民经济的重要组成部分和国民经济发展的动脉和基础产业,正在迅速发展,在国民经济建设中也占有重要的地位。

1. 物流与国民经济的关系

(1)物流是国民经济的基础之一。物流是国民经济的动脉,通过不断输送各种物质产品,使生产者不断获得原材料及燃料以保证生产过程的顺利进行,同时又不断运送产品给不同的需求者,使他们的生产、生活得以正常进行。这些相互依赖的存在,是靠物流来维系的,国民经济因此才得以成为一个有内在联系的整体。

物流是国民经济的基础,经济体制的核心问题是资源配置,资源配置不仅要解决生产关系问题,而且必须解决资源的实际运达问题。物流还以本身的宏观效益支持国民经济的运行,改善国民经济的运行方式和结构,使其更加完善。

(2)物流是企业生产的前提保证。一个企业的正常运转,必须有一个良好的外部物流环境,保证按企业生产计划和生产节奏提供原材料、燃料、零部件,同时将产成品不断运离企业。企业生产过程的连续性依靠生产工艺中不断的物流活动来实现。企业的发展靠质量、产品和效益,物流作为全面质量的一环,是接近用户阶段的质量保证手段。物流通过降低成本增加企业利润,促进企业的发展。

(3)在特定条件下,物流是国民经济的支柱。一些处于特定地理位置或具有特定产业结构的国家,例如荷兰、新加坡和日本,物流在其国民经济中起着重要的作用,成为其财政收入的主要来源。

2. 物流与社会进步的关系

物流的畅通促进了社会经济的发展,从而促进了社会的进步,主要表现在以下两个方面:

(1)通畅的物流会促进人们的思想开放、观念更新。物流是促进交往的重要手段,通畅的物流会使地区经济与外界交往活跃、会增加人员的交往,因而有利于开阔视野、启迪思维,促进观念的更新。

(2)通畅的物流有利于促进社会分工和生产力的集约化、规模化。实际上,许多社会分工受到物流的制约,一些产业也是在物流发展的促进下才得以发展而形成规模生产。例如煤炭产业,最初由于无法远距离运送,使煤炭生产受到制约,当铁路出现以后,创造了长距离运送煤炭的物流条件,才促使煤炭行业形成专业化、大批量的生产方式。

3. 物流与企业的关系

物流是企业赖以生存和发展的外部条件,是企业本身必须从事的重要活动。从外部看,

社会物流承担联合社会再生产、联合企业与企业、企业与消费者、企业与供应者的重任，所以物流是社会再生产的构成因素，使企业有机地存在于国民经济总体中。从企业本身看，企业的物流活动可以保证企业生产的连续性，降低生产成本，成为企业的第三方利润源泉，是企业生存和发展的重要活动之一。

第二节　物流工程的基本概念

一、物流工程与系统化管理

物流工程有两种含义：一种是从系统工程学角度研究物流，称为物流系统工程，简称为物流工程；另一种是从工程角度研究物流系统的设计与实现。前者属于软科学的研究范畴，后者涉及从物流系统规划，到设计、制造、实施、管理的全过程。本书主要介绍物流工程的系统化管理。

物流工程是将信息处理、存储、包装、装卸、运输、加工、配送、回收等基本功能进行有机结合，并由多个要素有机联系、相互促进来共同组成，同时以信息技术为广泛支持，对物流活动的合理化和纵深化进行更为系统化的管理，形成一个以多种要素相互关联和有效协作的整体，最终实现现代物流系统的最大效益。从企业经营战略角度而言，物流作为一个庞大的活动体系，要想使整个物流系统发挥出更为高效和标准的运作水准，就必须依靠系统化的管理，进而提高向消费者和用户供需商品的效率。反之，不仅会导致物流管理出现滞后，还会给物流生产和影响带来负面影响。因此，物流工程系统化管理应具备以下几点要求。

1. 侧重打造客户满意度

物流系统工程的本质就是以企业经营发展为战略基础，以满足客户的基本需求为追求目标。因而在物流系统化管理的战略设定中，物流企业应以打造客户满意度为追求目标，从客户的角度出发，让客户能享受到高效的服务，以此提高服务满意度。物流系统化管理可以从以下两方面提高客户满意度：一方面实现对物流中心网络的优化，促使工厂、仓库和加工等建设能符合分散化的基本原则，能为物流活动的开展提供硬性基础；另一方面是要实现物流信息的高度化和物流主体的合理化，要求物流中心能及时地反映出物流周转、运输的相关信息，并要确定物流主体的合理化，避免出现多个物流主体而导致物流活动的效果受到影响。

2. 提高物流系统化运转和系统性规划

随着物流的不断发展，现代物流系统在传统系统的基础上，将现代科技技术和先进科学理论予以延伸，实现了每项物流作业的精确化和高效率化。随着物流体系和现代需求的发展与提高，物流系统化的管理不仅包括销售物流和企业物流两个部分，同时还包括了调度、退货、废弃品等多种物流的管控。而处于物流管理中的销售物流，是一种将各个参与者，如厂商、消费者、零售商等相互结合起来的整体销售物流活动。为了确保这种物流活动的效益，物流企业应以提高物流系统工程运转为侧重点，以优化物流系统本身为出发点，对构成物流系统工程的条件、要素进行深度调节，促使整个物流系统在信息化的支持下显得更为高效，为渠道的运转提供调度、衔接、管控、信息支持等系统支撑，以此来确保整个销售物流活动的合理化。物流系统工程注重追求在调度或运转等渠道上追求最优效果，因此，物流系统化管理必须有全局意识观,从市场全方位的角度出发,不能仅仅局限于某一渠道运转的效果,而应以调度、生产、销售、物流等全体渠道运转的效益最优化为指导方针,对物流系统的宏观调控进行规划,具体可以从物流系统、信息系统和运营系统3个方面进行规划。信息系统规划可以从物流系统的信息管理和决策系统支持方面出发,为物流系统工程提供有力的数据、信息支持;运营系统规划可以从人员配备、作业标准和组织机构协调等规范方向进行设计,促使整个现代物流系统运作的协调化,以此来构建物流系统化管理的效益观,实现物流系统工程的高效化、信息化和标准化。

3. 重视信息支持与物流效果

物流系统活动不论是从生产还是销售角度,都不仅仅单纯地归纳于整个物流企业的统筹范围,而是将整个供应商、批发商和零售商等多方关联在内的统一活动,而物流活动也正是依靠这种供应链强化了与物流企业间密不可分的关系。对物流企业而言,如果想让这条涵盖产、销、物相结合的供应链达到最优效果,那么相应地就必须追求流通生产全过程效率的提高,以此来促进经营方式的有效转变。但在经营管理的基本要素之上,信息支撑无疑是整个物流管理的核心所在。物流系统化管理是以信息技术为支持条件,如果没有发达的信息网络和信息资源作为物流活动的有效支撑,那么不仅将导致物流活动的合理化和纵深化无法发展,同时物流活动的系统化管理更无法实现。因此,物流企业必须要高度重视信息体系的支撑,以此来深化物流系统的协调运作,为物流活动提供更好的信息支持,便于物流的系统化管理。

4. 强化物流运转的一体化管理

物流系统化管理涵盖物流产品物理性流通的全部过程,客观而言就是从流通的初始环节直至流通的结束环节,将整个流通阶段归结为一个完整的整体,对这个完整的整体进行系统化管理。物理流通运转期间必然会出现地点和时间的变化,但物流的实需型发展不仅要求能实现经济的效率化,同时还必须能够反映市场的真实需求,以确保整个物流环节的正确顺利进行。就目前而言,如何缩短物流运转时间是困扰物流系统化管理的一个重要的问题,这是由于不论是流通的哪个环节出现问题都会导致时间的差异化,都有可能致使时间效率降低。因此,要提高时间效率,就必须要从整体上把握控制物流环节的各种要素,并将各种要素予以紧密联合,才能实现时间效率最大化这一目标,促使物流系统工程在系统化管理体制下创造出更高的效益。

二、物流工程目标

物流系统工程(Logistics System Engineering,简称LSE)是指在物流管理中,从物流系统整体出发,把物流和信息流融为一体,看作一个系统,把生产、流通和消费全过程看作一个整体,运用系统工程的理论和方法进行物流系统的规划、管理和控制,选择最优方案,以最低的物流费用、高的物流效率、好的顾客服务,达到提高社会经济效益和企业经济效益目的的综合性组织管理活动。物流系统是指从产品采购到销售并送达客户手中这样一个范围很广的系统。因此,物流系统的目标就是要把其中的各个环节联系起来看成一个整体进行设计和管理,以最佳的结构和最好的配合,充分发挥其系统功能和效率,实现系统整体合理化。物流系统所要达到的具体目标主要有以下5个方面。

1. 服务性(Service)

服务性要求在为客户服务方面要做到无缺货、无货物损伤和丢失等现象,且费用便宜。

2. 快捷性(Speed)

快捷性要求把货物按照客户指定的地点和时间迅速送达,为此可以把配送中心建立在供给地区附近,或者利用有效的运输工具和合理的配送计划等手段。

3. 有效利用面积和空间(Space saving)

有效利用面积和空间要求对城市市区面积的有效利用必须加以充分考虑,应该逐步发展立体化设施和有关物流机械,求得空间的有效利用。

4. 规模适当化(Scale optimization)

规模适当化要求考虑物流设施集中与分散得是否适当、机械化与自动化如何合理利用、情报系统的集中化所要求的电子计算机等设备的利用等。

5. 库存控制(Stock control)

库存控制要求必须按照生产与流通的需求变化对库存进行控制。库存过多需要更多的保管场所,而且会产生库存资金积压,造成浪费。

上述物流系统设计的目标简称为5S。要实现以上目标,就要进行研究,把从采购到消费的整个物流过程作为一个流动的系统,缩短物流路线,使物流作业合理化和现代化,从而降低其总成本。

三、物流工程研究基本方法

物流工程以多学科综合为其理论基础,同时它又是一门应用科学,具有很强的实用性,在研究中通常将定性分析和定量分析相结合运用。常用的研究方法有运筹学、系统工程分析方法、仿真技术。

1. 运筹学

运筹学是应用分析、试验、量化的方法,对经济管理系统中人、财、物等有限资源进行统筹安排,为决策者提供有依据的最优方案,以实现最有效的管理。运筹学往往运用模型化的方法,将一个已确定研究范围的现实问题,按提出的预期目标,针对现实问题中的主要因素及各种限制条件之间的因果关系、逻辑关系建立数学模型,通过模型求解来寻求最优方案。运筹学的分支主要有线性规划、非线性规划、动态规划、排队论、对策论等。

(1) 线性规划。在经营管理工作中,往往碰到如何恰当地运转由人员、设备、材料、资金、信息、时间等因素构成的体系,以便最有效地实现预定工作任务的问题。这一类统筹计划问题用数学语言表达出来,就是在一组约束条件下寻求一个目标函数的极值问题。当约束条件表示为线性方程式,目标函数表示为线性函数时,就称为线性规划。

(2) 动态规划。动态规划是将一个复杂的多阶段决策问题分解为若干相互关联的较易求解的子决策问题,以寻求最优决策序列的方法。

(3) 排队论。排队论是研究排队现象的统计规律性,并用以指导服务系统的最优设计和最优经营策略,又称随机服务系统理论。在这种服务系统中,服务对象何时到达和他们占用系统的时间事先都无从确知。这是一种随机聚散现象。排队论通过对每个个别的随机服务现象统计规律的研究,找出反映这些随机现象平均特性的规律,从而在保证较好经营效益的前提下改进服务系统的工作能力。

(4)对策论。对策论是用来研究对抗性竞争局势的数学模型,以探索出最优对抗策略。一般在已知竞争或对抗的各方全部可采取的策略而不知他方如何决策的情况下,向竞争或对抗各方提供最优决策。在这种竞争局势中,参与对抗的各方都有一定的策略可供选择,并且各方具有相互矛盾的利益。目前,对策论已在政治、军事、经济等领域内得到广泛的应用。

(5)储存论。在经营管理工作中,为了保证系统有效运转,往往需要对原材料、元器件、设备、资金以及其他物资保障条件保持必要的储备。储存论就是应用数学方法研究在什么时间、以多少数量、从什么供应渠道来补充这些储备,使得在保证生产正常运行的情况下,保持库存和补充采购的总费用最少。

2. 系统工程分析方法

系统工程是组织管理系统的规划、研究、设计、制造、试验和使用的科学方法,是一种对所有系统都具有普遍意义的科学方法。系统工程根据总体协调的需要,把自然科学和社会科学的某些思想、理论、方法、策略和手段等有机地联系起来,把人们的生产、科研或经济活动有效地组织起来,应用定量分析和定性分析相结合的方法和计算机等技术工具,对系统的构成要素、组织结构、信息交换和反馈控制等功能进行分析、设计、制造和服务,从而达到最优设计、最优控制和最优管理的目的,以便最充分地发挥人力、物力的潜力,通过各种组织管理技术,使局部和整体之间的关系协调配合,以实现系统的综合最优化。

在一项系统工程的分析过程中,每个行动环节一次即顺利完成的可能性是很小的,需要在反馈信息的基础上反复进行。分析者研究每一环节输出中间结果或最后阶段的结果后,都可能改变最初的设想或收集更多的信息以修正原来的结果。例如,决策者在弄清方案后果以前,往往难以有把握地提出某项目标;在发现某些后果后有可能增加约束条件,筛选备选方案,调整方案的政策参数等。图1-2所示为系统分析过程的逻辑结构。

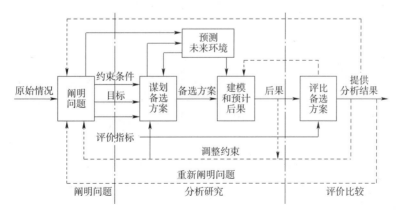

图1-2 系统分析过程的逻辑结构

系统分析过程中的另一重要因素是分析人员和决策者之间的沟通和对话。系统工程分析方法需要专业技术和组织体制、行为因素相结合,逻辑推理和直感判断相结合,定量和定性分析相结合。

3. 仿真技术

仿真是指对真实事物的模仿。"仿真"一词另外一个常见的提法是"模拟"。根据"国际标准化组织(ISO)标准"中《数据处理词汇》部分名词解释,"模拟(Simulation)"与"仿真(Emulation)"两词的含义分别为:"模拟"即选取一个物理的或抽象的系统的某些行为特征,用另一系统来表示它们的过程;"仿真"即用另一数据处理系统,主要是用硬件来全部或部分地模仿某一数据处理系统,以至于模仿的系统能像被模仿的系统一样接受同样的数据,执行同样的程序,获得同样的结果。

系统仿真是模仿现有系统或未来系统运行状态的一种技术手段,按其状态变化是否连续,可以分为连续系统和离散系统两种。物流系统模拟是对物流系统的某些功能进行模拟或仿真,即建立一个系统模型来模仿物流系统的某些功能,以寻找对某些问题的解决方法。模拟模型的实验运行需要进行大量的计算。

第三节 物流工程再认识

一、物流工程新观念的产生

物流的新观念是这一门学科从众多科学中脱颖而出的基础。在本书理论部分对若干新观念、新思想有所涉及,但其中未能包含全部,此处提要地列举如下:

(1)物流不是"花钱的中心"而是"来钱的中心";物流不是增加成本的因素而是增加利润的因素,是"第三个利润源";物流不是给企业带来麻烦、妨碍企业实现经营主体目标的因素,而是企业战略发展的因素。

(2)物流各项功能要素分别独自活动,便会互相抵消;物流的价值来源于物流这一总体,而不是孤立的功能要素。

(3)物流虽依商流而生,有商流才有物流,但是物流可以与商流分离,找到独自运行的优势。

(4)包装是生产的终点,但更重要的是物流的起点。包装的新观念在于要从物流起点这一积极的、主动的角度审视包装问题。

(5)包装不足和包装过剩都会降低效益和服务水平,要从仅重视包装不足转到同时重视包装过剩。

(6)仓库不仅是"蓄水池",而且是组织和衔接物流、加速物流的设施,是物流系统的"调节阀"。

(7)物流不仅可以消极地保护和转移使用价值,还可以积极地改进、完善和增加物品的使用价值。

(8)物流的高附加价值说的新观念认为,可以通过流通加工、集装、"门到门"运输、配送等方式,在用户乐于接受且并没有感受总流通费用增加的情况下,实现物流的高附加价值。其做法是减少流通时间,减少物流环节,在总附加值不变或略有提高的情况下,实现单位物流的高附加价值。

(9)新的物流对传统的"直达"优化观念也提出了一定领域的更新。由于现代消费观念变化,大批购入消费的观念已转为多样化消费,物流"多批次、少批量、多品种"的局面随之出现。而中转能集中批量,能统筹规划,因而优于直达,即便在认为直达是天经地义正确的领域,由于集中库存的高边际效用和统筹调度的作用,中转也在原来不大合适的领域内实现了优化。因而现代物流观念大大扩展了中转形式的优化范畴。

(10)物流新观念中特别提出了零库存观念并具体指出了实现的可能性,如以社会库存使企业实现零库存和以计划轮动式生产实现零库存等。

(11)建立了"第三次运输革命"的新观念。第一次运输革命以大型船和动力船为代表,第二次运输革命以汽车和飞机为代表,第三次运输革命是在物流科学形成之后,因而应正确称之为物流革命,其代表方式是综合运用、有机联系各种输运手段并以集装贯通的联运。

(12)随着经济和科技的发展,人们已经感受到前所未有的富足和便利,但是随之而来的环境问题,成为现今最大的副产品。世界各国对环境的认识逐渐从浅入深、从现象到本质,认为环境问题不仅是一个技术问题,而且也是一个社会经济问题。于是,社会上掀起一阵"绿色浪潮",绿色物流随之产生。

(13)2009年,中国物流技术协会信息中心、华夏物联网、物流技术与应用编辑部率先在行业提出"智慧物流"的概念,智慧物流顺应历史潮流产生。进入2010年,物联网成为当年"两会"的热门话题,"积极推进'三网'融合,加快物联网的研发应用"也首次写入政府工作报告。国家《物联网"十二五"发展规划》指出,"十二五"期间,我国将积极开展应用示范,在9个重点领域完成一批应用示范工程,力争实现规模化应用。9个重点领域即智能工业、智能农业、智能物流、智能交通、智能电网、智能环保、智能安防、智能医疗、智能家居。2013年2月17日,国务院办公厅发布了《关于推进物联网有序健康发展的指导意见》,明确要建立健全部门、行业、区域、军地之间的物联网发展统筹协调机制,为智慧物流的发展夯实了基础。2013年8月14日,国务院又发布了《关于促进信息消费扩大内需的若干意见》,进一步明确了信息技术研发,信息产品消费,特别是完善智慧物流基础设施,加快实施智慧物流工程的要求。基于以上背景,智慧物流作为未来物流技术发展的重要方向,必将成为我国经济发展的新动力。

(14)随着新一代信息技术应用日益成熟,电子商务成为信息化的主导力量,"互联网+"应运而生。"互联网+"就是通过互联网平台,利用信息通信技术,将互联网和包括传统行业在内的各行各业结合起来,在新的领域创造一种新的生态。伴随电子商务的日益发展,消费者的个性化需求对物流行业提出了更高的要求,信息技术的引入成为应对消费者需求和环境不确定性的关键,"互联网+物流"随之产生。

(15)在物流业迅速发展的今天,其产值和规模迅猛扩大,针对物流理论和技术的研究也日益丰富。党的十六届四中全会通过了《中共中央关于加强党的执政能力建设的决定》(以下简称《决定》),首次提出了"构建社会主义和谐社会"的奋斗目标。《决定》里的"和谐"明显强调一点,那就是协调,即和谐是各方面的协调发展。作为和谐社会系统工程的一部分,和谐物流的建设也是不可缺少的。关于什么是和谐物流,迄今还没有一个确切的定义。一般将"和谐物流"理解成物流系统内部各要素之间,以及系统内部要素与外部系统之间相互协调、均衡发展的一种较为理想的状态。它强调系统各组成部分的协调、均衡发展与整体最优。

二、物流工程应用条件

科学技术是第一生产力,也是物流的第一生产力。对物流而言,科学技术起着决定性作用,几次"物流(运输)革命"都是以科学技术发展作为支撑的。物流工程基本方法在实际中的应用条件包括基础工业工程技术、建模与仿真方法、系统最优化技术、网络技术、分解协调技术、信息技术、自动化立体仓库技术等。

1. 基础工业工程技术

基础工业工程技术也称工作研究技术,特别是工作研究中的流程分析技术,图、表技术,作业改善技术,方法研究技术等。

2. 建模与仿真方法

物流系统活动范围广泛、涉及面宽、经营业务复杂、品种规格繁多,且各子系统功能部分相互交叉、互为因果,因此,它的系统设计是一项十分复杂的任务,需要严密的分析。由于它的复杂性,一般很难做实验,即使可以做实验,往往需耗费大量的人力、物力和时间。因此,要对其进行有效的研究,在系统设计和控制过程中,得出有说服力的结论,最重要的是要抓住作为系统对象的系统的数量特性,建立系统模型。

所谓系统模型就是由实体系统经过变换而得到的一个映象,是对系统的描述、模仿或抽象。模型化就是用说明系统结构和行为的、适当的数学方程、图像以至物理的形式来表达系统实体的一种科学方法。模型表现了实际系统的各组成因素及其相互间的因果关系,反映实际系统的特征,但它高于实际系统而且具有同类系统的共性,有助于解决被抽象的实际系统。物流系统仿真的目标在于建立一个既能满足用户要求服务质量,又能使物流费用最小的物流网络系统。其中最重要的是如何能使"物流费用最小"。在进行仿真时,首先分析影响物流费用的各项参数,诸如与销售点、流通中心及工厂的数量、规模和布局有关的运输费用、发送费用等。由于大型管理系统中包含有人的因素,用数学模型来表现他们的判断和行为是困难的。但是,人们正在积极研究和探索包含人的因素在内的反映宏观模糊性的数学模型。目前,社会上大量开展数量经济研究,预计在社会经济研究中,数学模型和计算机将会得到越来越广泛的应用,这是对传统的凭主观经验进行管理的有力挑战。

仿真技术在物流系统工程中应用较广,并已初见成效。但由于物流系统的复杂性,其应用受到多方限制,特别是数据收集、检验、分析工作的难度较大,从而影响仿真质量,所完成的模型精度与实际的接近程度也还存在一定差距,有待进一步研究。加之,仿真方法本身属于一种统计分析的方法,相比一般的解析方法要粗些,但这并不影响仿真方法在物流系统工程中的应用和推广。

3. 系统最优化技术

最优化技术是20世纪40年代发展起来的一门较新的数学分支。近几年其发展迅速,应用范围越来越广,方法也越来越成熟,所能解决的实际问题也越来越多。系统优化问题是系统设计的重要内容之一。所谓最优化,就是在一定的约束条件下,如何求出使目标函数值最大(或最小)的解。求解最优化问题的方法称为最优化方法。一般来说,最优化技术所研究的问题,是对众多方案进行研究并从中选择一个最优的方案。一个系统往往包含许多参数,受外部环境影响较大,有些因素属于不可控因素。因此,优化问题是在不可控参数发生变化的情况下,根据系统的目标,经常地、有效地确定可控参数的数值,使系统经常处于最优状态。系统最优化离不开系统模型化,先有模型化而后才有系统最优化。物流系统所包含的参数绝大多数属于不可控因素,且相互制约,互为条件。在外界环境约束条件下,要正确处理好众多因素之间的关系,除非采用系统优化技术,否则难以得到满意的结果。物流系统工程的基本思想是整体优化的思想,对所研究的对象采用定性、定量(主要是定量)的模型优化技术。经过多次测算、比较、求好选优、统筹安排,使系统整体目标最优。

系统最优化的方法很多,它是系统工程学中最具实用性的部分。系统最优化的方法中,大部分是以数学模型来处理一般问题的,如物资调运的最短路径问题、最大流量、最小输送费用(或最小物流费用)以及物流网点合理选择、库存优化策略等模型。系统优化的手段和方法,应根据系统的特性、目标函数及约束条件等进行合理选择。常用的物流系统优化方法有：数学规划法,包括静态优化和动态优化规划法,主要运用线性规划解决物资调运、分配和人员分派的优化问题,运用整数规划法选择适当的厂(库)址和流通中心位置采用扫描法对配送路线进行扫描求优。另外还有动态规划法、分割法等,运筹学中的博弈论和统计决策也是较好的优化方法。

物流系统的目标函数是在一定条件下,达到物流总费用最省、顾客服务水平最好、全社会经济效果最高的综合目标。由于物流系统包含多个约束条件和多重变量的影响,因此难以求优。解决的办法是根据 Dentzin Wlofe 分解原理和分解方法,巧妙地把大问题分解成多个小问题,对各子问题使用现有的优化方法和计算机求解;也可通过 Lagrange 方法求得大系统的动态优化解。所以说,系统最优化方法是物流系统方法论中的重要组成部分。

4. 网络技术

网络技术是现代管理方法中的一个重要组成部分,它最早用于工程项目管理中,后来在企业(或公司)的经营管理中得到广泛应用和发展。网络技术是1958年美国海军特种计划局在"北极星导弹计划"研制过程中提出的,以数理统计为基础、以网络分析为主要内容、以电子计算机为先进手段的新型计划技术,称作 PERT(Program Evaluation Review Technique,计划评审法)和 CPM(Critical Path Method,关键路线法)。PERT 方法主要以时间控制为主,而 CPM 方法则以进度和成本控制为主。在现代社会中,生产过程错综复杂,工种繁多,品种多样,流通分配过程涉及面广,影响因素随机、多变,参加的单位和人员成千上万。如何使生产中各个环节之间相互密切配合、协调一致,如何使生产-流通-消费之间衔接平衡,使任务完成既好又快且省,这不是单凭经验或稍加定性分析就能解决的,而需要运用网络技术的方法来进行统筹安排,合理规划。越是复杂的、多头绪的、时间紧迫的任务,运用网络技术就越能取得较大的经济效益。对于关系复杂的、多目标决策的物流系统研究,网络技术分析是不可忽视的基本方法。长期以来,在管理系统中一直沿用甘特图的计划方法,这种图表方法简单,直观性强,易于掌握。但是,它不能反映出各个项目之间错综复杂、相互制约的关系,也不能清楚地反映出哪些项目是主要的、处于关键性的地位,不利于从全局出发,最合理地组织与指导整个系统活动。而网络技术则以工作所需的时间为基础,用表达工作之间相互联系的"网络图"来反映整个系统的全貌,并能指出影响全局的关键所在,从而对整体系统作出比较切实可行的全面规划和安排。利用网络模型来模拟物流系统的全过程以实现其时间效用和空间效用是最理想的。通过网络分析可以明确物流系统各子系统之间以及与周围环境的关联,便于加强横向经济联系。网络技术设计物流系统,可研究物资由始发点通过多渠道送往顾客的运输网络优化,以及确定物料搬运最短路径。

5. 分解协调技术

在物流系统中,由于组成系统的项目繁多,相互之间关系复杂,涉及面广,会给系统分析和量化研究带来一定的困难。在此可以采用"分解-协调"方法对系统的各方面进行协调与平衡,处理系统内外的各种矛盾和关系,使系统能在矛盾中不断调节,处于相对稳定的平衡状态,充分发挥系统的功能。所谓分解,就是先将复杂的大系统,比如物流系统,分解为若干相对简单的子系统,以便运用通常的方法进行分析和综合。其基本思路是先实现各子系统的局部优化,再根据总系统的总任务、总目标,使各子系统相互"协调"配合,实现总系统的全局优化,并从系统的整体利益出发不断协调各子系统的相互关系,达到物流系统的费用省、服务好、效益高的总目标。此外,还要考虑如何处理好物流系统与外部环境的协调、适应。所谓协调,就是根据大系统的总任务、总目标的要求,在各分系统相互协调配合子系统局部优化的基础上,通过协调控制,实现大系统的全局最优化。研究协调要考虑以下两个方面的问题:

(1)协调的原则。这是设计协调机构或协调的出发点,包括用什么观点来处理各子系统的相互关系,选取什么量作为协调变量,以及采取什么结构构成协调控制系统等问题。

(2)协调的计算方法。求得协调变量,加速协调过程,保证协调的收敛性简化协调的技术复杂性,都需要探求一定的方法,这是设计协调机构的依据。

6. 信息技术

信息技术是信息资源的一个重要组成部分。随着人类从工业社会过渡到信息社会,物流管理中信息技术的应用也越来越多。信息技术的发展为企业物流管理提供了新的手段,促进了物流管理水平的提高。信息技术正在不断地提高运行速度和能力,同时又在降低成本。信息技术已被视为提高生产率和竞争力的主要来源。物流管理中几种重要的信息技术有:电子数据交换(Electronic Data Interchange,简称 EDI)、条形码(Bar Code)技术、全球定位系统、地理信息系统、数据管理技术、多媒体技术、数据挖掘技术、Web 技术等。

7. 自动化立体仓库技术

自动化立体仓库技术是在生产力和科学水平不断提高的情况下出现的崭新的物流技术。自动化立体仓库是指采用高层货架储存货物,使用堆垛机、输送机等设备出入库,由计算机控制和管理的仓库。目前,国内外的叫法不太一致,有的称"立体仓库""高层货架仓库""高位仓库",也有的称为"货架系统""无人仓库""自动存取系统"等。这些名称的出现与人们对自动化立体仓库的认识及自动化立体仓库的发展过程有关。这类仓库的最大高度已经超过 40m,最大库存量达到数万个乃至十多万个货物单元,可以做到完全按计划入库和出库的全自动化控制,并且对于仓库的管理可以实现计算机网络管理。随着物流技术日益被人们重视,对自动化仓库的研制和技术交流活动也在不断加强。

三、物流工程与物流管理的联系和区别

物流工程是以物流系统为研究对象,研究物流系统的规划设计与资源优化配置、物流运作过程的计划与控制以及经营管理的工程领域。物流工程是管理与技术的交叉学科,它与交通运输工程、管理科学与工程、工业工程、计算机技术、机械工程、环境工程、建筑与土木工程等领域密切相关。

物流工程学科主要是对物流系统的规划、设计、实施与管理的全过程进行研究。设施设计是工程的灵魂,规划设计是物流系统优劣的先决条件,物流工程为物流系统提供了软件和

硬件平台。一个良好的物流系统不能仅留在规划阶段,而是需要通过具体的工程建设来实现,物流工程的实施过程就是完成整个系统的硬件设计、制造、安装、调试等过程,同时也需要规划软件的功能。在进行物流系统分析、设计和实现的过程中,既要考虑其经济性指标,又要考虑技术上的先进性、科学性。因此,物流工程学科主要是以工学学科作为其理论基础的,它既是技术学科,也有经济学科和管理学科的渗透。

物流管理是指在社会在生产过程中,根据物质资料实体流动的规律,应用管理的基本原理和科学方法,对物流活动进行计划、组织、指挥、协调、控制和监督,使各项物流活动实现最佳的协调与配合,以降低物流成本,提高物流效率和经济效益。

实施物流管理的目的是要在尽可能最低的总成本条件下实现既定的客户服务水平,即寻求服务优势和成本优势的一种动态平衡,并由此创造企业在竞争中的战略优势。根据这个目标,物流管理要解决的基本问题是把合适的产品以合适的数量和合适的价格在合适的时间和合适的地点提供给客户。

综上,物流工程更偏重于技术以及工程方面,侧重对整个物流过程的硬件设计;而物流管理则侧重于管理计划方面,更强调对信息等软件的处理,与客户的交流更多的也是在物流管理中完成的。而合理地规划、管理好整个物流系统,实现低成本、短时间、高效益是二者共同的目的。

第二章 运输系统及其优化

运输,在《辞海》中的定义为"使用适当工具实现人和物空间位置变动的活动"。而《交通大辞典》将其定义为"运输又称交通运输,是使用运输工具和设备,运送人和物的生产活动"。随着社会经济的发展,运输的定义得到了进一步的具体化和丰富,即"借助公共交通网络及其设施及运载工具,通过一定的组织管理技术,实现人和物有目的的空间位移的一种社会经济活动"。

可见,虽然对运输的定义略有差异,但其本质就是人与物实现空间位移的过程。它随着人类的商品生产和商品交换而产生,与人类的生产和生活息息相关。从远古人类祖先的木舟、牛车到18世纪的蒸汽机车,运输手段随着人类社会科技的发展不断丰富,促进了当今社会运输产业的形成。而目前,运输业也逐渐在向系统化、功能化转型。本章着重从系统理论入手,从功能结构的角度剖析和介绍运输系统。

第一节 运输系统的特征

一、运输系统分类

运输系统可以按照服务性质、运输方式、运输线路、运输作用、运输协作程度、运输中途是否换载和服务区域等不同,分为不同的类别。

1. 按服务性质划分

运输系统按服务性质不同,可以分为公用运输和自用运输。

(1)公用运输。公用运输,是为社会性需求提供服务,发生多种方式费用结算并承担纳税义务的运输。公用运输属于营业性运输,是运输业的发展方向。

(2)自用运输。自用运输,是以运输工具为本单位工作、生产、生活服务,不发生费用结算的运输,具有非营业性质。

2. 按运输方式划分

运输系统按运输方式不同,可以分为铁路运输、公路运输、水路运输、航空运输和管道运输。

(1)公路运输。公路运输,是以城间公路及城市道路为移动通路,以汽车为主要移动工具的运输方式。公路运输的主要优点是灵活性高,可以实现"门到门"运输。

(2)铁路运输。铁路运输,是以铁路(轨道)为移动通路,以铁路列车运送客货的一种运输方式。铁路运输的主要优点是速度快、运量大、运输受自然条件限制较小、运输成本较低。

(3)水路运输。水路运输,是以江河、湖泊、海洋等天然或人工水道为移动通路,以船舶为主要运输工具的一种运输方式。水路运输的主要优点是运量大、运输成本低,但运输速度慢,受港口、水位、气候影响较大。水运有沿海运输、近海运输、远洋运输和内河运输四种基本形式。

(4)航空运输。航空运输,是以天空(空路)为移动通路,以飞机或其他航空器进行客货运输的一种运输方式。航空运输的主要优点是速度快,但运量小、运输成本高。

(5)管道运输。管道运输,是以管道为移动通路,输送气体、液体和粉状固体的一种运输方式。管道运输的主要优点是运量大、运输连续性好,在运输过程中可避免散失、丢失,也不存在其他运输方式中经常存在的无效运输问题。

3. 按运输线路性质划分

运输系统按运输线路性质不同,可以分为干线运输、支线运输、二次运输和厂内运输等形式。

(1)干线运输。干线运输,是指利用铁路与公路的骨干线路、大型船舶的固定航线以及枢纽机场的定期航线进行的长距离、大批量的运输。干线运输是运输的主体,是货物远距离空间位移的重要运输方式,其运输速度较同种工具的其他运输要快,成本也相对低一些。

(2)支线运输。支线运输,是指与干线相接的分支线路上的运输。支线运输是干线运输与收、发货地点之间的补充性运输方式,一般路程较短,运输量相对较小。因为支线的建设水平往往低于干线,运输工具也往往落后于干线,所以运输速度也慢于干线运输。

(3)二次运输。二次运输,是指干线、支线运输到目的站后,目的站与用户仓库或指定地点之间的运输。由于这是一种补充性的、以满足个体单位需要的运输方式,所以运输量相对更小。

(4)厂内运输。厂内运输,是指在工业、企业的内部,直接为生产过程服务的运输方式。厂内运输一般在车间与车间之间、车间与仓库之间进行,而小企业内部及大企业的车间内部、仓库内部的这种运输一般称为"搬运"。厂内运输一般使用载货汽车,搬运则使用叉车、输送机等。

4. 按运输作用划分

运输系统按运输作用不同,可以分为集货运输和配送运输等形式。

(1)集货运输。集货运输,是指将分散的货物集聚起来以便进行集中运输的一种运输方式。因为货物集中后才能利用干线进行大批量、长距离的运输,所以,集货运输是干线大规模运输的一种补充性运输,多是短距离、小批量的运输。

(2)配送运输。配送运输,是指将节点中已按用户要求配装好的货物分送到各个用户处的运输方式。这种运输一般发生在干线运输之后,是干线运输的补充和完善,而且由于发生在末端,所以多是短距离、小批量的运输。

5. 按运输的协作程度划分

运输系统按运输的协作程度不同,可以分为一般运输、联合运输和多式联运等形式。

(1)一般运输。一般运输,是指孤立地采用不同运输工具或同类运输工具而没有形成有机的协作关系的运输方式,如单纯的汽车运输、列车运输等。

(2)联合运输。联合运输,是指使用同一运输凭证,由不同的运输方式或不同的运输企业进行有机的衔接来接运货物,利用每种运输手段的优势,发挥不同运输工具效率的一种运输方式。联合运输的方式有铁海联运、公铁联运、公海联运等。进行联合运输,不仅可以简化托运手续、加快运输速度,而且可以节约运费。

(3) 多式联运。多式联运,是指根据实际要求,将不同的运输方式组合成综合体的一体化运输,通过一次托运、一次计费、一张单证、一次保险,由各运输区段的承运人共同完成货物的全过程运输,即将全过程运输作为一个完整的单一运输过程来安排的一种运输方式。多式联运是联合运输的一种现代形式,通常在国内大范围物流和国际物流的领域中广泛使用。

6. 按运输中途是否换载划分

运输系统按运输中途是否换载,可以分为直达运输和中转运输等形式。

(1) 直达运输。直达运输,是指利用一种运输工具从起运站、港一直到终点站、港,中途不经过换载、不入库存储的运输方式。直达运输不仅可避免中途换载所出现的运输速度减缓、货损增多、费用增加等一系列弊端,而且能缩短运输时间、加快车船周转、降低运输费用。

(2) 中转运输。中转运输,是指在货物运往目的地的过程中,在途中的车站、港口、仓库进行转运换装的一种运输方式。中转运输可以有效地衔接干线运输和支线运输,可以化整为零或集零为整,从而方便用户,提高运输效率。

7. 按服务区域划分

运输系统按照服务区域不同,可以分为城市运输和流通领域的运输。

(1) 城市运输。城市运输,是指服务领域为城市的市区之间以及市区与郊区之间的运输。

(2) 流通领域的运输。流通领域的运输,是指服务领域为城市到城市、城市到乡村广大地区的运输。

除此之外,运输系统还可以按运输距离划分,分为长途运输和短途运输;按产权性质划分,分为国有运输和民营运输;按运输目的划分,分为生产运输和生活运输等。

二、运输系统特征

从社会生产服务角度来说,运输就是向运输需求者提供运输服务的过程。运输与其他社会生产活动比较,除具有一般共同点外,还具有自己的特殊性,主要表现在运输生产活动场所、运输生产过程和运输产品等方面的特点。运输系统不仅具有一般系统所共有的特征,即整体性、目的性、相关性、层次性、动态性和环境适应性,而且同时还具有其自身显著的特征。

1. 运输生产的开放性

运输生产过程是一个点多、线长、面广、流动、分散、多环节的联合作业过程,这决定了运输生产活动不可能局限在某一地点,而是渗透到社会经济的各个方面。此外,运输生产的开放性还表现在运输生产要与外部环境不断地发生物质、能量和信息的交换。

2. 运输产品的无形性

运输业生产的产品是旅客和货物的空间位移,位移是没有实物形态的。从经济学角度看,具有无形性特征的运输产品实质是一种运输劳务,无法用触摸或肉眼感知它的存在,同其他类型服务企业提供的服务在本质上是一致的。

3. 运输服务可以通过多种运输方式实现

各种运输方式对应于各自的技术特性，包含不同的运输单位、运输时间和运输成本，因而形成了各运输方式不同的服务质量。也就是说，运输服务的利用者可以根据货物的性质、大小、所要求的运输时间、所能负担的运输成本等条件来选择相适应的运输方式，或者合理运用多种运输方式实行联合运输。

4. 运输产品的同一性

各种运输方式具有不同的技术经济特征，使用不同的运输工具承载运输对象，在不同的运输线路上运行，不论运输对象是人还是物，也不论货物种类如何众多、繁杂，各种运输方式生产的都是空间位移，它对社会具有同样的效用。而工农业生产部门则不同，其产品多种多样，千差万别，具有不同的效用。运输产品的同一性使得各种运输方式之间可以相互补充、协调、替代，形成一个有效的综合运输系统。

5. 运输生产的派生性

在经济生活中，如果一种商品或劳务的需求是由另一种或几种商品或劳务需求派生来的，则称该商品或劳务的需求为派生性需求。引起派生性需求的商品或劳务需求称为本源性需求。显然，运输生产并不是为了生产而生产，而是为了满足其他的生产和生活的需要；旅客和货主所提出的运输需求，是为了实现生产、生活中的本源性需求。例如，旅客乘车，位移本身不是目的，而是为了通过位移的改变满足其乘车上班、出门购物、探亲访友的目的。由此可见，运输生产是被动的，随着与其相关本源性需求的产生而产生。

6. 运输生产过程与消费过程的同一性

工农业产品的生产和消费，表现为在空间上和时间上相分离的两种行为；产品作为成品离开生产过程之后，作为和生产过程分离的商品转入流通，最后进入消费。而运输产品的生产和消费却是同时进行的，在空间上和时间上是结合在一起的，运输所生产的使用价值与运输过程同始同终。

7. 运输服务的竞争性

运输服务业者不仅在各自的行业内开展相互的竞争，而且还与运输方式相异的其他运输企业开展竞争。虽然各种运输方式都存在着一些与其特性相适应的不同运输对象，但是也存在着适合多种运输方式承运的货物，这类货物的运输就形成了不同运输手段、不同运输业者之间的相互竞争关系。

运输生产除了具有上述特殊性外，还具有运输产品的非储存性、运输对象的非选择性等特点。

三、运输方式选择要素

随着社会经济的发展，运输方式的种类越来越多且各具特点，如何才能多种运输方式之间合理选择、正确配置变得日益重要。运输方式之间的选择要素主要包括以下几点。

1. 自然地理条件

运输方式的选择要根据具体地区的自然地理条件确定。在铁路、公路、海洋、江河运输条件具备的情况下进行合理分工，宜水则水，宜陆则陆。

2. 社会经济条件

运输方式的选择必须适应地区的经济发展，充分满足地区客货运输量增长的要求。

3. 空间布局条件

运输方式的选择必须同地区内工农业生产布局相适应。

4. 运输结构条件

运输方式的选择应考虑历史上已经形成的运输结构，如水陆分工，铁公分工，运输部门、物资部门已有设备能力（如铁路专用线、站场、港口、货主码头等），充分利用现有设备，同时根据今后国民经济的发展，逐步发展或调整运输分工，形成合理的运输结构。

5. 运输技术条件

运输方式的选择要考虑运输方式间的分工，在很多情况下是通过两种或两种以上运输方式的联运，才能实现整个运输过程。如在水陆联运中，既要考虑铁路、公路的运输能力、陆水衔接换装和港口能力、枢纽内部能力和航运能力的配合协调，同时又要考虑在采用运输新技术后，运输能力和运输效率将有很大提高，这些因素对运输方式的分工有较大的影响。

6. 经济效益条件

运输方式的选择要讲究经济效益，以最少的社会劳动消耗，使国民经济和社会获得最大的经济利益。

7. 国家运输政策

运输方式的选择必须在国家制定的运输政策指导下进行，国家政策如产业政策、技术政策、投资政策、运输政策、运价政策等，都与运输方式分工和协调发展密切相关。

四、运输合理化与现代化

1. 运输合理化

运输合理化是指从运输系统的总体目标出发，按照货物流通规律，运用系统理论和系统工程原理和方法，选择合理的运输路线和运输工具，以最短的路径、最少的环节、最快的速度和最少的劳动消耗，组织好货物的运输与配送，以获取最大的经济效益。

运输合理化配置主要涉及以下几个方面：

（1）货物流向流量和运输线路的协调。货物运输量及其周转量是经济和社会活动对运输需求的集中表现，彼此间存在相对稳定的变化规律和比例关系。货物运输量的产生，在很大程度上取决于国家的资源和生产力布局。在考虑运输方式分工时，第一，必须研究国民经济对运输需求的总运量和运输通道上的总运输能力之间是否协调；第二，要研究具体货物的流向和流量和运输方式、运输路径是否协调；第三，对运输通道上能承担运量的不同运输方式，应进行技术经济比较，既要对几种可能承担运输任务的运输方式的适应程度进行比较，又要从不同运输方式的物资消耗和建设投资费用、运营费用以及货物在途时间和损耗等方面进行比较，根据国民经济整体利益来实现运输合理分工。

（2）地区间各种运输方式的协调。我国幅员辽阔，每个地区的自然地理条件不同，地区之间和地区内部，运输联系及运输方式的发展和布局也不同。在研究各种运输方式分工时，除了要研究地区之间大通道运输联系外，还要研究地区内部与大通道相联系的干、支线运输方式，两者是密切相关的。只有两者协调，才能达到合理分工的要求。

（3）各种运输方式设备能力的协调。各种运输方式各自有其特点，在完成整个运输的过程中，要求各个环节相互配合和协作。例如，铁路运输要求设备能力配套和协调，即线路能力要与车站、编组站的能力相配套,机车车辆能力与线路能力相配套,否则,铁路运输的总体能力就不能充分利用。科技进步和运输新技术装备的采用,对运输方式的分工影响很大。我国铁路运输逐步向重载、高速等方向发展,机车车辆和线路必须与之相适应,铁路采用重型钢轨,制造大功率的电力和内燃机车,以逐步代替蒸汽机车和小功率的内燃机车;车辆逐步采用大型车、专用车,以逐步代替原来载质量小的机车;旅客列车为了高速运行而采用动车组。这些新技术的应用,可以提高铁路运输的效能,降低运输成本和能源消耗,扩大运输能力。

(4)各种运输方式运输组织工作的协调。不同运输方式的运输组织工作不同,对运输分工和选择运输方式也产生重要影响。特别是由两种或两种以上的运输方式或两个以上的运输企业联合完成货物的全程运输任务,更要强化运输组织工作。除在商务上和换装点的技术作业衔接联合外,在技术装备上通常还有两种类型,一类是通过集装箱或托盘等形式,将铁路、水路、公路和航空等不同的货物运输系统一元化;另一类是复合运输系统,它具有两种不同运输工具的功能,如牵引运输(驼背运输),汽车拖头(牵引车)与拖运部分(半挂车、挂车或带轮集装箱)分开,干线运输利用铁路,两端(始发和终到站)运输利用公路。拖运部分兼有铁路和公路两种不同运输方式的功能,汽车渡船和火车渡船也属于这种类型。此外,还有公铁两用车,既可以收起胶轮,安上转向架随列车挂运,发挥铁路在长途货运方面速度快、成本低的优势,又可以放下胶轮,单车行驶,实现公路运输"门到门"服务、机动灵活的效果。

(5)运价和运输费用的协调。运价和运输费用对货主和旅客选择运输方式具有重要影响。当各种运输方式的运输能力都能满足需求时,货主和旅客将综合考虑运输速度、安全、方便以及运价和运输费用等因素,选择所需要的运输方式。

2. 运输现代化

运输现代化是指依靠较高素质的职工队伍、先进的技术装备,以及先进的管理手段和管理方法,来经营和管理运输业,不断提高运输能力和运输效率,以适应国民经济和社会发展的需要。

运输的现代化主要体现在以下几点:

(1)总量适应。运输现代化最基本的要求是具备较完善的、符合本国经济地理要求的交通基础设施网络系统,总体运输能力应能够适应经济和社会发展所产生的各种客货运输需求。

(2)结构合理。结构是影响运输系统整体效率的关键因素,运输现代化应主要在以下四个方面实现合理的结构:一是行业结构,即铁路、公路、水路、航空、管道五种运输方式按照各自的技术经济特征,通过比较优势和国情条件实现合理分工;二是地区和城乡结构,不同运输方式在空间布局上应适应于不同区域以及城乡地区经济社会发展的特点和要求;三是点线结构,即交通运输枢纽建设在能力和布局上应与线路建设相适应,以实现交通运输点线能力相匹配;四是上下结构,即交通运输服务系统与交通基础设施网络系统相适应。

(3)组织有效。交通运输现代化需要通过管理来实现各种运输方式在物理和逻辑上有效衔接,以实现运输过程的无缝化、一体化。在设施建设上,各种交通运输枢纽尤其是综合运输枢纽建设对于一体化运输具有重要作用。在运输组织上,则应充分发挥各种交通信息技术和组织管理技术对于提高运输效率、降低运输成本的积极作用。

(4)技术先进。运输现代化的标志特征之一是在建设和运行过程中大量应用各种先进和适用技术,通过提高综合运输系统硬件设施和软件系统的科技含量来促进运输系统整体效率的提高。

(5) 以人为本。建设现代化运输的根本目的是满足人们的各种发展需要,因此,不管是在旅客运输还是货物运输的各个环节,都应突出"以人为本"的理念,为各类生产和生活活动提供安全、便捷、舒适、经济的交通运输服务。

(6) 可持续发展。随着资源环境约束的加强,运输系统应能以最低的能源资源消耗来最大限度地能满足各类客货运输需求,同时将运输发展的各种外部不经济性(如各种环境污染、交通事故)降至最低限度,实现运输系统与资源环境、经济社会的协调可持续发展。

随着高速铁路货运的兴起,未来我国运输行业应选择"优先发展铁路、促进铁路公路协调发展"的战略模式,既要摆脱目前对公路运输过于依赖的发展束缚,也不能因强调铁路发展而削弱其他运输方式的发展。其发展思路可概括为以下三点:

(1) 通过增加铁路投资,加快铁路发展,逐步提高铁路在运输市场中的份额并维持在合理水平。

(2) 确保公路运输、水路运输、管道运输稳步发展,实现航空运输快速发展。

(3) 通过增量调整和存量升级,推动各种运输方式在发展过程中按照比较优势进行分工与协作,使运输结构和运输布局不断趋于优化。

五、综合运输结构体系

1. 综合运输体系的构成

综合运输体系是指各种运输方式在社会化的运输范围内和统一的运输过程中,按其技术经济特点组成分工协作、有机结合、连续贯通,布局合理的交通运输综合体。现代运输主要包括铁路、公路、水路、航空、管道五种基本运输方式,它们被看作运输系统的基本要素。

(1) 综合运输体系的设备构成。综合运输系统的设备结构基本上有两大子系统,即固定设备子系统和移动设备子系统。只有这两个系统在综合运输能力的范围内协调配合,才能形成优化的综合运输能力。

① 固定设备子系统。固定设备子系统包括各种运输方式的线路、港站的土木建筑及其相关的技术设备,具体地说包括铁路、公路、航道、管道、桥梁隧道、车站、枢纽、港口码头、船闸、客货运设施、航空港、机场、管路、油气泵站以及相关的通信信号与控制等设备,也包括各种运输方式相联结,实现运输方式转换的旅客换乘或货物换装枢纽。完善的现代化换乘或换装枢纽,是综合运输固定设备现代化的重要标志之一。

② 移动设备子系统。运输系统的特点是使用机械动力驱动载运工具在线路上(包括铁路线、公路、航道与空中航线等)运送人员和物资,这些动力装置和运载工具称为移动设备,包括铁路的机车车辆、公路的汽车、城市的公共汽电车、水上的船舶。为发展综合运输系统,除了有固定设备子系统外,还必须有相应的移动设备子系统,特别是能够快捷、方便地实现运输方式转换的货物运输标准化载体,才能保证运输功能的实现。

(2) 综合运输网络。综合运输网是在一定空间范围(国家或地区)内由几种运输方式的线路和枢纽等固定技术装备组成的综合体。综合运输网是运输生产的主要物质基础,其空间分布、通过能力和技术装备体现了整个运输系统的状况与水平,在运输业发展中占有重要地位。综合运输网的结构与水平更直接影响着交通运输系统的功能,主要由两部分构成:

①运输线路。根据综合运输网同国民经济和生产力地域组合的关系,可将组成全国综合运输网的各种运输线路按照不同功能结构进行建设。

②综合运输网的层次结构。综合运输体系的空间布局形成典型的网络结构。各种运输方式的线路、航道、道路、航线构成网络的边,这些边的端点及交叉点,如交叉路口、车站、码头、机场和交通枢纽构成运输网络的节点。各子系统内部也是由线路、道路、运输服务设施以及库场、站台、出入口等组成的复杂的网络子系统,这是区域、城市及各种运输方式共同具有的网络结构特点。综合运输网也有其层次结构,运输网络的层次性是根据地理条件、行政区划分、交通设施等状况确定的。根据我国的具体情况,运输网络分国家级、省级和地县级三个层次。

(3)综合运输枢纽。运输枢纽是在2条或2条以上运输线路的交会、衔接处形成的,是具有运输组织、中转、装卸、仓储、信息服务及其他辅助服务功能的综合性设施。服务于同一种运输方式的称为单式运输枢纽,如我国目前的航空机场,铁路的车站,海运、内河的港口,公路的客货运输中心;服务于2种或2种以上运输方式的称为复式运输枢纽。

(4)综合运输的组织管理系统。建立高效率、相互衔接、灵活运转的综合运输系统组织管理体系,以及责、权、利三者统一的经济责任制,是发挥综合运输系统管理组织职能的重要保障,对于提高综合运输系统管理效率和管理水平有着十分重要的作用。综合运输的组织管理不但要有各种运输方式自身的管理体系,而且必须有综合的管理机制。

2. 综合运输体系的结构特点

在运输系统中,铁路、公路、水路、航空、管道五种基本运输方式相互联系又相互作用,在时间或空间上相互排列和组合,构成了具有不同特点的运输系统结构。

(1)串联结构。串联结构表现为各种运输方式之间的串联关系,即实际操作中的多式联运。如图2-1所示,根据实际需求的不同,串联的运输方式可以是多种运输方式的2种或几种,串联的顺序也可根据实际操作有所调整,可分为公水联运、公铁联运、铁水公联运等多种形式。

图2-1　运输系统串联结构

(2)并联结构。并联结构表现为各种运输方式为单一的并联关系,运输任务可由多种运输方式来完成,如图2-2所示。一般在区域面积大、经济发达的国家或地区可能出现这种结构。根据需求,有可能是2种或多种运输方式之间的选择与权衡。

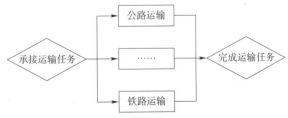

图2-2　运输系统并联结构

(3)混合结构。相比前两种运输系统结构,混合结构是最为常见的运输系统组成结构,具体表现为,运输任务是由多种运输方式平行协作与衔接配合来完成。如图2-3所示,混合结构可以依据运输特点与运输任务的不同,形成多种不同的组合排列形式。

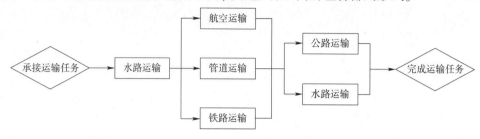

图 2-3　运输系统混合结构

现代五种基本运输方式,在其运输特点、线路选择、运营方式等方面都不尽相同,拥有各自不同的技术经济特征,因此,也各有其适用范围。根据运输方式的不同分工和社会经济发展的运输需求,采用不同的运输结构形式,科学地组织运输生产,才能有效地提高运输生产效率和效益。

第二节　运输系统优化

运输是物流中最重要的功能要素之一,物流合理化在很大程度上依赖于运输合理化。影响运输合理化的因素很多,起决定作用的有五个方面,称作合理运输的"五要素"。

(1) 运输距离。运输过程中,运输时间、运输运费等若干技术经济指标都与运输距离有一定的关系,运距长短是运输是否合理的一个最基本的因素。

(2) 运输环节。每增加一个运输环节,势必要增加运输的附属活动,如装卸、包装等,各项技术经济指标也会发生变化。因此,减少运输环节对节约运输成本有一定的促进作用。

(3) 运输工具。各种运输工具都有其优势领域,对运输工具进行优化选择,最大限度地发挥运输工具的特点和作用,是运输合理化的重要一环。

(4) 运输时间。在全部物流时间中,运输时间占绝大部分,尤其是远距离运输。因此,运输时间的缩短对整个流通时间的缩短的决定性的作用。此外,缩短运输时间,还可以加速运输工具的周转,充分发挥运力效能,提高运输线路通过能力,改善不合理运输。

(5) 运输费用。运输费用在全部物流费用中占很大的比例,运费高低在很大程度上决定整个物流系统的竞争能力。实际上,运费的相对高低,无论对旅客或货主还是对物流企业都是运输合理化的一个重要的标志。运费的高低也是各种合理化措施是否行之有效的最终判断依据之一。

运输的合理化依赖于运输系统的优化。运输系统的优化包括直达运输系统的优化以及中转运输系统的优化。

一、直达运输优化

直达运输是指通过使用一种运输工具从起运站、港一直到终点站、港,并且在中间过程中不经过换载、不入库存储的运输方式。直达运输不仅可以避免运输工具在中途换载时所出现的运输速度减缓、货物损失增多、运输费用增加等一系列弊端,而且还可以缩短整个运输过程的时间、加快车辆和船舶的周转效率、降低运输费用。下面将从直达运输模型的建立和模型的解法这两个方面对直达运输优化进行详细的表述。

1. 直达运输模型的建立

物资运输按照运输路线不同，分为直达运输和中转运输。物资直接从生产厂运往用户的运输方式称为直达运输；物资经过物流网点先进行暂时存放，然后再运往用户的过程称为中转运输。但是在实际运输过程中，直达运输和中转运输这两种运输方式并不是截然分开的，通常将单纯采用直达方式的系统称为直达运输系统，其他的则称之为中转运输系统（包括单纯的中转运输系统和中转方式与直达方式共存的系统）。

一般运输优化模型实际上只是考虑了直达运输的情况，另外将特殊调度约束、质量约束和订发货起点约束等放到模型中去，就可以构成完整的直达运输模型。

特殊调度约束要求是指有关部门的行政干预，以及某些特殊的供需关系所形成的调度要求，如国家重点工程或紧急需求物资等。这些需求往往需要指定供应的用户，由相应的供方单位一次签订几年的合同，并采取直达运输的形式。若以 x_{ij} 表示从资源点 i 向汇点 j 运输物资的数量，b 表示全部需求量，则上述供需关系可以表达为：

$$x_{ij} = b_j \quad i = L_j, j \in V \tag{2-1}$$

式中：L_j——向用户供货的资源点；

V——需要进行特殊处理的用户集合。

产品质量约束是指在运输过程中，同时考虑用户对产品质量的要求。例如，认为某家资源厂家生产的产品不能满足自己的需求。对于此类约束，可以将 S 看作具有上述要求的用户集合，R_j 为能够满足用户 $j(j \in S)$ 要求的资源点集合，并假定用户 j 有特殊要求的需求量不少于 b_j'（不会超过本身的全部需求量 b_j）。

订、发货点约束是指订货起点供货企业接受订货的最低数量。一般情况下，发货起点高于或等于订货起点，把其中较高者作为订、发货起点的限制值。但也不是绝对的，有时要根据实际问题具体分析确定。设 E_i 为第 i 个资源点的限制值，则订、发货点约束的表达式为：

$$x_{ij} \geq E_i W_{ij} \quad i = 1, 2, \cdots, m, j = 1, 2, \cdots, n \tag{2-2}$$

其中，$W_{ij} = \begin{cases} 1 & 资源点\ i\ 与用户\ j\ 有供需关系 \\ 0 & 资源点\ i\ 与用户\ j\ 无供需关系 \end{cases}$ (2-3)

在直达运输模型中，以总运输成本最低为目标，同时考虑具有 m 个源点和 n 个汇点的系统，由此可以确定的直达运输模型如下：

$$\min F = \sum_{i=1}^{m} \sum_{j=1}^{n} C_{ij} x_{ij} \tag{2-4}$$

式中：F——系统总运输成本；

C_{ij}——从第 i 个源点向第 j 个需求点运送单元货物的运费。

式(2-4)中各物理量满足如下关系：

$$\sum_{j=1}^{n} x_{ij} = a_i \quad i = 1, 2, \cdots, m \tag{2-5}$$

式中：a_i——第 i 个供应点的供应量。

$$\sum_{i=1}^{m} x_{ij} = b_j \quad j = 1, 2, \cdots, n, j \notin V \tag{2-6}$$

$$x_{ij} = b_j \quad i = L_j, j \in V \tag{2-7}$$

$$\sum_{i \in R_i} x_{ij} \geq b'_j \quad j \in S \tag{2-8}$$

$$x_{ij} \geq E_i W_{ij} \quad i = 1,2,\cdots,m, j = 1,2,\cdots,n \tag{2-9}$$

$$W_{ij} = \begin{cases} 1 & 资源点 i 与用户 j 有供需关系 \\ 0 & 资源点 i 与用户 j 无供需关系 \end{cases} \tag{2-10}$$

$$x_{ij} \geq 0 \tag{2-11}$$

其中，$\sum_{i=1}^{m} a_{ij} = \sum_{j=1}^{n} b_{ij}$。

这是 0-1 型混合整数规划模型。从约束条件可以看出，该模型并不总是可解的，当 b_j 或 $b'_j < \min\{E_i\}$ 时，模型无解。而解决这一矛盾的有效方法是采取中转运输方式。即由物流部门化零为整，集中向资源厂进货，然后再化整为零，改变发运方式或采用短途运输工具向用户发货。因此，在混合运输系统中这一矛盾就不存在了。

2. 模型的求解

由于 0-1 混合整数规划模型的求解是比较麻烦的，特别是对规模比较大的实际问题，整数变量比较多，求解更加复杂。因此，对于此类问题，一般不直接使用 0-1 混合整数规划的方法求解，而是将模型简化为一个运输优化模型，然后用运输问题的表上作业法来进行求解。

对上述模型，如果能够将其中的整数变量 W_{ij} 去掉，简化为一个运输优化问题，应用单纯形法来进行求解，再对优化方案作适当调整来满足订发货起点约束，采用运输优化求解的运输方案，虽然由于订发货起点的限制而使方案不可行的现象是常有的，但是由于实际问题中的大多数用户均能满足 $b_j \geq E_j$（E_j 为第 j 个资源点的限制值），因此，方案中不能满足 E_j 限制的决策变量数目实际上并不多，这时只需要对这些变量及进行少量的局部调整即可使方案变得可行。

为了采用运输优化方法求解，还需要对其中的不等式约束进行化简。不等式约束是由于某些用户的需求中有一部分有质量或性能方面的特殊要求而形成的。若用户 j 的需求量为 b_j，其中有质量要求的部分为 b'_j，无质量要求的部分为 b''_j，则有：

$$b''_j = b_j - b'_j \tag{2-12}$$

因此，为了消除不等式约束，将 b_j 分为两部分 b'_j 和 b''_j，这时有：

$$\left. \begin{array}{l} \sum_{j \in R_j} x_{ij} = b'_j \\ \sum_{i=1}^{m} x_{ij} = b''_j \end{array} \right\} \quad j \in S \tag{2-13}$$

用这一方程组代替模型中的质量约束方程即可消除原模型中的不等式。显然，当用户 j 需求量全部都有质量上的要求时，$b''_j = 0$，$b_j = b'_j$。

通过以上分析，求解运输问题，可以先解如下的运输优化模型：

$$\min F = \sum_{i=1}^{m} \sum_{j=1}^{n} C_{ij} x_{ij} \tag{2-14}$$

满足：

$$\sum_{j=1}^{n} x_{ij} = a_i \quad i = 1,2,\cdots,m \tag{2-15}$$

$$\sum_{i=1}^{m} x_{ij} = b_j \quad j=1,2,\cdots,n, j \notin V, j \notin S \tag{2-16}$$

$$x_{ij} = b_j \quad i = L_j, j \in V \tag{2-17}$$

$$\left.\begin{array}{l} \sum_{i \in R_j} x_{ij} \geq b_j' \\ \sum_{i=1}^{m} x_{ij} = b_j'' \end{array}\right\} \quad j \in S \tag{2-18}$$

$$x_{ij} \geq 0 \tag{2-19}$$

然后,根据订发货起点限制条件对方案进行修正,使之成为可行的合理运输方案。

【例 2-1】 某地区计划将 A、B、C 三个水泥厂生产的水泥分配给 a、b、c、d、e、f、g、h 共 8 个地区。其中,C 水泥厂由于工艺问题,研制出水泥的标号较低,不能满足 f、g 两地区某些工程的实际要求。根据有关决策部门的意见,C 水泥厂调给 f 地区的水泥不能超过其需求量的 70%,调给 g 地区的水泥不能超过其需求量的 25%。供需双方的资源量和需求量以及它们之间的运价系数列于表 2-1 中,无订发货起点限制。试制订该地区水泥的合理分配运输方案。

某地区水泥供需平衡表　　　　　　　　　　　　　　　　　　　　　表 2-1

厂家	运价系数								资源量(t)
	a	b	c	d	e	f	g	h	
A	55.2	26.3	79.4	51.1	95.2	53.6	59.9	14	28350
B	25.1	19	78.1	56.4	64	24.8	28.8	42.9	40960
C	40.6	35.8	109.1	86.5	55.6	19.3	19.3	59	15290
需求量(t)	13320	14170	8220	10100	7140	12350	11300	8000	合计:84600

解:由表 2-1 可知,该地区的水泥运输问题是一个平衡问题。

根据题意,C 水泥厂调给 f 地区的水泥不能超过其需求量的 70%,即 12350t×70% = 8645t;调给 g 地区的水泥不能超过 11300t×25% = 2825t。

将 f 地区的水泥需求分为两部分,一部分为 8645t,称为 $f(1)$,它可以通过 C 水泥厂供给,也可以通过其他厂商供给;另一部分为 3705t,称为 $f(2)$,它不能由 C 水泥厂供给。同样地,将 g 地区的水泥需求也分为两个部分,$g(1)$ 为 2825t,$g(2)$ 为 8475t。由于 $f(2)$ 和 $g(2)$ 不能由 C 水泥厂供给,即不发生供需关系,因此,令其相应运价系数为相当大的正数 M,写出新的供需平衡表(表 2-2)。

考虑特殊调度约束的某地区供需新平衡表　　　　　　　　　　　　　　表 2-2

厂家	运价系数										资源量(t)
	a	b	c	d	e	f(1)	f(2)	g(1)	g(2)	h	
A	55.2	26.3	79.4	51.1	95.2	53.6	53.6	59.9	59.9	14	28350
B	25.1	19	78.1	56.4	64	24.8	24.8	28.8	28.8	42.9	40960
C	40.6	35.8	109.1	86.5	55.6	19.3	M	19.3	M	59	15290
需求量(t)	13320	14170	8220	10100	7140	8645	3705	2825	8475	8000	合计:84600

对表 2-2 进行优化求解,求解出的最优结果见表 2-2。合并表 2-2 中的 $f(1)$ 与 $f(2)$、$g(1)$ 与 $g(2)$,即可求得某地区合理的运输方案,见表 2-3。

某地区合理运输方案表(单位:t)　　表 2-3

厂家	运输量										资源量
	a	b	c	d	e	$f(1)$	$f(2)$	$g(1)$	$g(2)$	h	
A	0	2030	8220	10100	0	0	0	0	0	8000	28350
B	13320	12140	0	0	3320	0	3705	0	8475	0	40960
C	0	0	0	0	3820	8645	0	2825	0	0	15290
需求量	13320	14170	8220	10100	7140	8645	3705	2825	8475	8000	合计:84600

由表 2-3 的合理运输方案可见,每笔运输量都在千吨以上,远远超过一般订发货起点的限制。因此,用运输优化方法来解决物资运输问题一般是可行的。

二、中转运输优化

在现实生活中的物资流通过程中,直达运输系统是较为少见的,更多的是直达运输与中转运输共同存在的混合运输系统,称为中转运输系统。中转运输可以有效地衔接干线运和支线运输,可以集零为整,从而提高运输效率。

对于一个有具体的需求用户来说,如果该用户的需求量较小,就应该采用中转方式进货。由于中转物流方式由物流部门集中大批量进货,从而增大了运输批量,减少了运输长途次数,并且使库存相对集少。这样既节约了运输费用又降低了用户库存,对于物流系统和社会都是有益的。特别对于需求量较小的用户,效益更加明显。但由于中转运输增加了中转环节,延长了流通时间,增加了中转费用,这对需求量大的用户和急需物资、专用物资有时是不利的。

那么,对于具体的需求方来说,究竟应该采用什么样的方式运输所需要的物资,这要通过混合运输系统的优化决策来确定。系统优化的结果不仅确定了用户的运输方式,而且还可选定中转运输方式下的中转网点。

图 2-4 所示为某地区物流网络示意图。图中有 m 个资源点 $A_1, A_2, \cdots, A_m$,各点资源量为 a_i($i=1,2,\cdots,m$);有 n 个需求点 $B_1, B_2, \cdots, B_n$,各点需求量为 b_j($j=1,2,\cdots,n$);q 个物流网点 $D_1, D_2, \cdots, D_q$,各网点的吞吐能力为 $2d_k$($k=1,2,\cdots,q$)。

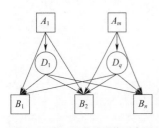

图 2-4　某地区物流网络示意图

由于中转运输和直达运输均可被采用,所以任一资源厂向外调出的物资可能直接到达用户,也可能经由物流网点中转;同样,用户所需的物资,可从资源厂直接进货,也可从物流网点中转进货。于是有约束方程式:

$$\sum_{k=1}^{q} x_{ik} + \sum_{j=1}^{n} z_{ij} = a_i \quad i=1,2,\cdots,m \tag{2-20}$$

$$\sum_{k=1}^{q} y_{kj} + \sum_{i=1}^{m} z_{ij} = b_j \quad j=1,2,\cdots,n \tag{2-21}$$

式中：x_{ik}——资源厂 i 向网点 k 的运输量；

y_{kj}——网点 k 向用户 j 的运输量；

z_{ij}——资源厂 i 向用户 j 的运输量。

在实际生活中，物流网点的中转活动只是物流的一个中间环节，在资源厂时相当于一需求点，在向用户供货时又相当于一个资源点。因此，考虑使用中转运输时，可以将物流网点同时看成资源点和需求点，其资源量等于需求量，均为吞吐能力的一半，约束方程式为：

$$\sum_{i=1}^{m} x_{ik} + x_{kk} = d_k \quad (2\text{-}22)$$

$$\sum_{j=1}^{n} y_{kj} + y_{kk} = d_k \quad (2\text{-}23)$$

$$k = 1, 2, \cdots, q \quad (2\text{-}24)$$

式中：x_{kk}、y_{kk}——网点 k 吞与吐的闲置能力，$x_{kk} = y_{kk}$。

中转运输系统中的运输问题与直达运输问题一样，也存在着特殊调度、质量要求和订发货起点限制等约束，不过这些约束主要发生在直达运输中，同样可按直达运输问题中的方法处理。

另外，为了达到降低系统流通成本的目的，一般不允许二次中转，即各网点之间不存在供需关系。

综上所述，仍用 F 表示系统总费用，可写出混合运输系统中的运输模型如下：

$$\sum_{i=1}^{m}\sum_{k=1}^{q} c_{ik} x_{ik} + \sum_{k=1}^{q}\sum_{j=1}^{n} c_{kj} y_{kj} + \sum_{i=1}^{m}\sum_{j=1}^{n} c_{ij} z_{ij} \quad (2\text{-}25)$$

$$\sum_{k=1}^{q} x_{ik} + \sum_{j=1}^{n} z_{ij} = a_i \quad i = 1, 2, \cdots, m \quad (2\text{-}26)$$

$$\sum_{k=1}^{q} y_{kj} + \sum_{i=1}^{m} z_{ij} = b_j \quad j = 1, 2, \cdots, n \quad j \notin V, j \notin S \quad (2\text{-}27)$$

$$\left. \begin{array}{l} \sum_{i=1}^{m} x_{ik} + x_{kk} = d_k \\ \sum_{j=1}^{n} y_{kj} + y_{kk} = d_k \end{array} \right\} \quad k = 1, 2, \cdots, q \quad (2\text{-}28)$$

$$x_{ij} = b_j \quad i = L_i, j \in V \quad (2\text{-}29)$$

$$\left. \begin{array}{l} \sum_{j \in R_j} z_{ij} \geq b'_j \\ \sum_{k=1}^{q} y_{kj} + \sum_{i=1}^{m} z_{ij} = b''_j \end{array} \right\} \quad j \in S \quad (2\text{-}30)$$

$$x_{ik}, y_{kj}, z_{ij}, x_{kk}, y_{kk} \geq 0 \quad (2\text{-}31)$$

式中：c_{ik}——资源厂 i 与网点 k 之间的运价系数，包括运杂费和入库费；

c_{kj}——网点 k 与用户 j 之间的运价系数，包括运杂费和出库费；

c_{ij}——资源厂 i 与用户 j 之间的运价系数。

【例 2-2】 某资源的供货系统有 3 个资源厂、2 个物流网点、6 个需求点，各资源点的资源量、需求点的需求量、网点规模以及各点之间的运价系数分别列于表 2-4、表 2-5 中。由于产品质量的原因，A_1 厂供给 B_6 用户的物资数量不能少于 700t，不允许二次中转，试确定合理的运输方案。

各资源点的资源量、需求点的需求量及运价系数表　　　　表2-4

厂家	运价系数						资源量(t)
	B_1	B_2	B_3	B_4	B_5	B_6	
A_1	27	19.5	9.5	28	29	24	1300
A_2	20	20.5	6.5	21.5	33	12	1200
A_3	25	35	10	28	36	10	600
需求量(t)	100	150	1000	170	180	1500	合计:3100

网点规模及运价系数表　　　　表2-5

物流网点	运价系数									吞吐能力(t)
	A_1	A_2	A_3	B_1	B_2	B_3	B_4	B_5	B_6	
D_1	7	8.5	2.5	3.5	4	7.5	7	18	14	800
D_2	5.5	3	5	6	7.5	8	8.5	9	9	1000

解:由已知条件,B_6的需求为1000t,其中700t必须由A_1供给,其他无特殊要素。将B_6看作B_6'和B_6''两部分,B_6'有特殊要求部分,即:$B_6'=700\text{t},B_6''=800\text{t}$;将$D_1$、$D_2$同时看成源点和汇点,其源汇数量各为其吞吐能力,分别为800t和1000t。因为不允许二次中转,令D_1与D_2之间的运价系数为相当大的正数M,此时同一网点作为源汇点时其运价系数为0,构成中转运输系统供需平衡表,见表2-6。

供需平衡表　　　　表2-6

厂家或物流网点	运价系数									资源量(t)
	D_1	D_2	B_1	B_2	B_3	B_4	B_5	B_6'	B_6''	
A_1	7	5.5	27	19.5	9.5	28	29	24	27	1300
A_2	8.5	3	20	20.5	6.5	21.5	33	12	20	1200
A_3	2.5	5	25	35	10	28	36	10	25	600
D_1	0	M	3.5	4	7.5	7	18	14	3.5	800
D_2	M	0	6	7.5	8	8.5	9	9	6	1000
需求量(t)	800	1000	100	150	1000	170	180	700	800	—

解此运输优化模型后合并B_6'与B_6'',得最佳运输方案(表2-7)。

最佳运输方案表(单位:t)　　　　表2-7

厂家或物流网点	运输量								资源量
	D_1	D_2	B_1	B_2	B_3	B_4	B_5	B_6	
A_1	250	350	0	0	0	0	0	700	1300
A_2	0	0	0	0	1000	0	0	200	1200
A_3	0	0	0	0	0	0	0	600	600
D_1			550	0	100	150	0	0	800
D_2			0	650	0	0	170	180	0	1000
需求量	800	1000	100	150	1000	170	180	1500	—

第三节 多式联运

一、多式联运的基本概念和特征

多式联运的概念多始于20世纪60年代,定义多达20余种。一般地,定义多式联运为由多式联运经营人以至少两种不同的运输方式将货物从合同指定的起始地点运送到终到地点的运输服务。早期的多式联运主要是从集装箱运输衍生而来,标准化的集装箱可以通过公路、铁路及水路联合运输。随着运输业不断发展,运输工具的协同联动更为方便快捷,运输方式的融合应用更为高效、低成本,多式联运的价值得到充分发掘,受到了世界各国的高度重视。

当多式联运业务的起始地涉及多个国家时,称为国际多式联运。国际多式联运(International Multimodal Transport,简称 IMT)在《联合国国际货物多联运公约》中被定义为按照国际多式联运合同,以至少2种不同的运输方式,由多式联运经营人货物从一国境内接管地点运至另一国境内指定交付地点的货物运输。

同单一运输方式不同,多式联运有以下几个主要特征:

(1)签订一份全程多式联运合同。在多式联运中,无论货物使用几种不同的交通方式运输,多式联运经营人都要与发货人签订一份全程多联式合同。多式联运合同用来确定多式联运经营人与发货人之间权利、义务、责任、豁免的合同关系和运输性质,是整个多式联运的约束。

(2)多式联运经营人对货物运输全程负责。在多式联运中,多式联运经营人负责办理货物运输的所有事项。货主与多式联运经营人签订多式联运合同后,多式联运经营人对运输全程负责。货物在运输途中若发生灭失、损坏、延期,货主均可向多式联运经营人索赔。

(3)多式联运经营人签发一份多式联运单证。多式联运单证是证明多式联运经营人接管货物和负责按合同条款支付货物的凭证,满足不同运输方式的需求,一次付费,计收全程运费。

(4)采用2种或2种以上运输工具的连续运输。海海、陆陆、空空运输只用到一种运输工具,多式联运与它们有本质区别。

(5)全程计收单一费率。多式联运经营人以包干形式一次性向货主计收全程单一费率。

二、多式联运经营业务

国际多式联运业务一般情况下有以下几种。

1. 委托并签订多式联运合同

多式联运经营人根据自身经营的多式联运线路和自身的运输情况,确定是否接受托运人提出的托运申请。如果接受申请,则与托运人签订多式联运合同,并根据协议内容(如货物交接方式、时间、地点、付费方式等)填写场站收据(必须是海关可以接受的),并由多式联运经营人对其进行编号。多式联运经营人编号后留下货物托运联,将其他联交还发货人或其代理人,证明多式联运经营人已接受托运申请,联运合同已经订立并开始执行。

2. 提取空箱,托运人在指定地点装货

关于多式联运,如果托运人需要使用集装箱,那么通常应由多式联运经营人提供集装箱,而对多式联运承运人而言,集装箱的来源有如下三个:

(1) 多式联运经营人自己购置并在实际业务中使用的集装箱。

(2) 由多式联运经营人向专业租箱公司进行租赁,这种租箱公司一般与多式联运经营人有长期的合作关系,其租箱地一般在发货地,而还箱地一般在货运的目的地。

(3) 由多式联运经营人与其运输线路上某一分运人订立分合同并获得分运人集装箱的使用权,这种分运人一般自己拥有集装箱,一般为海上区段的实际承运人。

在实际操作中,如果是整箱货,通过合同双方协议并由发货人自行装箱,则由多式联运经营人签发提箱单或者由租箱公司或分运人签发提箱单交给发货人或其代理人,由发货人或为其代理人在规定的日期到指定地点提箱,并做好装箱准备;如果是拼箱货,则由多式联运经营人将所有空箱调至接收货物的集装箱货运站,做好装箱准备。

3. 出口报关

如果多式联运是从内陆地区开始,应在附近的内陆地区海关报关;如果是从港口开始,则在相应的港口报关,出口报关事宜一般由发货人或其代理人办理,也可委托多式联运经营人代为办理。

4. 货物装箱并接收货物

(1) 若协议规定由发货人自行装箱,则发货人或其代理人在办理完的海关报关后,在海关派员到装箱地点监督下进行装货,并办理相关加封事宜。如需要理货,还应请理货人员现场理货并与之共同制作装箱单。而对于这种由货主自行装箱的货物,多式联运经营人则只需要在双方协议规定的地点接收货物即可。

(2) 若是拼装货物,发货人应负责将货物运至指定的集装箱货运站,国际多式联运经营人在指定的货运站接收货物。验收货物后,代表多式联运经营人接受货物的人应在堆场收据正本上签字并将其交给发货人或其代理人,并由货运站按照多式联运经营人的要求装箱。

(3) 在国际多式联运中,装箱工作无论由谁负责,装箱人均需要制作装箱单,并办理海关监装与加封事宜。

5. 订舱并组织安排货物的运送

经营人在合同订立之后,便根据托运人的托运要求和目的地开始制定该批货物的运输线路、运输方式等运输计划内容,确定各区段实际承运人,并与选定的各区段承运人签订分运合同。分运合同可以直接通过多式联运经营人的分支机构或代表人与分运承运人签订,也可以委托前一区段的实际承运人签订并向后一区段承运人订舱并安排运输,同时,多式联运经营人还必须确定各区段间运输的衔接时间和地点。

6. 办理保险

在国际多式联运中,由于采用多种运输方式共同完成运输,且运输距离比较长,风险比较大,所以应对整个运输过程及运输货物进行投保以转嫁风险。

在托运货物方面,应由发货人办理货物运输险,也可委托多式联运经营人帮助办理并承担相应的费用,对货物的运输保险投保,可以进行全程投保,也可以分段投保。而对于多式联运经营人而言,由于其对运输全程负责并提供集装箱,故应办理货物责任险及集装箱

保险。

7. 签发多式联运提单

多式联运经营人在收取托运人的货物后,应该向发货人签发多式联运提单,并在提单上注明货物的名称、数量等相关内容,证明多式联运经营人已经接管货物,并开始对货物负责。同时,根据双方订立合同的议定的内容,向发货人收取全部应付费用。多式联运经营人在签发提单后,及时组织和协调各区段承运人进行货物的运输、衔接工作,并及时处理与货物相关的各种单据、文件等信息。

8. 办理通关结关手续

在国际多式联运的全程运输中,货物的通关手续以及结关手续非常重要。货物的通关主要包括集装箱进口国的通关手续、进口国内陆的保税手续等内容。如果在货物的多式联运过程中还需要通过第三国,则应该要办理第三国的国家海关和内陆保税等手续。由于运输过程中产生的各种通关保税费用均由发货人或收货人承担,一般由多式联运经营人代为办理,也可以由多式联运经营人委托各区段的实际承运人作为多式联运经营人的代表进行办理。

9. 货物交付

货物在运抵目的地后,由国际多式联运经营人所在当地的分支机构或其代理人向收货人发出通知,收货人在规定的时间内凭多式联运提单到指定地点提货。同时,多式联运经营人按照合同收取收货人全部应付费用,并收回多式联运提单,签发提货单。提货单的签发,证明了持单人的提货权,提货人在指定堆场凭提货单提取货物。提货后,提货人负责将集装箱运回指定堆场,此时,整个多式联运合同完成。

10. 货运事故处理

如果货物在多式联运的全程运输中发生了货差货损以及延误所造成的损失等事故时,无论造成损失的区段是何种区段,发货人或收货人均有权向国际多式联运经营人提出索赔,由多式联运承运人根据双方合同以及多式联运提单条款确定责任形式并进行处理和赔偿。如果货物也已经向保险公司投保,则需要由受损人和多式联运经营人共同协商并向保险公司进行索赔。

三、多式联运优化

多式联运网络中存在众多节点和运输方式构成的边,一般可用图进行定义。基于图论将多式联运网络进行定义为一种加权网络 $G=\{V,E,C,L\}$,其中 V 和 E 分别为物流节点集合和多式联运路径集合,C 和 L 为路径成本权重集合和路径容量约束集合。多式联运优化的目标就是要在加权网络 G 中进行多路径(包括运输方式)的选择,并进行路径上物流流量的分配,从而在满足容量等约束下,实现网络运输成本的最小化。在研究中,考虑时间窗约束、运输类型、运输转换作业、交货不确定性、货物运输需求、多式联运网络结构等因素,可以扩展出针对不同优化目标的改进模型。

第三章 仓储系统

第一节 仓库

所谓仓库,一般是指以库房、货场及其他储存设施,对货物进行集中、管理、保管和分发等工作的场所。传统意义上的仓库是指在物流系统中主要承担保管功能的场所,是物流网络中的节点。现代仓库除了可保管和储存物品外,还具有运输发送、流通加工、信息处理等功能。

一、仓库的选址

仓库是保管和存储物品的建筑物或场所的总称,是连接生产、供应和销售的中转站,贯穿企业生产经营的全过程,因此,仓库在生产、供应和销售链中起着举足轻重的作用。自然仓库的位置极大地影响着企业的运转,所以企业在仓库的选址方面必须多花些时间和精力,选出最有利的仓库位置。下面介绍影响仓库选址的因素、现有的选址模型及如何进行仓库选址。

1. 影响仓库选址的因素

由于仓库牵涉的环节很多,因此,影响仓库选址的因素也很多,这里从主要成本因素和主要非成本因素两方面进行介绍。

主要成本因素包括如下几点:

(1) 运输成本;

(2) 原材料供应;

(3) 动力、能源的供应量和成本;

(4) 劳动力素质获得性与费用;

(5) 建筑和土地成本税利、保险和利率;

(6) 各类服务和保养费用;

(7) 水资源供应。

主要非成本因素包括如下几点:

(1) 气候和地理环境;

(2) 社区情况;

(3) 当地政府的政策;

(4) 政治因素;

(5) 文化习俗;

(6) 扩展机会;

(7)当地竞争者。

2. 选址模型

仓库的选址一直是国内外学者所看重和关注的。国内外已经有很多关于仓库选址模型的成果,这里列举一些典型的模型供大家参考。

(1)集合覆盖模型。集合覆盖模型是一个非常典型的模型优化问题,它被广泛地应用于配送车辆路径规划、电路设计等方面。其主要思路是找出满足覆盖区域的点集,然后再从点集中找出满足条件的点。

(2)最大覆盖模型。最大覆盖模型先确定设施数目,再确定其位置,使其尽可能多的覆盖需求点和需求量。该模型不要求所有的需求点都被覆盖,而是在规定时间内使尽可能大的区域被覆盖。

(3)P-中心模型。P-中心模型是求需求节点到设施节点的最小距离,主要用来解决已知需求但没有物流中心、选取合适的位置建物流中心的问题,以及物流中心已确定,对需求节点进行划分,保证所有的需求节点都能被覆盖的问题。

(4)CFLP模型。CFLP(Capacitated Facility Location Problem)模型,又称反町氏法,该方法运用线性规划理论,确定各配送中心的市场占有率,求出配送分担地区的重心,然后再用混合整数规划的方法进行计算。该方法是一种启发式算法,相比最优化方法,具有计算简单、求解速度快等优点。

3. 仓库选址步骤

仓库的选址从大体而言,分为四个阶段:

(1)准备阶段;

(2)地区选择阶段;

(3)地点选择阶段;

(4)编制报告阶段。

不同类型的仓库在每个阶段的具体内容也有所不同,应根据实际仓库选址的类型,对四个阶段进行具体的细化,从而一步一步地选出适合的仓库位置。

二、仓库的分类

仓库形式多种多样,规模各异,可从以下几个角度对仓库分类。

1. 按仓库所属的职能分类

(1)生产仓库,是指为企业生产和经营储存原材料、半成品及产成品的仓库。

(2)流通仓库,是指以物流中转为主要职能的仓库。

(3)储备仓库,是指专门长期存放物资,以保证完成各项储备任务的仓库。

2. 按仓库储存物品的技术处理方式及保管方式分类

(1)普通仓库,是指常温保管、自然通风、无特殊功能的仓库,用以存放一般性货物。

(2)冷藏仓库,是指有制冷设备并有良好的保温隔热性能以保持较低温度的仓库,专门用来储存冷冻商品。

(3)恒温仓库,是指具有温度和湿度控制功能的仓库,能保持与保存货物相适宜的温度和湿度,以稳定储存条件。

(4)危险品仓库,是指保管危险品并能对危险品起一定防护作用的仓库。对危险品进行保管时,应按照所属种类,分别进行保管。

(5)水上仓库,是指利用水面或水上在高湿度条件下储存物品的仓库。

(6)散装仓库,是指专门保管散粒状、粉状物资的容器式仓库。

(7)地下仓库,是指利用地下洞穴或地下建筑物储存物资的仓库。这种仓库主要储存石油等物资,安全性较高。

(8)露天仓库,是指自然条件下保管,无建筑物阻隔风、雨、光,采取对货物直接堆放的仓库。

3. 按仓库的结构和构造分类

(1)平房仓库,是指单层、结构简单、有效高度一般不超过5~6m的仓库。

(2)多层仓库,也称楼房仓库,是指两层以上的建筑物。仓库楼房各层间依靠垂直运输的机械联系,也有的楼层间以坡道相连,称为坡道仓库。

(3)高层货架仓库,也称立体仓库。高层货架仓库的建筑结构是单层的,但顶棚很高,内部设置层数很多。这种仓库一般自动化程度很高,储存能力较强。

(4)罐式仓库,是指以各种罐体为储存库的大型容器型仓库。

4. 按使用对象及权限分类

(1)自营仓库,是指由企业或各类组织自营自管,为自身提供储存服务的仓库。

(2)营业仓库,是指专门为了经营储运业务而修建的仓库,是一种社会化仓库,面向社会,以经营为手段、盈利为目的。

(3)公共仓库,是指面向社会提供物品储存服务,并收取费用的仓库。

三、仓库设施及设备

仓库中的设施设备包括涉及仓储业务活动的一切作业工具,是仓库不可缺少的物质技术基础。仓库设施设备能够起到保障安全、合理组织物品运转、提高劳动生产率、减轻劳动强度的作用。根据设施及设备的用途不同,可大致分为以下几类。

1. 计量装置

仓库中使用的计量装置种类很多,从计量方法角度可以分为如下几种:

(1)质量计量设备,包括各种磅秤、地下及轨道衡器、电子秤等;液体容积计量设备,包括流量计、液面液位计等,液体容积计量装置用在特殊专用场合,属于专用计量装置。

(2)长度计量设备,包括检尺器、自动长度计量仪等。长度计量设备用于钢材、木材等尺寸计检,进一步换算为质量或容积。

(3)计数装置,包括自动计数器及自动计数显示装置等。计数装置随包装的成件杂货物流量的增大,使用也越来越频繁,尤其在处理成件杂货的配送中心等场所,是提高分拣效率的重要装置。

(4)综合的多功能计量设备和计量装置等,常见的有轨道秤、核探测仪、出库数量显示装置等。

2. 保管设备

保管设备是指便于存放和保护、管理物品的各种用具和辅助品,主要有如下几种:

(1) 苫垫用品,包括苫布(篷布、油布)、芦席、塑料布、枕木、水泥条、花岗石块等,主要用于露天仓库堆放商品,具有防风、防雨、防水、防散、隔潮等作用。

(2) 存放用品,包括货架、货橱等,主要用于批量小、拆零、贵重等物品,具有易点数、可提高仓库利用率等特点。

(3) 储存容器,指密闭形储存设施,全部仓容都可用于储存,大多采用全封闭结构,其隔离、防护效果非常好。储存容器又可分为储仓和储罐,前者主要用于存放粉状、颗粒状、块状等散装非包装物品,后者专门用于存放液体、气体物品。

(4) 仓储机械辅助用品,包括平面托盘和立柱折叠式托盘,辅助于叉车装卸作业,用于体积小或质量比较大的商品,具有点数方便、装卸简单等特点。

3. 装卸搬运设备

装卸搬运设备的分类比较复杂,机械化程度也大不相同,主要有如下几种:

(1) 手推车,是仓库中最基本的操作工具,适用于商品的平面运输。

(2) 堆垛机,专用于堆、拆桩的机具之一,特别适于狭窄条件下的操作。

(3) 运输机,用于仓库内部的运输,分为平面运输机和折叠运输机,适于平面运输和立体运输。

(4) 叉车,是仓库设备中具有较高效率的搬运工具。

(5) 升降机,是仓库中进行垂直运送的有效工具。

(6) 起重机,是用于装卸笨重物品的机械设备,分为简易式起重机和龙门式起重机两种。

(7) 滑梯,一般为钢筋混凝土螺旋结构,用于多层楼房仓库的物品选配。

4. 线路和站台

线路、站台是仓库进发货的必经之地,是仓库运行的基本保证条件,也是仓库高效工作不可忽视的部位。线路要能满足进出货运量的要求,不造成拥挤阻塞,主要有两种,即铁道专用线和汽车线。站台是线路与仓库之间用于进出车辆、装卸货物的设施,主要有两种,即高站台和低站台。

四、现代化立体仓库

随着科技的发展,越来越多的设施设备被投入仓储领域中。与此同时,土地价格飞涨,迫使仓储空间向高层延伸,现代化立体仓库因此而生。

从仓储活动诞生开始,其发展大概可以划分为五个阶段,分别是人工仓储阶段、机械仓储阶段、自动化仓储阶段、集成化仓储阶段和智能自动化仓储阶段。五个阶段并没有明确的分界线,并且由于各地仓储产业发展并不均衡,所以也并未遵循严格的顺序,很难说现代化立体仓库对应于哪几个阶段。但是从信息技术进入仓储领域的自动化仓储阶段开始,仓储产业开始走入其以信息技术为特征的现代化阶段。

1. 自动化仓库的概念

根据《物流术语》(GB/T 18354—2006)的定义,自动化立体仓库指由高层货架、巷道堆垛起重机(有轨堆垛机)、入出库输送机系统、自动化控制系统、计算机仓库管理系统及其周边设备组成,可对集装单元物品实现自动化存取和控制的仓库。这种仓库出现在20世纪60年代初。自此以后,随着物流技术日益被人们重视,针对自动化仓库的研制和技术交流活动也不断增加。

2. 自动化仓库的分类

(1)按仓库的建筑形式分,可分为整体式自动化仓库和分离式自动化仓库。

(2)按仓库的高度分,12m以上的为高层自动化仓库,5~12m的为中层自动化仓库,5m以下的为低层自动化仓库。一般5m以上的仓库,才能称为"立体"仓库。

(3)按仓库容量分,托盘数量在2000个以下的为小型自动化仓库,托盘数量在2000~5000个的为中型自动化仓库,托盘数量在5000个以上的为大型自动化仓库。

(4)按自动化仓库与生产连接的紧密程度分,可分为独立型仓库、半紧密型仓库和紧密型仓库。

(5)按货架构造形式分,可分为单元货格式仓库、贯通式仓库、移动式货架仓库和旋转式货架仓库。

3. 自动化仓库的特点

(1)节省劳动力、节约占地面积。由于自动化仓库采用了电子计算机等先进的控制系统,以及高效率的自动化物料搬运设备,从而使生产效率得到了较大提高,往往只需要很少的工作人员,在节省劳动力的同时,工作人员的劳动强度也大大降低。自动化仓库的高层货架能合理地使用空间,使单位面积储存的物资数量增加。在相同储存量下,自动化仓库节约了大量的土地面积。

(2)出入库作业迅速、准确,缩短了作业时间。自动化仓库由于采用了先进的控制手段和作业机械,可以最快的速度、选择最短的距离送取货物,使物资出入库的时间大大缩短。同时,仓库作业准确程度高,仓库与供货单位和用户能够灵活地协调,有利于缩短物资出入库时间。

(3)提高了仓库的管理水平。由于电子计算机控制的自动化仓库结束了普通仓库繁杂的台账手工管理办法,使仓库的账目管理以及大量资料数据通过电子计算机储存,随时需要,随时调出,既准确无误,又便于分析。从库存量上看,自动化仓库可以将库存量控制在最经济的水平上,在完成相同的物资周转量的情况下,自动化仓库的库存量也可以达到最小。

(4)有利于物资的保管。在自动化仓库中,存放的物资多、数量大、品种多样。由于采用了货架托盘系统,物资存放在托盘或货箱中,使搬运作业安全可靠,避免了物资的包装破损或散包等现象。此外,自动化仓库有很好的密封性能,为调节库内温度、做好物资的保管及保养提供了良好的条件。

4. 自动化仓库的设备配置

(1)货物的存放和周转——高层货架和托盘。高层货架是自动化立体仓库的主体结构部分,一般使用钢结构,采用焊接或组装而成。每排货架分若干列、层单元货格,每个货格一般存放1~3个托盘。目前国内制造的高层货架一般在20m以下,以10~15m居多,焊接式货架多采用热轧型钢,组装式货架多采用薄型冷轧型钢。

(2)出入库作业——堆垛起重机。堆垛起重机是自动化立体仓库中存取货物作业的主要执行设备。它在货架的巷道中承担货物的水平和升降运行,从而完成出入库、倒库等各种功能。为使堆垛起重机认址准确,水平、垂直运动均应设置正常运行速度和慢速两种速度

(或采用变频无级调速),以减少停车时的冲击,并能准确到位。堆垛起重机还设置有货位和载货台虚实检测装置,防止由于控制失误,在货位被占用的情况下重复入库造成事故。此外,堆垛起重机还设置运行、起止的终端限速、限位开关,并在终端设机械车挡,防止堆垛起重机各机构运行超过极限位置。

(3)出入库分配系统——辊式、链式输送机、分配机、升降机等。在电子计算机控制的立体仓库中,出入库分配系统按照计算机指令将入库货物分配至某一巷道口,再由该巷道堆垛机按照指令将入库货物送到指定的排、列、层货位。出库时按照相反方向输出。目前,输送货物大多数根据实际情况,确定使用辊式或链式输送机,输送货物的交叉口往往使用升降机解决问题。

(4)计算机管理系统进行仓库的账目管理、数据分析、设备运行、库存情况的状态显示等。计算机管理系统应能对全部货位和全部库存货物完成以下主要管理功能:

①按照要求实现货物的先进先出、巷道优选、均匀分布等管理功能,进行出入库货位管理。

②按照货位和货物品种盘存、查询。

③打印各种统计报表。

④库存情况分析。

⑤修改数据文件各项内容。

五、仓库规划与设计

仓库规划与设计是指在一定区域或库区内,对仓库数量、规模、地理位置、平面布局和仓库设施、道路等各要素进行科学规划和整体设计。合理的仓库规划与设计对于提高整个物流系统的效率、降低物流成本具有重要意义。

1. 仓库设计的一般要求

(1)规模经济要求。采用大规模处理货物的手段可以明显降低物流成本,因此,对仓库进行设计时,不仅要根据当前的经济性,还要根据流通数量、环境要求、运输条件等来确定其规模,实现长期的规模效益。

(2)数量经济及服务能力要求。在总规模明确的前提下,根据物流企业的设施设备规模,来规划仓库的库型、数量、单体规模等,以实现流程合理、作业便捷、成本适中、客户满意等。

2. 仓库数量决策

仓库规划的主要工作之一就是决定建设仓库的数量。通常只有单一市场的中、小规模企业只需一个仓库,而产品市场遍布各地的大型企业,应在权衡各类影响因素后,选择合理的仓库数量。仓库数量对物流系统各项成本都有重要影响。仓库过多或过少都会使物流总成本增加。因此,仓库数量决策要从单个仓库规模、服务成本、物流成本、运输方式的协同性等多个角度综合考虑。

3. 仓库规模决策

仓库规模是指仓库能够容纳货物的最大数量和总体积。直接影响仓库规模的因素是仓库的商品储存量,储存量越大,仓库的规模也应越大。同时,商品储存的时间或商品周转的速度也会影响仓库的规模,在储存量不变的前提下,周转速度越慢,所需的仓库规模越大。

4. 仓库选址决策

仓库选址对商品流转速度和流通费用有直接影响,并直接关系服务水平和质量,最终影响销售量和利润。选址的三大基础要求是:一是选在生产地;二是选在消费地;三是选在交通枢纽地。在仓库的实际选址中,应考虑如下因素:

(1)客户条件。选址要考虑客户的地理分布。如果客户集中于某个地方或分布于其周围地区,在该地区建立仓库就是合理的选择。同时也要考虑客户的稳定数量及未来是否会发生变化。

(2)交通运输条件。选址要考察现有的交通设施如何,交通工具是否便利,能否运用各种运输方式等。

(3)自然地理条件。选址要考虑该地区是否可设置物流中心,有无特殊的阻碍,如不利于仓库建设的天文、地质、气候、水利等自然条件。

(4)用地条件。选址要考虑该地区的地价或地租是否昂贵,理想地区内是否有可利用的旧厂房等。

(5)法律制度条件。选址要考虑是否符合当地法律规定等。

物流企业必须从全局考虑仓库的选址,以最小的物流总成本,达到对客户服务的预期水平。

5. 仓库布局决策

仓库布局就是根据库区场地的条件、仓库的业务性质和规模、货物储存要求以及技术设备的性能和使用特点等因素,对仓库主要和辅助建筑物、货场、站台等固定设施和库内运输线路进行合理安排和布置,最大限度地提高仓库的储存和作业能力,并降低各项储存作业费用。

(1)仓库总平面布置决策。仓库总平面布置不仅包括库区的划分以及建筑物位置的确定,还包括运输线路的组织与布置、库区安全防护以及绿化和环境保护等内容。

仓库的总平面布置首先要进行功能区划分。根据仓库各种建筑物性质、使用要求、运输及安全要求等,将性质相同、功能相近、联系密切、对环境要求一致的建筑物分成若干组,再结合仓库用地内外的具体条件,合理地进行功能分区,在各个区布置相应的建筑物。

仓库总平面一般可以划分为仓储作业区、辅助作业区、行政生活区,除此之外,还包括铁路专用线和可行驶大型货车的库内道路。

仓储作业区是仓库的主体。货物保管、检验、分拣、包装等作业都在这个区域里进行。仓储作业区的主要建筑物包括库房、货场、站台,以及加工、整理、包装场所等。

辅助作业区的设置,应靠近所服务的主要业务场所。在辅助作业区内进行的活动是为主要业务提供各项服务,例如设备维修、加工制造、各种物料和机械的存放等。辅助作业区的主要建筑物包括维修加工以及动力车间、车库、工具设备库、物料库等。

行政生活区由办公室和生活场所组成,具体包括办公楼、宿舍、食堂等。行政生活区一般布置在仓库的主要出入口处并与作业区分隔开,这样既方便工作人员与作业区的联系,又避免非作业人员对仓库生产作业产生影响和干扰。

在划定各个区域时,必须注意使不同区域所占面积与仓库总面积保持适当的比例。货物储存的规模决定了主要作业场所规模的大小。同时,仓库主要作业规模又决定了各种辅助作业区和行政生活场所的大小。各区域的比例必须与仓库的基本职能相适应,保证货物接收、发运和储存保管场所尽可能占最大的比例,提高仓库的利用率。

库内运输道路的配置应符合仓库各项业务的要求,方便货物入库储存和出库发运,还要适应仓库各种机械设备的使用特点,方便装卸、搬运、运输等作业操作。库内道路的规划必须与库房、货场和其他作业场地的布置相互适应,减少各个环节之间的重复装卸、搬运,避免库内迂回运输。各个库房、货场要有明确的进出、往返路线,避免作业过程中相互交叉和干扰,防止因交通阻塞影响仓库作业。

总之,在进行仓库总平面布置时应满足如下要求:
①方便仓库作业,保证货物储存安全。
②最大限度地利用仓库面积和容积。
③使货物在出入库时直线流动,以避免逆向操作和低效运作。
④有利于充分利用仓库设施和机械设备。
⑤符合安全保卫和消防工作要求。
⑥综合仓库当前需要和长远利益,减少将来仓库扩建对正常业务的影响。

(2)仓库作业区布置决策。仓库作业区布置要求以主要库房和货场为中心对各个作业区域加以合理布置。特别是在有铁路专用线的情况下,专用线的位置和走向制约着整个库区的布局。应合理地安排各个区域,力求以最短的作业路线,减少库内运输距离和道路占用面积,降低作业费用和提高仓储面积利用率。仓库作业布置主要考虑以下几个方面:

①货物吞吐量。在进行作业区布置时,应根据各个库房和货场的吞吐量确定它们在作业区的位置。对于吞吐量较大的库房和货场,应使它们尽可能靠近铁路专用线,以减少运输搬运的距离。但也要避免将这类库房过分集中,造成交通运输相互干扰和作业组织方面的困难。

②机械设备的使用特点。为了充分发挥不同设备的使用特点,提高作业效率,在布置库房、货场时就需要考虑所配置的设备情况。每种设备各有其不同的使用要求和合理的作业半径,在物料搬运设备大小、类型、转弯半径的限制下,应尽量减少通道所占空间。

③库内道路。库内道路的布置与仓库主要建筑物的布置是相互联系、相互影响的。在进行库房、货场和其他作业场地布置的同时就应该结合对库内运输路线的分析,制订不同的方案,通过调整作业场地和道路的布置,尽可能减少运输作业的混杂、交叉和迂回。另外,还应该根据具体要求合理确定干、支线的位置,适当确定道路的宽度,以最大限度地减少道路的占用面积,使仓库储存面积相应扩大。

④仓库业务及作业流程。仓库除了承担接收、保管、发运任务外,还需要完成拆包、拣选、编配和再包装等作业。为了以最低的人力、物力耗费和在最短的时间完成各项作业,就必须按照各个作业环节之间的内在联系对作业场地进行合理布置,使作业环节之间密切衔接、环环相扣。

仓库作业区的基本要求如下:
a.减少运动距离,力求最短的作业路线。从整个仓库业务过程来看,始终贯穿着货物、设备和人员的运动。合理布置作业场地可以减少设备和人员在各个设施之间的运动距离,节省作业时间、人员劳动强度和费用。

b. 有效利用时间。不合理的布置必然造成人员和设备的无效作业或作业中断等,增加额外的工作量,并且延长作业时间。合理布置的主要目的之一就是避免各种时间上的浪费,提高作业效率。

c. 充分利用仓库面积、容积。通过对不同布置方案的比较和选择,减少仓库使用面积的浪费。

6. 仓库设备选择

对于仓库设备,必须基于仓库现有的内部布局和作业流程要求,选择技术成熟先进、经济合理、安全可靠、操作方便、消耗较低的设备。仓库设备的选择应主要从设备的生产效率、采购成本、可靠性、灵活性以及维修的难易等方面作出综合评价,从而确定适合现有布局与作业流程的仓库设备数量、规格、种类等购置要素。

第二节　储　　存

储存是指物品在离开生产过程但尚未进入消费过程的时间间隔内,在仓库中保管、保养、维护、管理的过程。储存是社会扩大再生产的必要条件,是流通的重要环节。储存是以改变"物"的时间状态为目的的活动,以克服产需之间的时间差异获得更好的效用。储存使物品安全放置一段时间,实现了物品在"供应链"中上下环节的衔接,并调节上下环节流量的差异,从而保持了生产与流通的正常,使社会再生产不断发展。无论何种企业都离不开储存,储存是否合理对企业的生产与发展有重要意义。

一、储存的任务与原则

1. 储存的任务

储存的基本任务是根据商品本身的特征及其变化规律,合理规划并有效利用现有仓储设施,采取各种行之有效的技术与组织措施,确保库存商品的质量与安全。其具体任务包括以下几个方面:

(1)规划与配备仓储设施。仓储设施是进行商品储存的物质技术基础,是组织商品储存活动的必要条件。仓储设施主要包括仓库建筑物和有关的保管设备。对仓储设施要有全面规划,包括库区的平面布局、仓库建筑物的结构特点和保管设备类型的确定等。

(2)制定商品储存规划。商品储存规划是根据现有的仓储设施和储存任务,对各类、各种商品的储存在空间和时间上作出全面安排,如分配保管场所、对保管场所进行布置、建立良好的保管秩序等。合理的储存规划是进行科学养护的前提。

(3)提供良好的储存条件。各种商品具有不同的物理、化学性质,要求有相应的、良好的储存条件和环境。这种储存条件主要是通过创造适宜的储存环境来实现的,即为商品储存创造一个温度和湿度适宜,有利于防锈、防腐、防霉、防虫、防老化、防火、防爆的小气候。

(4)进行科学的养护。库存商品由于受外界自然因素的影响,总是要发生变化,因此,要根据不同的库存商品,采取一定的防治措施,抑制其变化,减少损失,如金属的涂油防锈、有机物的防霉与救治、仓库害虫的杀灭等。

(5)掌握库存商品信息。商品储存,除了对商品实体的储存,还要对商品信息进行管理。信息流和物流二者密不可分,信息流是物流的前提。在商品储存过程中,实物和信息两者必须一致。库存商品信息管理主要包括各种原始单据、凭证、报表、技术证件、账卡、图纸、资料的填制、整理、保存、传递、分析与运用。

(6)建立健全必要的规章制度。商品储存不但是一项技术工作,也是一项组织工作,除采取必要的技术措施外,还应采取适当的组织措施。建立健全有关商品储存的规章制度是做好商品储存的一个重要方面,如岗位责任制、经济责任制、盘点制和奖惩制等。

2. 储存原则

商品储存是一项复杂的综合性工作,为了以较少的劳动消耗,高质量地完成商品储存任务,在实际工作中应遵循以下基本原则:

(1)质量第一。商品储存的根本目的就是保持商品原有的价值,以优质产品满足社会生产和人们生活的需要。因此,必须将商品的储存质量放在首位,保证库存商品质量良好、数量正确、配套齐全、账物相符,使用户和货主满意。

(2)预防为主。为了避免和减少商品在储存过程出现的质量变化和数量损耗,应积极采取预防措施,有效控制商品的质量和数量变化,把质量事故消除在萌芽状态,防患于未然,达到事半功倍的效果。

(3)讲究科学。商品储存要讲究科学,就是要严格按照事物的客观规律办事。即根据库存商品本身的物理、化学特性及其变化规律,采取相应的储存措施,并根据外界自然因素(温度、湿度),为商品储存创造一个适宜的外部环境。商品储存要从实效出发,切忌形式主义。

(4)提高效率。在商品储存过程中要努力提高各方面的效率。充分发挥人的积极性和主观能动性,不断提高劳动生产效率;充分有效地利用各种仓储设施,提高仓库利用率和设备利用率;合理确定储备量,加速商品周转,减少资金占用等。

(5)确保安全。在商品储存工作中,确保安全非常重要。这种安全包括商品安全、仓储设施安全和人身安全,必须采取有效措施防盗、防破坏、防火、防爆、防洪、防雷击、防毒等。

二、储存的分类

1. 按储存的集中程度划分

(1)集中储存。集中储存是指货物以一定大数量集中于一个场所。集中储存是一种大规模储存方式,有利于储存时采用机械化、自动化设备,有利于先进科学技术的实行。从储存的作用来看,集中储存有比较强的调节能力及对需求的更大的保证能力。集中储存的单位储存费用较低,经济效果较好。

(2)分散储存。分散储存是指货物储存在地点上形成较广区域的分布,每个储存点的储存数量相对较小。分散储存是较小规模的储存方式,往往和生产企业、消费者、流通企业相结合,不是面向社会而是面向某一企业的储存,因此,储存量取决于企业生产要求及经营规模。分散储存的主要特点是容易和需求直接密切结合,但是库存数量小。

在同样的供应保证能力下,集中储存总量远低于分散储存量之和,但周转速度高于分散库存,资金占用总量低于分散储存占用量之和。

(3)零库存。零库存是现代物流学中的重要概念,指某一区域不再保有库存,以零库存(或很低库存)作为生产和供应保障的一种系统方式。

2. 按储存的位置划分

(1)仓库储存。仓库储存是指货物储存在各种类型的仓库之中。仓库储存是储存的一种正式形态,为进行这种储存,需要有一套基础设施,还需办理入库、出库等正式的手续。

(2)车间储存。车间储存是指货物在生产过程中的暂存形式,是整个生产计划的一部分,是一种非正式储存形式。由于是暂存,所以无须存、取等正式手续,也不进行核算。

(3)站、场、港储存。站、场、港储存是在物流过程中衔接点的储存,目的是为发货、提货做准备。站、场、港储存是一种暂存,是一种服务性的附属性的储存。因此,不需要有很强的计划性。

3. 按储存在社会再生产中的作用划分

(1)生产储存。生产储存是指生产企业为了保证生产正常进行而出现的物资库存,包括:企业为了保证生产的连续性,调节原材料供应季节性,应付各种意外等的原材料的必要库存;生产过程中的半成品和成品库存。

(2)流通储存。流通储存是指流通过程中的商品在各个环节的停滞状态,是生产和消费之间的物流过程中的储存。流通储存可以库存形式存在,也可以非库存的形式处于车站、码头、空港、市场或运输过程之中。流通储存是为了保证市场销售、供给以及物流各个环节的连接和正常运行而进行的储存,包括流通企业为了保证销售的连续性而进行的经常性储存、保险性储存、季节性储存以及各物流环节的衔接性储存。

(3)消费储存。消费储存是指消费者为了保持消费的需要而进行的物资准备。这种储存发生在最终消费领域,数量较少,一般不以库存形式存在,而是采取暂存、暂放的储存形式。

(4)国家储存。国家储存是指国家为了"不时之需"而保证宏观经济发展、国家安全、防震救灾等需要进行的储存。

三、储存作业

1. 作业流程

以仓库为储存设施的储存作业大致可以分为收货、保管、发货三个阶段,其一般程序如下:

(1)收货。收货是根据储存计划和发货单位、承运单位的发货或到达通知,进行货物的接收及提取,并为入库保管做好一切准备的工作。收货具体包括以下内容:

①与发货单位、承运单位的联系。这项工作的目的在于掌握相关的资料,为制订收货计划做准备。

②制订收货计划。在充分掌握到货时间、数量、质量、体积等基本情况的基础上,根据收货能力和整个企业的经营要求,并与相关部门协商,制订收货计划。收货计划包括到货时间、收货时间、收货人员、收货地点、收货装备等。收货计划确定后,企业各相关部门便可以此合理安排工作。

③办理收货手续。按照收货计划,各个职能部门要在计划规定的时间内办理好相关手续,如提货手续、财务手续等。

④到货的处理。在手续办理过程中或完成后,对所到的货物进行的卸货、搬运、查看、清点及到货签收,并在适当地点暂存。

⑤验收。按照收货计划的要求,根据有关的契约和凭证,对到货进行核证、检查、检验,最后确认是否完成收货。验收工作主要包括 3 项内容:a. 核证。核证是指对货物的有关证件进行核实,如品名、产地、认证资料、出厂日期、装箱单据、发接货手续等。b. 数量验收。数量验收是指清点和检查到货总量、单位包装量等。c. 质量验收。储存的接货一般只做外观质量检查,储运企业如果不是自己进行经营,而是代储代运,货物内部质量由货主负责,储运企业只负责检查与储运有关的外观质量、包装质量,生产企业的储存接货,则需要相关部门进行复杂的技术检验。

(2) 保管。保管是根据货物本身的特性及进出库的计划要求,对入库物资进行保养、维护管理的工作。保管具体包括以下内容:

①与收货单位及用货单位的联系。要充分掌握收货单位与用货单位两方面的要求,以便安排好保管工作。

②制订保管计划。根据保管对象特点,在保管时间、数量等要求的基础上,制订保管计划。保管计划包括保管数量计划、分类管理计划、维护保养计划。a. 保管数量计划。保管数量的决策不在保管部门而在业务部门,但是保管条件、场所、人力等是决定保管数量的重大因素,也是计划依据。同时,库存量控制的实施点在保管部门,也是库存量计划的制订部门之一。b. 分类管理计划。分类管理计划是指根据库存物品的品种、规格、质量特点,合理规划保管场所和保管方式。c. 维护保养计划。维护保养计划是指根据库存物品特点及储存的时间,安排维护保养时间、方法及人力、物力。

③办理出、入库手续。办理入库、出库手续及由此产生的凭证,是保管的重要基础工作,也是实施系统管理,进行财务、统计分析的基本信息点。入库手续包括各种凭证的签收处理、建立保管账目等。出库手续包括各种出库凭证的核对及处理、通知备货出库等。

(3) 发货。发货是根据业务部门的计划,在办理出库手续基础上,进行备货、出库、付货或外运付货工作。发货具体包括以下内容:

①与收货单位、外运承运单位的联系。这项工作的目的在于充分掌握收货单位或承运单位的提货时间、能力、要求等,合理制订发货计划。

②制订发货计划。根据货物特点,在与收货单位及承运单位确定发货方式的基础上制订发货计划,主要包括备货时间、方式、装卸搬运设备、人力的确定。

③核对及备货。备货是保管人员按照业务部门通知及发货计划完成的。在外运或交货时,必须核对无误后方可完成交货手续及实际交货工作。

④办理交货手续。按发货计划,与收货或接运部门办理各项财务、接交货等手续。

2. 物资维护保养

物资维护保养是指通过一定的环境条件及对被保管物品的具体技术措施,保持其使用价值不发生减退的全部工作。物资维护保养具体包括以下内容:

(1) 创造适合物资储存的环境条件。这是维护保养货物的根本性措施。适合的环境能

有效防止和控制货物的变化。环境条件可作用于被存的全部物资,防护范围大,能解决大量物资的储存保护问题。主要环境条件如下:

①温度条件。化学反应速度与温度有关,一般而言,温度越高,化学反应越剧烈,生物化学活动也越激烈。所以,温度升高会加速各种类型的生物化学反应,影响形态变化,造成储存物资的变化。

为了保证所存物资质量,需要对温度进行控制。温度控制依据物资的安全储存温度而定。对多数物资来讲,安全储存温度是一个最高限度温度,超过这个温度就会使物资较快地发生变化;也有些物资需要控制最低温度,如易被冻坏的物资和个别在低温会破坏组织及性能的物资。

②湿度条件。溶解、水解、锈蚀等物理、化学变化也与湿度有关,某些微生物的活动以及有机体物质的生物性活动,对湿度也有要求。各种物资在一定水分范围内能安全储存,这就是物资的安全水分。控制储存环境湿度,就能使物资储存在安全水分范围内,起到保护作用。

③密封隔离条件。储存物质与其他外界物质的接触,是物资在储存期间劣化的因素之一,如不同物资之间的混杂和化学反应,外界对被储存物的污染、侵害以及与被储存物的化学反应,生物虫蛀、菌等对被储存物的破坏等。因此,有些被储存物需要在一定密封隔离条件下才能保证质量。密封可以创造一个适宜的储存条件,从而对物资起到保护作用。

(2)对部分被储存物资进行个别技术处理。环境条件是对全部物资起作用的因素,维护保养工作还可对部分物资进行,即对部分物资采取技术措施,主要包括以下内容:

①个别物品的封装。需要有特殊防护的物资,在环境条件不能满足要求的情况下,可以对个别物品进行封装,以为其单独创造环境。

②物资表面的喷涂防护。在物资表面涂油及喷施一层隔绝性物质,可以有效地将所有物资与环境条件隔离开来,起到保护作用。

③物资表面施以化学药剂。化学药剂的种类很多,可以起到防霉、防虫、防鼠的作用。

④气相防锈保护。在金属表面或四周施以挥发性缓蚀剂,由其在金属制品周围挥发出缓蚀气体,以阻隔腐蚀,达到防锈的目的。

⑤喷水增湿降温。在环境湿度和温度失控的情况下,可以小面积喷水,以迅速阻止化学反应的进行,达到保护的目的。

(3)进行救治防护。对已经发生变质损坏的物资,采取各种救治措施,以防止损失的扩大。救治措施有除锈、破损修复、霉变的晾晒等。

四、储存合理化与现代化

1. 储存合理化的概念

储存合理化的含义是用经济的办法实现储存的功能。储存的功能是对需要的满足,实现被储存物的"时间价值"。但如果过分投入储存力量和其他储存劳动,又会导致不合理储存。因此,合理储存的实质是,在保证储存功能实现的前提下尽量少地投入。这也是一个投入与产出的关系问题。

2. 储存合理化的标志

(1) 质量标志。保证被储存物的质量,是完成储存功能的根本要求,只有这样,商品的使用价值才能通过物流得以最终实现。在储存中增加了多少时间价值或是得到了多少利润,都是以保证质量为前提的。恰当的储存条件可以为被储存物提供良好的储存环境,减少货物的损失。

(2) 数量标志。在保证功能实现前提下,确定一个合理的数量范围。数量过多,一定程度上可以提高保证供应能力,但相应的损失量也会增大。数量过少,会严重降低储存对供应、生产、消费的保证能力,造成巨大损失。因此,需要借助科学的管理方法,在各种约束条件下,对合理数量范围作出决策。

(3) 时间标志。在保证功能实现前提下,寻求一个合理的储存时间,这是和数量有关的问题。储存量越大而消耗速率越慢,则储存的时间越长,相反则必然短。此外,被储存物资经过一定时间,会获得"时间效用",但随着储存时间的增加,有形或无形损耗加大,因而,储存的总效果是确定最优时间的依据。在具体衡量时往往以周转速度指标来反映时间标志,如周转天数、周转次数等。

在总时间一定的前提下,个别被存储物的储存时间也能反映合理程度。如果少量被储存物长期储存,变成呆滞物或储存期过长,虽不会反映到宏观周转指标中,但也标志储存不合理。

(4) 结构标志。从被储存物不同品种、不同规格、不同花色的储存数量的比例关系来对储存合理性进行判断。尤其是相关性很强的各种物资之间的比例关系更能反映储存合理与否。由于这些物资之间相关性很强,只要有一种物资耗尽,即使其他物资仍有一定数量,也会无法投入使用。所以,不合理的结构影响面不是局限在某一种物资上,而是具有扩展性,结构标志的重要性也由此确定。

(5) 分布标志。分布标志是指不同地区储存的数量比例关系,以此判断当地需求比以及对需求的保障程度,也可以此判断对整个物流的影响。

(6) 费用标志。仓租费、维护费、保管费、损失费、资金占用利息支出等,都能从实际费用上判断储存的合理与否。

3. 储存合理化的实施要点

(1) 进行储存物的 ABC(Activity Based Classification,分类库存控制法)分析。ABC 分析是实施储存合理化的基础分析,在此基础上可以进一步解决各类的结构关系、储存量、重点管理、技术措施等合理化问题。在 ABC 分析的基础上,分别决定各种物资的合理库存储备数量及经济的保有合理储备的办法,乃至实施"零库存"。

(2) 在形成了一定的社会总规模前提下,追求经济规模,适当集中库存。适度集中储存是合理化的重要内容。所谓适度集中库存,是利用储存规模优势,以适度集中储存代替分散的小规模储存来实现合理化。适度集中库存除在总储存费及运输费之间取得最优之外,还有一系列好处:提高对单个用户的保证能力;有利于采用机械化、自动化方式;有利于形成一定批量的干线运输;有利于成为支线运输的始发站。适当集中库存也是"零库存"这种合理化形式的前提条件。

(3) 加快总周转,提高单位产出。储存合理化的重要课题是将静态储存变为动态储存。

周转速度快,会带来一系列的合理化好处:资金周转快、资本效益高、货损小、仓库吞吐能力增加、成本下降等。具体做法有采用单元集装箱存储、建立快速分拣系统等,这都有利于实现快进快出、大进大出。

(4) 采用有效的"先进先出"方式,保证被储存物的存储期不至过长。"先进先出"是一种有效的方式,也是储存管理的准则之一。有效的"先进先出"方式有如下 3 种:

① 采用贯通式货架。货物从一端存入,从另一端取出,货物自行按先后顺序排队,从而避免出现越位现象。

② "双仓法"储存。给每种货物准备两个仓位或货位,轮换进行存取,再配以必须从一个货位取光才可以补充和从另一个货位取货的规定,实现"先进先出"。

③ 利用计算机存储系统。向计算机输入货物的入库时间,通过计算机程序,使货物按照时间顺序输出。

(5) 提高储存密度,提高仓容利用率。其主要目的是减少储存设施的投资,提高单位储存面积的利用率,以降低成本、减少土地占用。有效的方法有以下 3 种:

① 采取高垛的方法,增加储存高度。

② 缩小库内通道宽度,增加储存有效面积,如采用窄巷道式通道,配以轨道式装卸车辆,以减少对车辆运行宽度的要求等。

③ 减少库内通道数量,增加储存有效面积,如采用密集型货架等。

(6) 采用有效的储存定位系统。储存定位的含义是确定被储存物位置。如果定位系统有效,能大大节约寻找、存放、取出的时间,减少物化劳动及活劳动,而且能防止差错,便于清点及实行订货点等管理方式。储存定位系统可以采取先进的计算机管理方式,也可采取一般人工管理方式。行之有效的方式有如下 2 种:

① "四号定位"方式。通过序号、架号、层号、位号这 4 位数字确定存取位置。货物入库时,按规划要求,对货物编号,记录在账卡上;提货时,按照这 4 位数字的指示,将货物拣选出来。

② 使用电子计算机定位系统。利用电子计算机储存容量大、检索迅速的优点,入库时,将存放货位输入计算机中;出库时,向计算机发出指令,按照计算机的指示人工或自动寻址,找到存放的货物。

(7) 采用有效的监测清点方式。对储存物资数量和质量进行监测,可以有效帮助操作人员掌握物资的基本情况以及科学地进行库存控制。在实际工作中稍有差错,就会使账物不符,所以,必须及时且准确地掌握实际储存情况,经常与账卡核对,这无论对人工管理或是计算机管理都是必不可少的。此外,经常的监测也是掌握被储存物品质量状况的重要工作。监测清点的有效方式有如下 3 种:

① "五五化"堆码。堆垛货物时以"5"为基本计数单位,堆成总量为"5"的倍数的垛形。

② 采用光电识别系统。在货位上设置光电识别装置,该装置可以扫描被储存物,将数目显示出来。

③ 采用电子计算机监控系统。在被存货物上采用条形码认寻技术,使识别计数和计算机连接,每存、取一件物品时,识别装置自动将条形码识别并输入计算机中,计算机会自动做出存储记录,只需要查询,就可以了解物品的准确情况。

(8)采用现代储存养护技术。利用现代技术是储存合理化的重要方面。储存养护技术主要包括以下3种：

①气幕隔潮。一般仓库打开库门作业时，自然会形成空气交换的通道，由于作业的频繁，外界的空气会很快进入库内。在库门上方安装鼓风设施，使之形成一道气流，由于这道气流有较高的压力和流速，在门口便形成一道气幕，可有效阻止库内外空气的交换，防止湿气侵入。此外，气幕还可以起到保持室内温度的作用。

②气调储存。在储存过程中，通过调节和改变环境空气成分，抑制被储存物的化学变化和生物变化，抑制害虫生存和微生物活动，从而达到保持其质量的目的。一般来说，气调储存可以有多种选择方法，如在密封环境中更换调配好的气体，或充入某种成分的气体，或除去或降低某种成分的气体等。

③塑料薄膜封闭。用塑料薄膜封垛、封袋、封箱，可有效地造就封闭小环境，阻隔内外空气交换，完全隔绝水分。用该方法可以对水泥、化工产品、钢材做防水封装，以防变质和锈蚀。例如，热缩性塑料薄膜在对托盘货物封装后再经热缩处理，则可基本排除封闭体内部的空气；塑料薄膜缩贴在被封装物上，不但可以有效隔绝外部环境，还可以起到紧固作用，防止塌垛、散垛。

(9)采用集装箱、集装袋、托盘等运储装备一体化的方式。采用集装箱后，不再需要传统意义上的库房，在物流过程中，也就省去了入库、验收、清点、堆垛、保管、出库等一系列储存作业，对改变传统储存作业方式有很重要的意义。

4. 储存现代化

实现储存现代化的关键技术在于科学技术，而发展科学技术的关键在于人才。因此，应从以下几个方面做起：

(1)仓储人员的专业化。如今社会生产力高度发展，科学技术也越来越先进，机器设备的品种和数量也越来越多，亟需一批既懂管理，又懂专业知识，同时掌握现代化管理方法和手段的高素质的管理人才。因此，我国必须加强对仓储人员的培训教育，尽快培养出一批专门从事仓储事业、具有现代化科学知识和管理技术的人才。

(2)储存技术的现代化。储存技术是当前整个物流技术中的薄弱环节，因此，加强储存技术的改造与更新是储存现代化的重要内容。储存现代化首先要实现信息现代化，包括信息的自动识别、交换和处理，主要应从以下几个方面抓起：

①实现物资出入库和储存保管的机械化和自动化，尤其要重点发展储存过程中使用的装卸搬运设备，研制并推广效率高、性能好、耗能低的设备。

②储存设备的多样化，使存储设备朝着省地、省力、多功能方向发展，推行集装化、托盘化，发展各类集合包装以及结构先进、实用的货架。

③适当发展自动化仓库，重点建设一批自动化立体仓库，加快对老库的改造，尽快提高老库的技术和管理水平，充分发挥老库的规模效益。

(3)仓储管理方法的科学化和管理手段自动化。即根据现代化大生产的特点，按照仓储客观规律的要求和最新科学技术成就来进行仓储管理，实现仓储管理的科学化。在仓储管理中，结合仓储作业和业务的特点，应用先进的科学技术，使用科学的管理方法，是促进仓储现代化的重要步骤。运用电子计算机辅助仓储管理，可以达到快速、准确、高效的目的。

第三节　库存管理与控制

当物料或产品沿供应链运动时,不同的供应链环节会储存一些物料、半成品和成品,从而形成库存。由于库存商品要占用资金,产生库存维持费用,而且库存积压时还会造成损失,因此,库存是企业的一项庞大投资。库存管理可以帮助企业维持合理的库存数,防止库存积压或不足,保证稳定的物流以支持正常的生产,尽量少地占用人力、物力、财力,提高物流系统的效率。库存管理水平的高低直接影响企业的兴衰,良好的库存管理是增加企业赢利的有效方法。由于诸多方面的原因,库存量经常是变动的,为了使库存量保持在合理的水平,就要合理、科学地进行库存控制。

一、ABC 分类法及 EOQ 法

1. ABC 分类法

任何一个库存系统都必须指明对某些货物何时发出订单,订购数量为多少。然而大多数库存系统订购的物资种类繁多,以至于对每种物资都进行模型分析并仔细控制有些不切实际,因此,当企业能力有限时,自然会采用更好的方式,充分利用现有的资源对库存进行控制,即将重点放在重点物资的库存上。

ABC 分类法是指将库存物品按品种和占用资金的多少分为特别重要的库存(A 类货物)、一般重要的库存(B 类货物)和不重要的库存(C 类货物)3 个等级,并针对不同等级分别进行管理和控制的方法。社会上任何复杂的事物,都存在着"关键的少数和一般的多数"规律。在企业的库存中,一些货物品种不多但价格很高,相反,另一些货物品种很多但价格很低。如果对每一品种均给予相同管理,那是不切实际的。所以,必须更有效地开展科学管理,将管理的重点放在重要货物上,针对不同的货物进行不同的管理。

ABC 分类法的一般步骤如下:

(1)收集资料,包括各个货物品种的年库存量、物资单价等资料。

(2)处理数据,对原始资料进行整理并按要求进行计算。如计算各种物资的资金占用成本(库存量乘以单价)。

(3)分析数据,将所有物资按照库存资金额的大小,由高到低进行排序,并计算累计库存资金、累计库存资金占用额百分数和累计库存数量、累计库存数量百分数等。

(4)分类。其中,A 类指累计库存数量百分数为 5%～15%,而库存资金占用额累计百分数为 60%～80%的前几种物资;B 类指累计库存数量百分数为 20%～30%,而库存资金占用额累计百分数也为 20%～30%的几种物资;C 类指与 A 类刚好相反,累计库存数量百分数为 60%～80%,而库存资金占用额累计百分数仅为 5%～15%的物资。

不同类别物资的分类具体如图 3-1 所示。

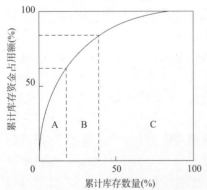

图 3-1　不同类别物资的分类

按照 ABC 分类法的分类结果,对 3 类库存物资进行有区别的管理,具体见表 3-1。

不同种类货物的管理方法　　　　　　　表 3-1

分类结果	管 理 重 点	订货方式
A 类	为了压缩库存,投入较大力量精心管理,将库存压到最低水平	计算每种物资的订货量,采用定期订货方式
B 类	按经营方针来调节库存水平。例如,要降低库存水平时,就要减少订货量和库存	采用定量订货方式
C 类	不费太多力量,增加库存储备	集中大量地订货,采用订货点法进行订货

2. 经济订货批量模型

经济订货批量(Economic Order Quantity,简称 EOQ)模型是 Harris 于 1915 年提出的,其目的是确定一个最佳的订货数量,使订货的总成本最小。该模型基于以下几个假设:

(1)需求率已知,且在整个时间内恒定;

(2)提前期(从发出订货到接收订货的时间)是固定已知的;

(3)一次订购的货物在一个时间一批到达,不存在延期;

(4)数量不打折扣;

(5)每次订货的成本或生产准备成本是固定不变的,与订货量无关;保管成本与库存数量成正比;

(6)没有脱货现象,及时补充。

EOQ 模型示意图如图 3-2 所示。

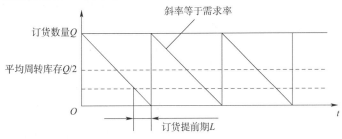

图 3-2　EOQ 模型示意图

在此模型中,库存成本仅考虑保管成本和订货成本。因为不会发生缺货现象,所以不必考虑缺货成本。EOQ 模型成本函数曲线图如图 3-3 所示。

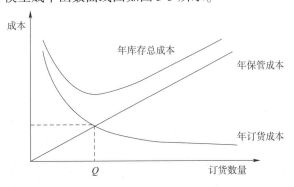

图 3-3　EOQ 模型成本函数曲线图

保管成本包括装卸搬运费用、库存设施折旧、保险费、存货的损坏和丢失费用等。

订货成本指处理一批订货业务的平均成本。

年库存总成本 = 年订货成本 + 年保管成本,即:

$$TC = \frac{D}{Q}S + \frac{Q}{2}H \tag{3-1}$$

式中:TC——年总成本;

　　　D——年需求量;

　　　H——单位产品的年库存成本;

　　　Q——订货批量;

　　　S——一次订货的成本。

要确定最佳订货数量,可采用求导的方法,令:

$$\frac{dTC}{dQ} = -S\frac{D}{Q^2} + \frac{H}{2} = 0 \tag{3-2}$$

最终求得:

$$Q = \sqrt{\frac{2DS}{H}} \tag{3-3}$$

由图3-3可知,年保管成本与年订货成本交点处为年库存总成本TC的最低点,其所对应的横坐标即为最佳订货数量Q。

EOQ模型是在基本影响因素作用下的理想模式,而在实际工作中会遇到许多复杂的情况,这都会影响经济批量的大小,因此需要在确定经济批量时考虑这些影响因素,如最低储存量不是零,而是可以允许缺货,则平均库存量会相应降低;同时还要考虑缺货损失这一系统要素。

如果采购订货单价随订货量增加而可以降低,则需考虑EOQ模型中未考虑到的材料成本因素。

二、存货数量控制

存货数量控制的任务是要测量特定地点现有存货的单位数和跟踪基本存货数量的增减。这种测量和跟踪可以通过手工完成,也可以通过计算机完成。其主要区别是速度、精确性和成本。为了实施期望的库存管理,必须经常检查库存水平并与有关库存参数进行对照,确定何时订货以及订多少货。存货数量控制可以是连续的,也可以是定期的。

1. 连续检查

连续的数量控制用于检查日常的库存状态,以确定补给量。要利用控制系统,所有库存单位都必须对库存的精确性负责,一般需要借助计算机来实施连续检查。连续检查过程是通过再订货点和订货点批量来实施的。

连续检查要将现有库存与已购库存的总量与产品的再订货点进行比较。现有库存是指实际储存在特定仓储设施中的数量;已购库存指已向供应商订购的数量。如果现有库存与已购库存的数量总和低于已确定的再订货点,那么库存控制系统将启动,开始订货。

再订货的形式产生于以下两种假设:一是当达到再订货点时,开始订货;二是控制方法能对库存状态进行持续监控。如果两种假设得不到满足,则连续检查的控制参数(再订货点和订货点批量)必须重新予以确定。

2. 定期检查

定期检查是按有规律的时间间隔(如每周或每月),对存货的库存状态进行检查。对于定期检查来说,必须将基本的再订货点调整到两次检查之间的间隔内。

因为库存状态的计算要在特定的时间内完成,所以在定期检查前,任何产品数量都有可能下降到期望的再订货点以下,故定期控制系统一般需要比连续控制系统更大的平均库存。

3. 控制系统修正

为了适应特定的形式,基本的定期控制系统和连续控制系统已发生了变化并进行了组合。最常见的是目标补给系统和可选补给系统。补给系统的目标是建立一种固定订货间隔系统,它可以提供短期间隔的定期检查。由于库存的完整状态类似于连续概念,因此,该系统确定了再订货点的上限或补给水平。

在目标补给系统下,确定订货规模无须参考订货水平,强调的是将库存水平维持在较高限度以下,这是目标水平的上限。之所以将最高限度作为一种上限水平保护,是因为库存绝不会超过补给水平,并且只有在启动补给订货与随后的检查周期之间没有可销售的单位时,才能到达补给水平。

目标补给系统的变化是可选补给系统。它类似于目标水平补非系统,以订货批量的变量替代特定的订货批量。然而,可选补给系统存在引入调整机制,可限制可变订货批量的下限。这样,库存水平能够永久保持在上、下限之间。上限的存在是为了确定最大的库存系统水平,而下限则可保证补给订货将至少等于最高水平与最低水平的差额。

当存在需求不确定因素和完成周期不确定因素时,最低储备水平中必须增加安全储备的最低数。可选补给系统可结合产品的绝对单位数、供给天数,或两者共同来运用。在绝对单位数的情况下,最低和最高限度的储存水平都可以按照具体的单位数来确定。

三、零库存系统

零库存是指以仓库储存形式的某种或某些种物品的储存数量为"零",即不保持库存。物品不以库存形式存在就可以免去仓库存货的一系列问题,如仓库建设、管理、存货维护、保管、装卸、搬运等费用,存货占用流动资金以及库存物的老化、损失、变质等问题。

零库存是对某个具体企业、具体商店、车间而言,是在有充分社会储备保障前提下的一种特殊形式。零库存主要有如下几种形式:

(1)委托保管方式。委托保管方式是指受托方接受用户的委托,由受托方代收代管所有权属于用户的物资,从而使用户不再保有库存,以实现零库存。受托方收取一定数量的代管费用。这种方式的优点在于:受托方利用其专业优势,可以实现较高技术水平和较低费用的库存管理;用户不需设置仓库,可以省去仓库及库存管理的大量事务,集中力量于生产经营。但是,这种零库存主要通过库存转移实现的,并未能使库存总量降低。

(2)协作分包方式。协作分包方式主要是制造企业的一种产业结构形式,以若干分包企业的柔性生产准时供应,使主企业的供应库存为零。同时,主企业的集中销售库存使若干分包企业的销售库存为零。

(3) 轮动方式。轮动方式也称同步方式,是在对系统进行周密设计前提下,使各个环节速度完全协调,从而取消库存设置。这种方式是在传送带式生产基础上,进行更大规模延伸形成的一种使生产与材料供应同步进行,通过传送带系统供应从而实现零库存的形式。

(4) 准时供应系统。在生产工位之间或在供应与生产之间完全实现轮动,难度很大,而且需要很大的投资,甚至有些企业并不适合采用轮动的方式。相比之下,准时方式更加灵活,也更容易实现。准时方式依靠有效的衔接和计划达到工位之间、供应与生产之间的协调,从而实现零库存。

(5) 看板方式。看板方式是准时方式中一种简单有效的方式,是日本丰田公司首先采用的。在企业各工序之间或企业之间,采用固定格式的卡片为凭证,由下一环节根据自己的节奏,逆生产流程方向,向上一环节指定供应,从而协调关系,做到准时同步。采用看板方式,有可能实现零库存。

(6) "水龙头方式"。"水龙头方式"是指可以像拧开水龙头就可以取水一样而无须自己保有库存的零库存形式。这是日本索尼公司首先采用的,经过一定时间的演进,已发展成为即时供应制度。用户可以随时提出购入要求,供货者以自己的库存和有效供应系统承担即时供应的责任,从而实现零库存。"水龙头方式"适用于工具及标准件。

(7) 无库存储备。国家战略储备的物资由于其重要程度,实现零库存是不可能的。无库存的储备是指仍然保持储备,只是不以库存形式储备。如有些国家将不易损失的铝这种战略物资以隔音墙、路障等形式储备起来,以备万一。

(8) 配送方式。配送方式是指综合运用上述若干方式采取"多批次、少批量"、即时配送等配送方式保证供应从而实现用户零库存。

四、MRP、JIT 和 ERP

1. MRP

(1) 基本的 MRP。《物流术语》(GB/T 18354—2006)对物料需求计划(Material Requirement Planning,简称 MRP)的定义是"制造企业内的物料计划管理模式。根据产品结构各层次物品的从属关系和数量关系,以每个物品为计划对象,以完工日期为时间基准倒排计划,按提前期长短区别各个物品下达计划时间的先后顺序,从而实现在需要的时刻把物料配套备齐,不需要的时刻则后备物料,不要过早积压,达到减少库存量和降低资金占用的目的。"图 3-4 所示为 MRP 逻辑流程图。

MRP 的基本任务是首先从最终产品的生产计划导出相关物料(原材料、零部件等)的需要量和需要时间,再根据物料的需求时间和生产(订货)周期来确定其开始生产(订货)的时间。

MRP 的基本内容是要编制零件的生产计划和采购计划。然而,要正确地编制零件计划,首先要落实产品的生产进度计划,也就是主生产计划(Master Production Schedule,简称 MPS),这是 MRP 开展的依据。此外,MRP 还需要知道产品的零件计划和库存数量才能精确地计算出零件的采购数量。因此,基本的 MRP 依据是主生产计划、物料清单(Bill of Material,简称 BOM)、库存信息。

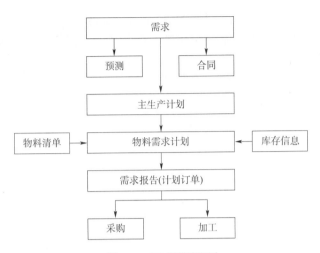

图 3-4 MRP 逻辑流程图

（2）闭环 MRP。基本的 MRP 可以将产品生产计划变成零部件投入生产计划和外购件、原材料的需求计划，但是没有考虑企业内部资源是否有能力切实实现上述计划。为了使 MRP 制订的计划切实可行，人们将 MRP 发展成了闭环 MRP。闭环 MRP 不单纯考虑物料需求计划，还将与之有关的能力需求、车间生产作业计划和采购等方面的情况考虑进去，使整个问题形成闭环。图 3-5 所示为闭环 MRP 逻辑流程图。

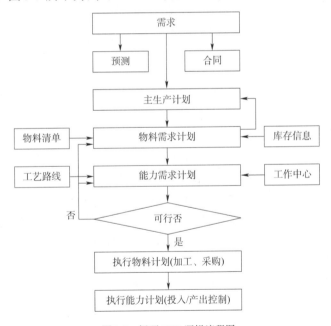

图 3-5 闭环 MRP 逻辑流程图

注：能力需求计划（Capacity Requirement Planning，简称 CRP），是对 MRP 所需能力进行核算的一种计划管理方法。

（3）MRP Ⅱ。企业的经济效益最终要以货币形式来表述，因此，企业都希望 MRP 系统能反映财务信息。在这一需求的推动下，闭环 MRP 在 20 世纪 70 年代末发展成为制造资源计划（Manufacturing Resource Planning，简称 MRP Ⅱ）。《物流术语》（GB/T 18354—2006）对 MRP Ⅱ 的定义是："在 MRP 的基础上，增加营销、财务和采购功能，对企业制造资源和生产经营各环节实行合理有效的计划、组织、协调与控制,达到既能连续均衡生产,又能最大限度地降低各种物品的库存量,进而提高企业经济效益的管理方法。"图 3-6 所示为 MRPⅡ 逻辑流程图。

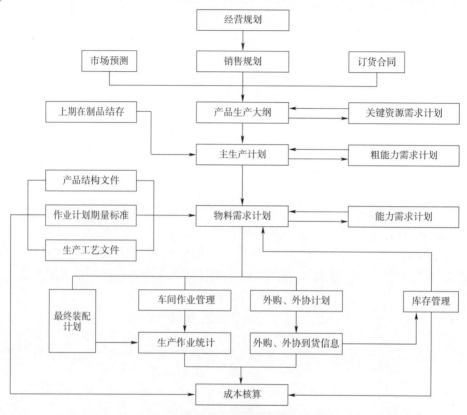

图 3-6　MRPⅡ逻辑流程图

注:经营规划指 Business Planning,简称 BP;销售规划指 Sales Planning,简称 SP;关键资源需求计划指 Resource Requirements Planning,简称 RRP;粗能力需求计划指 Rough Cut Capacity Planning,简称 RCCP。

与闭环 MRP 相比,MRPⅡ 扩展了以下功能:

①将企业的财务管理、成本控制与物料需求计划结合在一起,通过数据共享和实时反馈,加强了对企业资金和产品成本的控制。

②增加了企业的长远规划,并将经营规划、销售规划、生产规划纳入统一管理之下。

③增加了销售管理功能,建立了销售与客户、订单及报价、应收账物管理等系统,对销售业务进行统一管理,并将销售与市场方面的信息及时反馈给其他系统。

④MRPⅡ 具有模拟功能,能根据不同的决策方针模拟出各种未来将会出现的结果,因此,它是上层管理机构的决策工具。

⑤MRPⅡ 的所有数据来源于企业的中央数据库,各系统在统一的数据环境下工作,实现了信息的集成。

2. JIT

(1) JIT 的定义。准时制生产(Just in Time,简称 JIT),是日本丰田公司考虑到当时日本国内市场存在的问题,综合单件生产和批量生产的特点和优点,创造的一种多品种、小批量混合生产条件下高质量、低消耗的生产方式。《物流术语》(GB/T 18354—2006)对准时制的定义是:"在精确测定生产制造各工艺环节效率的前提下,准确地计划物料供应量和时间的生产管理模式。"JIT 主张从反方向看物流,即从装配到组装再到零件。当后一道工序需要运行时,才到前一道工序去领取正好需要的那些配件或零部件,同时下达下一段时间的需求量。这就是 JIT 的基本思想:适时、适量、适度(质量)生产。

(2) JIT 的目标。对于整个生产系统的总装线来说,JIT 的目标是要彻底消除无效劳动和浪费。具体包括:废品量最低;库存量最低;准备时间最短;生产提前期最短;零件搬运量最低;机器设备低损耗;生产批量小。为了实现这些目标,JIT 要求整个生产均衡化,主动、均匀地按照加工时间、数量、品种进行合理的搭配和排序,使生产物流在各作业点之间、生产线之间、工序之间平衡、均匀地流动;尽量采用专业化布局,以减少排队时间、运输时间和准备时间;从根本上强调全面质量管理,从消除各环节的不合格品转变为消除可能引起不合格品的根源;通过产品的合理设计,使产品与市场需求相一致,并且易于生产、易于装配。

(3) JIT 系统的特点。JIT 系统具有以下特点:

① 多数传统的生产与库存控制系统在操作时都是静态系统,强调对于各个模块操作标准的精确执行,而不强调对系统业绩的改进。而 JIT 系统则是会进行积极动态的改进,它主张在废品率、准备时间、提前期、批量、成本及质量方面的持续改进,通过对整个生产过程的全面分析,消除一切浪费,减少不必要的操作,降低库存,减少工作等待和移动时间。JIT 系统对于问题采取事前预防而不是事后检查的方式进行处理。

② JIT 系统是以市场拉动为方式,以看板管理为手段,采用"取料制"即后道工序根据"市场"需要的产品品种、数量、时间和质量进行生产,一环扣一环地"拉动"各个前道工序,扣除本工序在制品短缺的量,从前道工序领取相同的在制品量,从而消除生产过程中的一切松弛点,实现产品"无多余库存"以至"零库存",最大限度提高生产过程的有效性。

③ JIT 采用强制性方法解决生产中存在的不足。由于库存已降低到最低水平,生产不能容忍任何中断,所以,整个生产过程必须精心组织安排,避免任何可能出现的问题。

3. ERP

(1) ERP 的定义。企业资源计划(Enterprise Resource Planning,简称 ERP)是美国 Gartner Group 企业在 20 世纪 90 年代初提出的。根据 Gartner Group 的定义,ERP 系统是一套将财会、分销、制造和其他业务功能合理集成的应用软件系统。《物流术语》(GB/T 18354—2006)对 ERP 的定义是:"在 MRPII 的基础上,通过前馈的物流和反馈的信息流、资金流,把客户需求和企业内部的生产经营活动以及供应商的资源整合在一起,体现完全按用户需求进行经营管理的一种全新管理方法。"

(2) ERP 的基本思想。ERP 的基本思想是将制造企业的制造流程看作是一个紧密连接的供应链,包括供应商、制造商、分销网络和客户。将企业内部划分为几个相互协同作业的支持机构,如财务、市场、销售等,还包括对竞争对手的监视管理。ERP 强调企业的事前控制能力,它为企业提供了对质量、客户满意度、绩效等关键问题的实时分析能力。此外,还为计划人员提供多种模拟功能和财务决策支持系统,使之能对每天将要发生的情况进行分析。

ERP 是以客户驱动的、基于时间的、面向整个供应链管理的企业资源计划。它的核心管理思想就是实现对整个供应链的有效管理,主要体现在以下 3 个方面:

①对整个供应链进行管理的思想。现代企业竞争不再是企业与企业的竞争,而是一条供应链与另一条供应链之间的竞争。ERP系统实现了对整个供应链的系统管理,适应了当今时代市场竞争的需要。

②集成现代精益生产、同步工程和敏捷制造的思想。精益生产的思想指企业按照大批量生产方式组织生产时,把客户、销售商、供应商、协作单位纳入生产体系,企业与销售代理、客户和供应商成为利益共享的合作伙伴关系,从而组成一个企业的供应链。敏捷制造的思想是指当市场发生变化时,或遇到特定的市场和产品需求时,企业基本的合作伙伴不一定能满足新产品开发生产的要求,这时,企业可以组织一个由特定的供应商和销售渠道组成的短期或一次性供应链,运用同步工程组织生产,用最短的时间将新产品打入市场,时刻保持产品的高质量、多样化和灵活性。

③事先计划和集中控制的思想。ERP系统中的计划体系主要包括主生产计划、物料需求计划、能力计划、采购计划、销售执行计划、利润计划、财务预算和人力资源计划等,而且这些计划的功能与价值已完全集成到整个供应链系统中。ERP系统定义了事务处理相关的会计核算科目和核算方式,当事务处理发生时可以同时自动生成会计核算分录,保证资金流和物流的同步记录和数据的一致性,从而可以根据财务资金现状,追溯资金的来龙去脉,并进一步追溯所发生的相关业务活动。这改变了资金信息滞后于物料信息的状况,便于实现事中控制和实时决策。

(3) ERP的目标。ERP系统是随信息技术的发展而形成的,通过ERP系统,企业能对其全部或部分资源进行掌握、跟踪、调查,进而达到合理配置资源、实现企业发展的目标。

①生产和物流管理。生产和物流管理主要从客户订单、材料采购、工艺流程、生产能力、生产进程、物料控制等方面进行管理,借助系统全面记录、分析、自动或半自动完成订单生成、指令下达等功能,企业决策层、中间管理层、操作层对企业资源状况都有更清楚的认识。

②财务管理。在ERP概念提出后,便开始与财务管理整合,系统可以对资金运用、现金流量、资金周转等方面进行控制,使企业决策层能更快地安排、调度企业资源,及时完成物资与资金的转换。

③人力资源管理。人力资源是企业可持续发展的关键资源,ERP系统使原来需逐级申报的业务变成可以直接决定的行为,使管理层更专注长远决策和规划,而具体的生产决策则由更低层来完成。ERP系统的导入改变了金字塔式的决策过程,通过信息共享,更多人能从中找到可以利用的资源,从而形成更多以项目为线索的行动团队,决策将是具有组织能力的任何员工都可以作出的。

④供应链及客户关系管理。ERP系统的推行首先需要进行部门间的合作,共同提出实现数据准备及操作规则,实现供应商与客户的关系管理,不仅要在企业自己的系统中记录、反映供应商的资料,还要实现与供应商或客户的信息共享,使产、供双方能够全面了解供应商的生产计划,并对供应商的实力及合作效果作出评估。

(4) ERP特点。ERP具有以下特点:

①ERP是一项管理工程,而非单纯信息技术工程。企业在应用ERP时,首先需要对本部门的组织结构和管理模式进行彻底的革新,即将ERP与业务流程重组,对企业的总体结构、组织、流程及所有的环节进行考察和重组,建立新的管理模式,真正实现合理化和现

代化。

②实施 ERP 要以需求调研为基础。引进 ERP 系统首先要对自身进行充分的需求调研,找到目前管理过程中存在的无效或低效的地方,明确企业的规模、行业类型、业务特点以及对 ERP 系统的特殊需求,作为企业进行业务流程重组和软件类型选择的基础工作。

③技术选型合理是 ERP 获得成效的关键。ERP 在技术上的要求主要来自软件方面,在选型过程中,不能一味节省费用而选择无法满足需求的软件,也不能片面追求功能全面,选择昂贵的软件类型;其次,还要考虑到将来的需求,要用发展的眼光考察所选择的软件是否具有集成性、开放性、决策支持等功能,以及是否有电子商务的要求。

④培训要贯穿 ERP 系统实施的始终。由于 ERP 是一个功能非常强大、数据关联非常复杂的应用软件系统,用户需要相当一段时间的正规化培训才能掌握并操作。只有通过有组织、有步骤的规范化实施过程,ERP 系统才有可能真正运行起来。

第四章　装卸搬运系统

装卸搬运是制造企业生产过程中的辅助生产过程,在一个完整的物流运作过程中是必不可少的环节。据统计,在物流的全部作业过程中,装卸搬运所占时间约为50%,成本约占物流总成本的25%。从时间和成本两个数据中可以看出,装卸搬运过程中效率的提高对整个物流过程至关重要。为此,设计一个合理、高效、柔性的装卸搬运系统,以压缩库存资金占用、缩短物流装卸搬运所占时间,是十分必要的。本章介绍了装卸搬运系统的基本概念、分析方法、装卸搬运机械、货物装载技术以及装卸搬运合理化与现代化。

第一节　装卸搬运的定义及分类

一、装卸搬运的定义

装卸(Loading and Unloading)是指物品在指定地点以人力或机械装入运输设备或卸下的过程。搬运(Handling/Carrying)是指在同一场所内(通常指在某一个物流节点,如仓库、车站或码头等),对物品进行以水平移动为主的物流作业。在实际操作中,装卸与搬运是密不可分的,两者是一起发生的。因此,在物流科学中并不过分强调两者差别,而是作为一种活动来对待。

装卸搬运是指在同一地域范围内进行的、以改变物料的存放(支撑)状态(即狭义的装卸)和空间位置(即狭义的搬运)为主要目标的活动,即对物料、产品、零部件或其他物品进行搬上、卸下、移动的活动。

二、装卸搬运的分类

1. 按施行的物流设施、设备对象划分

按施行的物流设施、设备对象不同,装卸搬运可分为仓库装卸、铁路装卸、港口装卸、汽车装卸等。

仓库装卸配合出库、入库、维护保养等活动进行,并且以堆垛、上架、取货等操作为主。

铁路装卸是对火车车皮的装进及卸出,特点是一次作业就需实现一车皮的装进或卸出,很少有像仓库装卸时出现的整装零卸或零装整卸的情况。

港口装卸包括码头前沿的装船,也包括后方的支持性装卸搬运,有的港口装卸还采用小船在码头与大船之间"过驳"的办法,因而其装卸的流程较为复杂,往往经过几次的装卸搬运作业才能最后实现船与陆地之间货物过渡的目的。

汽车装卸一般一次装卸批量不大,由于汽车的灵活性,可以减少或根本减去搬运活动,直接、单纯利用装卸作业达到车与物流设施之间货物过渡的目的。

2. 按被装物的主要运动形式划分

按被装物的主要运动形式不同,装卸搬运可分为垂直装卸、水平装卸两种形式。

3. 按机械及机械作业方式划分

按机械及机械作业方式不同,装卸搬运可分为使用吊车的"吊上吊下"方式、使用叉车的"叉上叉下"方式、使用半挂车或叉车的"滚上滚下"方式,以及"移上移下"方式及"散装散卸"方式等。

"吊上吊下"方式是采用各种起重机械从货物上部起吊,依靠起吊装置的垂直移动实现装卸,并在吊车运行的范围内或回转的范围内实现搬运或依靠搬运车辆实现小搬运。由于吊起及放下属于垂直运动,这种装卸方式属垂直装卸。

"叉上叉下"方式是采用叉车从货物底部托起货物,并依靠叉车的运动进行货物位移,搬运完全靠叉车本身,货物可不经中途落地直接放置到目的处。这种方式垂直移动的距离不大而主要是水平运动,属水平装卸方式。

"滚上滚下"方式主要指港口装卸的一种水平装卸方式。利用叉车或者半挂车、汽车承载货物,连同车辆一起开上船,到达目的地后再从船上开下。利用叉车的"滚上滚下"方式,在船上卸货后,叉车必须离船,而拖车将半挂车、平车拖拉至船上后,拖车开下离船而载货车辆连同货物一起运到目的地,再原车开下或拖车上船拖拉半挂车、平车开下。"滚上滚下"方式需要有专门的船舶,对码头也有不同的要求,这种专门的船舶称"滚装船"。

"移上移下"方式是在两车之间(如火车和汽车)进行靠接,然后利用各种方式,不使货物垂直运动,而靠水平移动从一个车辆上推移到另一车辆上。"移上移下"方式需要使两种车辆水平靠接,因此,须对站台或车辆货台作出改变,并配合移动工具实现这种装卸。

"散装散卸"方式是对散装物进行装卸。一般货物从装点直到卸点,中间不再落地。

4. 按装卸搬运对象划分

按装卸搬运对象不同,装卸搬运可分为散装货物装卸、单件货物装卸、集装货物装卸等。

5. 按作业特点划分

按作业特点不同,装卸搬运可分成连续装卸与间歇装卸两类。

连续装卸主要是同种大批量散装或小件杂货通过连续输送机械,连续不断地进行作业,中间无停顿,货间无间隔。在装卸量较大、装卸对象固定、货物对象不易形成大包装的情况下适合采取这一方式。

间歇装卸有较强的机动性,装卸地点可在较大范围内变动,主要适用于货流不固定的各种货物,尤其适于包装货物、大件货物,散粒货物的装卸搬运也可采取此种方式。

三、装卸搬运方法

装卸搬运方法是指装卸搬运路线、装卸搬运设备和装卸搬运单元的结合。

1. 装卸搬运路线分类及选择

装卸搬运路线可分为直达型、渠道型和中心型(图4-1)。

(1) 直达型。这种路线下,各种物料从起点到终点经过的路线最短。当物流量大、距离短(或距离中等)时,采用这种形式是较经济的。直达型装卸搬运路线尤其适合于物料有一定的特殊性而时间又较紧迫的情况。

（2）渠道型。一些物料在预定路线上移动,与来自不同地点的其他物料一起运到同一个终点。当物流量为中等或少量而距离为中等或较长时,采用这种形式是经济的,尤其当布置是不规则的分散布置时更为有利。

（3）中心型。各种物料从起点移动到一个分拣中心或分发中心,然后再运往终点。当物流量小而距离中等或较近时,这种形式是非常经济的,尤其当厂区外形基本上是方整的且管理水平较高时更为有利。

物料装卸搬运过程中,若物流量大且距离又长,则说明这样的布置不合理。距离与物流量是确定装卸搬运路线的依据(图4-2)。

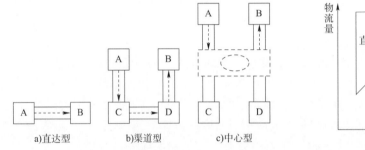
图4-1　装卸搬运路线分类

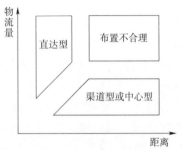
图4-2　装卸搬运路线选择

2. 装卸搬运设备选择

（1）按费用数据分类。一般情况下,装卸搬运设备可分成以下4类:简单的装卸搬运设备、简单的运输设备、复杂的装卸搬运设备、复杂的运输设备。根据距离与物流量的大小,可确定选择的设备类别(图4-3)。装卸搬运设备按技术或具体性能不同,可分为起重机、输送机、无轨搬运车辆和有轨搬运设备。在一般情况下,装卸搬运系统设备的典型选择表现如下:

①距离短,物流量小:简单的装卸搬运设备(如二轮手推车);
②距离短,物流量大:复杂的装卸搬运设备(如狭通道带夹具的叉车);
③距离长,物流量小:简单的运输设备(如机动货车);
④距离长,物流量大:复杂的运输设备(如电子控制的无人驾驶车辆)。

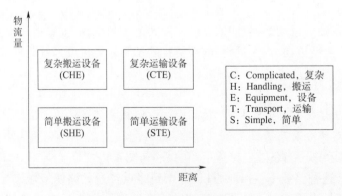
图4-3　装卸搬运设备选择

(2)选择设备规模及型号的条件。根据设备的技术指标和物料特点选择设备规模及型号。

3.装卸搬运单元

装卸搬运单元是指物料装卸搬运时的基本装载方式,如散装、采用车厢、罐装等,单件采用单件包装、集装器具等。应根据物料的特点和设备来选择运输与装卸搬运单元。

第二节 装卸搬运机械的选择

一、装卸搬运机械选择应考虑的因素

1.装卸搬运机械选择的基本思路

(1)明确问题性质——明确是否确实需要进行这个装卸搬运步骤;

(2)要有长远考虑——制订机械选择计划时应当有长远发展的眼光;

(3)牢记系统化的概念——所选用的机械不仅仅局限于工厂某一角落,而是要在整个生产系统的总目标下发挥作用;

(4)简化原则——没有充分的理由时,不要盲目追求不必要的高级机械;

(5)选用合适的规格型号——应尽量采用标准产品,而不采用价格比较昂贵的非标准机械;

(6)考虑多方案的比较——不要局限于一种机械与装卸搬运方法去完成某项装卸搬运工作,要想到可能会有更好、更低廉的机械与装卸搬运方法。

2.装卸搬运机械选择应考虑的因素

选择装卸搬运设备时应考虑以下因素:设备的技术性能;设备的可靠性;工作环境的配合和适应性;经济因素,包括投资水平,投资回收期及性能价格比等;可操作性和使用性;能耗因素;备件及维修因素;与物料的适配程度;物料的运动方式。

不同的物料运动方式对应的搬运设备见表4-1。

不同的物料运动方式对应的搬运设备   表4-1

运动方式	搬运设备	运动方式	搬运设备
水平式	卡车、连续运输机、小推车、滑道、缆索、索道	垂直及水平式	叉车、起重机、升降机、提升机
垂直式	各种提升机、起重机、卷扬机	多平面式	旋转起重机
倾斜式	连续运输机、提升机、料斗卷扬机、滑道		

二、装卸搬运机械及工艺

装卸搬运机械是机械化生产的主要组成部分,它的技术水平是装卸搬运作业现代化的重要标志之一。按装卸搬运机械的作业特征不同,可将其分为两类:起重搬运设备和运输机械。

1.起重搬运设备

起重搬运设备包括起重机、起重电梯、叉车和搬运车等。

（1）起重机。常用的起重机有电动梁式起重机、通用桥式起重机、门式起重机、固定旋转起重机、轮胎式起重机等。表4-2列出了几类主要起重机的特点与使用范围。

起重机的特点与使用范围　　　　　表 4-2

类　别	特　点	使 用 范 围
电动梁式起重机	采用电葫芦为起升机构，具有质量轻、轮压小、范围大等特点	适用于小吨位起重量及工作不繁忙的场所
通用桥式起重机（吊钩式）	起升机构为卷扬小车，有单钩和双钩，起重量大，起升、运行速度范围广	适用于机械加工、修理、装配车间或仓库、料场，做一般装卸吊运作业
门式起重机	采用单梁或双梁结构，起升机构为通用小车，取物装置为吊钩	适用于露天一般物料的装卸搬运作业
固定转柱式旋转起重机	有一立柱作为臂架金属结构的组成杆件之一，随同臂架一起绕自己的轴心旋转90°～270°，起重量不超过5t	可安装在室内或室外有立柱的场合使用
固定定柱式旋转起重机	主柱与起重机臂架分开，能旋转360°，起重量一般不超过10t	可安装在室内、室外任何地方使用
汽车起重机	起重装置在标准或特制汽车底盘上，运行速度高，机动性能好，能直接与汽车编队行驶	适用于仓库、码头、货栈、工地等场所的装卸和安装工作
轮胎起重机	采用专用的轮胎式底盘，重心低，起重平稳，在使用短臂时，可在额定起升重量75%的条件下带负荷行驶，扩大了起重作业的机动性	适用于港口、车站、货场、工地等场所装卸和安装工作

在物料装卸搬运中，主要根据以下参数进行起重机的类型、型号选择：
①所需起重物品的质量、形态、外形尺寸等；
②工作场所的条件（长×宽×高，室内或室外等）；
③工作级别（工作频繁程度、负荷情况）的要求；
④每小时的生产率要求。

（2）起重电梯。起重电梯是一种依靠轿厢沿着垂直方向运送人员或货物的间歇性运动的提升机械。选择时，首先根据服务对象选择电梯类型（客梯、货梯），然后再根据速度要求、起升高度、操作方式等选择电梯型号。

（3）叉车。叉车又称铲车、装卸车，是一种能把水平运输和垂直升降有效地结合起来的装卸机械，有装卸、起重及运输等方面的综合功能，具有工作效率高、操作使用方便、机动灵活等优点。其标准化和通用性也很高，被广泛应用于车站、机场、码头、货栈、仓库、车间和建筑工地，对成件、成箱或散装货物进行装卸、堆垛以及短途搬运、牵引和吊装工作。叉车种类很多，结构特点和功能也各不一样。因此在使用时，应根据物料的质量、状态、外形尺寸及叉车的操作空间、动力、驱动方式进行合理选择，同时应考虑选择适当的托盘配合使用。

（4）小型搬运车。小型搬运车有手推车、手动托盘搬运车和手动叉车等。

①手推车。手推车是一种以人力为主、在路面上水平输送物料的搬运车,其特点是轻巧灵活、易操作、回转半径小。手推车广泛应用于工厂、车间、仓库、站台、货场等处,是短距离输送轻型物料的一种方便而经济的输送工具。

②手动托盘搬运车。手动托盘搬运车用来搬运装载于托盘（托架）上的集装单元货物,当货叉插入托盘（托架）后,上下摇动手柄,使液压千斤顶提升货叉,托盘（托架）随之离地。当物品搬运到目的地后,踩动踏板,货叉落下,放下托盘（托架）。手动托盘搬运车操作灵活、轻便,适合于短距离的水平搬运。

③手动叉车。手动叉车是一种利用人力提升货叉的装卸、堆垛、搬运的多用车,操作灵活、轻便,用途广泛。

（5）无人搬运车及工业机器人。

①无人搬运车。无人搬运车也称自动导引车,可以自动导向、自动认址、自动程序动作,具有灵活性强、自动化程度高、可节省大量劳动力等优点,适用于有噪声、空气污染、放射性等元素有害人体健康的地方及通道狭窄、光线较暗等不适合驾驶车辆的场所,现已日益引起人们的关注并得到广泛应用。

②工业机器人。工业机器人是一种能自动定位控制、可重复编程、多功能的、多自由度的操作机。它能搬运材料、零件或操持某些工具,以完成各种作业。目前已广泛地应用于产业部门,其中用得最多的是汽车工业和电子工业。从作业内容看,以工作堆垛、机床上下料、点焊（弧焊）以及喷漆最为普遍。

2. 运输机械

运输机械按其构造和使用特点不同可分为无轨道运输机械（重汽车、自卸汽车、拖车、工程专用汽车等）；有轨道运输机械（汽机车、内燃机车、电力机车、各种铁路车辆）；连续运输机械（带式输送机、螺旋输送机、斗式提升机等）；装卸与堆列机械（堆料机、堆取机等）。下面对几种主要运输机械加以简单介绍。

（1）卡车。卡车是通用型载货汽车的通称,是主要的运输机械。在物料装卸搬运中,配合装卸机械在场内外进行运输工作,其类型、型号很多,可根据需要在机电产品目录中选用。

（2）拖车。拖车由牵引车牵引行驶,其运载能力强,适应尺寸大、质量大的货物运输,有全挂车和半挂车两种。拖车一般由汽车牵引,也有用蓄电池搬运车或其他车辆牵引。

（3）连续运输机。连续运输机在工作时连续不断地沿着同一方向输送散料或质量不大的单件物品,装卸过程无须停车。在流水作业生产线上连续运输机已成为整个工艺过程中最重要的环节之一,其优点是生产率高、设备简单、操作简便。

常用的连续运输机有辊道式运输机、皮带式输送机、链条式输送机和悬挂式运输机。

①辊道式输送机。辊道式输送机由一系列排列规划的水平辊子组成,包装件、托盘等成件物料在辊道上输送。辊道可以有动力,也可以无动力。用人工推送时,设备可有一定的倾斜度,依靠重力输送（注重防止碰撞）。若输送距离较长则可分成几段输送。

②皮带式输送机。皮带式输送机主要用来搬运成件或散装物料或搬运供总装用的部件,也可进行挑选、分类、检验、包装贴标签等作业。一般倾角大于16°要设置挡板。

③链条式输送机。链条式输送机适用于运送单元物体,特别适用于矩形条板箱或纸板箱。在水平、倾斜或复合平面的装置中均有多种形式和广泛的应用范围。当装置较大时必须设小型挡板,以防后滑。

④悬挂式运输机。悬挂式运输机又称架空链式输送机,能在三维空间中使用,可运送各种类型的物料。其温度范围可以很宽;能适应各种尺寸的物件,并具有不同的输送能力;还可以采用各种附件,如钩盘、斗、桶等,其使用范围几乎不受限制。另外,链条的全部长度均可利用,而大多数其他形式的输送机均有非生产回程。

几种主要连续运输机的规格范围与特征见表4-3。

主要连续运输机的规格范围与特征　　　　　表4-3

项　目		输送能力	输送物料	输送长度(m)	特　征	
带式输送机	移动式	30~300m³/h	散状或成件物料	3~20	采用胶带作牵引件,结构简单,输送量大,输送距离长,输送物料范围广	装有走轮机构,调度灵活
	通用式	41~3000m³/h		20~2500		规格系列全,通用性强
刮板输送机	普通型	34~100t/h	粉状、粒状、块状物料	20~120	以链条作牵引构件,利用刮板沿着料槽运动输送物料,输送构件强度好,耐冲击,可适应交叉的工作条件,不宜输送易于碾碎的物料	
	弯曲型	40~700t/h				
埋刮板输送机	水平	12~124m³/h	粉状、粒状、小块状物料	80	以链条作牵引构件,利用刮板在封闭的矩形断面壳体中输送物料;可进行水平、垂直和"Z"形输送,也能组合布置、串接输送,多点加料卸料,工作时环境清洁;不宜输送有毒、易爆、易燃,磨损性、黏附性、悬浮性很强的物料	
	垂直	11~74m³/h		高度30		
	Z形	11~46m³/h		30,高度20		
斗式提升机	普通型(外斗式)	3.1~233m³/h	粉状、粒状、块状物料	4~31.2	用胶带或链条作牵引构件,利用料斗在封闭箱内输送物料;具有占地面积小、提升高度大、密封性良好等优点	
	内斗式	25m³/h		6~29.1		
悬挂输送机	普通式	8~750kg/h	成件物品(零件、部件)		采用链条为牵引构件,利用挂钩悬挂工件或货物进行输送,具有灵活性,占地面积小,可进行远距离输送,能按工艺要求布置成具有立体空间的输送线路,完成人无法靠近的操作工艺	
	推式	40~2000kg/h				
	地面式	320~1000kg/h				

(4)物料装卸搬运器具。物料装卸搬运器具是人工与机械化之间的桥梁,包括垫板、托盘、标准料箱、料架、料斗、装运箱、集装箱等。物料装卸搬运过程中,器具的选用既要根据物料的不同采用多样形式,又要考虑标准化问题。集装单元化是物料装卸搬运自动化的重要

标志,它不仅可使装运时间大为缩短,还能减轻装卸搬运工人的劳动强度,提高装卸搬运效率和质量,也有利于提高现场管理水平。

托盘作为搬运器具的主要种类,是一种用于机械化装卸、搬运和堆放货物的集装工具,由两层铺板中间加以纵梁(或垫块)或单层铺板下设纵梁(或垫块、支腿)所组成。托盘按结构不同可分为平托盘、箱式托盘、柱式托盘、轮式托盘等;按材质不同可分为木托盘、钢托盘、铝托盘、胶合板托盘、波纹纸托盘、塑料托盘、复合材料托盘等;按使用寿命不同可分为一次用(消耗性)和多次用(循环性)两种;按使用范围不同可分为企业内部用和联运用两种。托盘规格尺寸标准化是托盘流通的前提。国际标准化组织—托盘标准化技术委员会(ISO/TC 51)在2003年颁布的ISO 6780《联运通用平托盘主要尺寸及公差》标准中推出6种国际托盘标准规格:1200mm × 1000mm、1200mm × 800mm、1219mm × 1016mm、1140mm × 1140mm、1100mm × 1100mm、1067mm × 1067mm。我国国家标准《联运通用平托盘主要尺寸及公差》(GB/T 2934—2007)确定了1200mm × 1000mm和1100mm × 1100mm两种托盘规格,且特别注明1200mm × 1000mm为优先推荐规格。

在工业企业中,托盘常与叉车配套使用,使物品在生产、储存、运输过程中实现机械化。它能最大限度地应用集装单元的原则,实现机械化装卸搬运作业。托盘是实现物流过程机械化、合理化的一种重要工具。

第三节 货物装载技术

《铁路货物装载加固规则》(铁总运〔2015〕296号)第四条规定,货物装载的基本技术要求是:使货物均衡、稳定、合理地分布在货车上,不超载,不偏载,不偏重,不集重。归纳起来主要有以下3点:

(1)一般情况下,装车后货物重心或总重心(一车装几件货物时)的投影应位于货车纵、横中心线的交叉点上(以下简称"车辆中央");

(2)特殊情况下,必须偏离车辆中央时,偏离车辆纵中心线的距离(横向偏离量)不得大于100mm,偏离车辆横中心线的距离(纵向偏离量)应保证每个转向架承受的货物质量不超过货车容许载质量的1/2,且两转向架负重差不大于10t;

(3)一车装载两件或多件货物时,应避免对角线装载。

确定合理的装载方案,须熟知货物装载限界、明确货物重心以及重车重心高度等技术参数。

一、货物装载限界

货物装载限界的含义是使用铁路平车、砂石车、敞车类无顶盖车辆装载货物时,货车装载货物所能允许的高度、宽度的最大限界值。只有准确掌握"限界"规定,才能在制订装车方案和装车时,充分利用货车载重力和容积,巧装满载,同时防止将普通货物装载成超限货物。

通过将"限界"各部位尺寸进行剖析,发现自轨面起算的高度H和限界宽度B之间存在规律,见表4-4。

高度 H 与限界宽度 B 之间的对应关系　　　　　　　　　　表 4-4

自轨面起算的高度 H(mm)	限界宽度 B(mm)	自轨面起算的高度 H(mm)	限界宽度 B(mm)
150～350	$B = 1170 + H$	3600～4300	$B = 3500 - 0.5H$
360～1250	$B = 1600$	4300～4800	$B = 9090 - 1.8H$
1250～3600	$B = 1700$		

二、货物重心装载位置

重心位置是确定货物装载是否正确的依据,同时也是计算货车运行时作用在货物上的各种力和加固材料强度及其规格数量的选用的依据。因此,确定货物重心在车辆上的投影位置,是正确货物装载的关键。

1. 单件货物重心的确定

货物的重心是货物质量的聚集点,是从货物内部实质来看的。对于同质物体而言,其几何图形内切圆的圆心就是其重心。但一般情况下,机械设备类货物均是非匀重货物,货物的重心位置从外观不好确定,应由生产或托运单位准确提供。

2. 多件货物重心或总重心在货车上的位置

多件货物重心或总重心在货车上的位置按以下公式计算:

$$a = \frac{Q_1 a_1 + Q_2 a_2 + Q_3 a_3 + \cdots + Q_n a_n}{Q_1 + Q_2 + Q_3 + \cdots + Q_n} \quad (纵向) \quad (4-1)$$

$$b = \frac{Q_1 b_1 + Q_2 b_2 + Q_3 b_3 + \cdots + Q_n b_n}{Q_1 + Q_2 + Q_3 + \cdots + Q_n} \quad (横向) \quad (4-2)$$

式中:a、a_1、a_2、a_3、$\cdots$、a_n——分别为货物总重心、单件货物重心与车辆横中心线所在平面的垂直距离,在车辆横中心线左侧取"+"、右侧取"-",mm;

b、b_1、b_2、b_3、$\cdots$、b_n——分别为货物总重心、单件货物重心与车辆纵中心线所在平面的垂直距离,在车辆纵中心线上方取"+"、下方取"-",mm;

Q_1、Q_2、Q_3、$\cdots$、Q_n——每件货物质量,t。

当货物重心偏离车辆纵中心线的横向距离 $b > 100$mm 时,表明货车已偏载,影响重车运行安全。应采取配重措施,即在车辆另一侧配装其他货物,使配装后货物总重心落在车辆纵重心线上或总重心横向偏离不超过 100mm;否则,不能运行。

(1)货物重心横向偏离 $b > 100$mm 时,配重后货物总重心落在车辆纵中心线上,配重货物的质量或重心位置按以下公式计算:

$$Q_{配} = \frac{Q \cdot b}{b_{配}} \quad (4-3)$$

$$b_{配} = \frac{Q \cdot b}{Q_{配}} \quad (4-4)$$

式中:$Q_{配}$——配装货物的质量,t;

$b_{配}$——配装货物重心偏离车辆纵中心线的距离,mm;

Q——配重前的货物质量,t;

b——配重前货物重心偏离车辆纵中心线的距离,mm。

(2)配重前,货物重心 $Q_主$ 横向偏离 $b_主$ 超过 100mm,配重货物质量确定为 $Q_{配}$ 吨时,配重后,要求全部货物总重心距离车辆纵中心线的最大值不能超过100mm时,配重货物重心距离车辆纵中心线的距离 $b_{配}$ 的范围,可按下式计算:

$$\frac{-100(Q_{主}+Q_{配})-Q_{主}b_{主}}{Q_{配}} \leq b_{配} \leq \frac{100(Q_{主}+Q_{配})-Q_{主}b_{主}}{Q_{配}} \quad (4-5)$$

式中:$Q_{主}$——配重前货物总质量,t;

$b_{主}$——配重前货物重心偏离车辆纵中心线的距离,mm,该距离取负值,如货物重心横向偏离150mm时,取 -150mm;

$Q_{配}$——配重货物质量,t;

$b_{配}$——配重货物的重心位置,mm,重心位置与 $b_{主}$ 位置相反,为正数。

当货物重心偏离车辆横中心线的距离 $a>a_{容}$ 时,表明货车已偏重,影响重车运行安全。须调整装载方案,使货物重心偏离车辆横中心线的距离 $a<a_{容}$。

①当 $P_{容}-Q<10t$ 时:

$$a_{容} = \left(\frac{P_{容}}{2Q}-0.5\right) \times L \quad (4-6)$$

②当 $P_{容}-Q>10t$ 时:

$$a_{容} = \frac{5L}{Q} \quad (4-7)$$

式中:$a_{容}$——货物总重心偏离车辆横中心线的距离,mm;

$P_{容}$——车辆的容许载质量,t;

L——车辆销距,mm;

Q——车辆所装货物质量,t。

三、重车重心高度

重车重心高度是指货物装车后,将车辆和其所装货物视为一整体,该整体的组合重心自钢轨面起算的高度。重车重心高度是铁路的一项基本技术标准,是决定重车运行稳定性的主要条件之一,重车重心高度越低越稳定。我国铁路行业规定,重车重心高度一般不得超过2000mm,超过时应采取配重措施,降低重车重心高度,否则须按表4-5所列限速运行。

不同重车重心高度对应的限速 表4-5

重车重心高度 H(mm)	区间限速(km/h)	通过侧向道岔限速(km/h)
$2000<H\leq2400$	50	15
$2400<H\leq2800$	40	15
$2800<H\leq3000$	30	15

(1)一车负重装载时,重车重心高度可按下式计算:

$$H = \frac{Q_{车}h_{车}+Q_1h_1+Q_2h_2+\cdots+Q_nh_n}{Q_{车}+Q_1+Q_2+\cdots+Q_n} \quad (4-8)$$

式中:h_1、h_2、$\cdots$、h_n——装车后每件货物重心自轨面起算的高度,mm;

Q_1、Q_2、$\cdots$、Q_n——每件货物质量,t;

$Q_{车}$——货车自身质量,t;

$h_{车}$——空车重心自轨面起算的高度,mm。

(2)跨装时,可按下式计算:

$$H = \frac{Q_{车1}h_{车1} + Q_{车2}h_{车2} + Qh}{Q_{车1} + Q_{车2} + Q} \quad (4-9)$$

式中:$Q_{车1}$、$Q_{车2}$——分别为两负重车自重,t;

$h_{车1}$、$h_{车2}$——分别为两负重车空车重心,mm;

Q——货物质量,t;

h——装车后货物重心自轨面起算的高度,mm。

(3)采取配重降低重车重心高度时,配重货物的起码质量$Q_{配}$可按下式计算:

$$Q_{配} = \frac{Q_{总}(H - 2000)}{2000 - h_{配}} \quad (4-10)$$

式中:$Q_{总}$——货车自重与主货质量之和,t;

H——未配重前重车重心高度,mm;

$h_{配}$——配重货物装后,其重心自轨面起算的高度,mm。

总之,货物的装载工作是一项技术性很强的工作,它与铁路运输安全和经济、便利地完成货运任务关系十分密切。合理的装载能够充分利用货车的载重力和容积,为加固工作有效、合理地进行打好基础,是保证货物、货车的完整和行车安全,实现安全、迅速、合理、经济运输货物的技术保障。

第四节 装卸搬运系统分析与设计

一、装卸搬运系统分析方法

搬运系统分析(System Handling Analysis,简称SHA)是理查德·缪瑟提出的一种系统分析方法,适用于一切物料搬运项目。SHA方法包括:一种解决问题的方法,一系列依次进行的步骤和一整套关于记录、评定等级和图表化的图例符号。SHA过程如图4-4所示。SHA包括3个基本内容:阶段结构、程序模式、主要数据。

1. 阶段结构

(1)阶段Ⅰ:外部衔接。此阶段要明确所分析区域的物料进出情况,以及物料输入输出系统的方式(运输车辆、路线入口等)、频率,物料输入输出系统时所需要的条件(时间、道路以及工厂周围环境等)。

(2)阶段Ⅱ:编制总体搬运方案。本阶段拟定出各主要区域之间搬运物料方法,对物料的搬运路线、搬运设备及容器类型作出初步决策。

(3)阶段Ⅲ:编制详细方案。本阶段要考虑每个主要区域内部各工作地之间的物料搬运,要确定详细的物料搬运方法。

(4)阶段Ⅳ:方案实施。首先,对于任何一个方案而言,其都要在实施之后才算完成;其次,本阶段要进行必要的准备工作,包括订购设备、完成人员培训、安排进度并安装具体的搬运设施。然后,对所规划的搬运方法完成试验工作,验证操作程序,以确保在全部安装之后能正常工作。

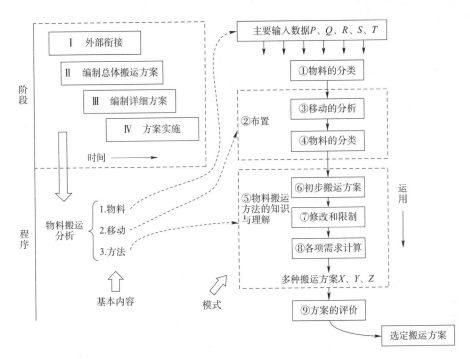

图 4-4 SHA 过程

一般而言,上述 4 个阶段按照时间的顺序依次进行的,但是为了取得最好的效果,这 4 个阶段在时间上应该具有交叉重叠。其中阶段 Ⅱ、阶段 Ⅲ 是工业工程师的主要任务。

2. 程序模式

物料搬运的程序模式是以物料、移动和方法 3 项为基础的。因此,物料搬运分析是指:分析所要搬运的物料,分析需要进行的移动和确定经济实用的物料搬运方法。"SHA 的程序模式"是一个分步骤进行的程序,问题越复杂,这个模式就越有用。

3. 主要数据

主要输入数据有 5 个:P——物料(产品、部件、零件、商品)、Q——数量(销售量或合同订货量)、R——路线(操作顺序和加工过程)、S——后勤与服务(如库存管理、订货单管理、维修等)、T——时间因素(时间要求和操作次数)。

二、物料分类

1. 物料分类的主要依据

(1) 物料的可运性。影响物料可运性的主要因素是物料本身的物理、化学特性,此外,外界的因素(如工位器具、托盘、货架和搬运设备等)也对可运性有重要影响。

(2) 物流条件。物流条件包括生产工艺方面的要求、质量保证体系方面的要求(如精密件的搬运)、生产管理方面的要求(如生产中的间歇性、周期性、配套性、不均匀性等)、环保要求以及一些特殊要求(如贵重物品的控制)和法律管制品等。

2. 物料分类程序

根据物料的主要特征对所调查的物品进行经验判断,从而编制物料特征表(表 4-6),判断步骤如下:

(1) 列表标明所有的物品或分组归并的物品名称；
(2) 记录其物理特征及其他特征；
(3) 分析各类物料的各项特性，并在那些是主导的、起决定作用的特征下面划出标记线；
(4) 确定物料类别，把那些具有相似的主导特征或特殊影响特征的物料归并为一类；
(5) 对物料进行分类后（如用 a、b、c、d 表示），即可编制物料特征表。

物 料 特 征 表　　　　　　　　　　　　　表 4-6

厂　名：　　　　　　　　　　　　　　　　　项　目：
制表人：　　　　　　　　　　　　　　　　　参加人：
日　期：　　　　　　　　　　　　　　　　　第__页 共__页

物料名称	物料实际最小单位	单位物料的物理特征					其 他 特 性			
		尺寸(in①)		质量(lb②)	形状	损伤的可能性（物料、人、设施）	状态（湿度、稳定性、刚度）	数量或批量	时间性	特殊控制	类别
		长	宽	高							
钢带	卷	直径24,高1			6~12	盘状	—	—	少	—	—	d
空纸袋	捆	28	18	24	48	矩形	易撕破	—	少	—	—	d
空桶	桶	直径18,高31			35	圆柱形	—	—	多	—	—	a
药物(20种)	盒	6	6	12	8	矩形	—	—	很少	—	政府规范	d
油料豆	袋	32	16	8	96	矩形	—	—	中等	—	—	c
乳酸	醋坛	24	24	30	42	矩形	严重	—	很少	—	—	—
黏性油	罐头	约1加仑			10	圆柱形	怕破裂	—	少	—	—	d
浓缩维生素	纸箱	6	12	6	20	矩形	—	要避热	少	—	—	d
备件	各种	各种			各种	各种	有些	—	很少	急	—	d
润滑油	桶	直径12,高18			50	圆柱形	—	油腻	很少	—	—	d

注：① 1 in 等于 0.0254 m；
② 1 lb 等于 0.454 kg。

三、移动分析

设施布置决定了物料装卸搬运的起点和终点之间的距离，它是选择任何装卸搬运方法的主要因素。因此，选择的方案必须建立在物料搬运作业与具体布置相结合的基础上。

1. 收集各种移动分析的资料

在开始分析各项移动时，需要掌握的资料包括：物料的分类；路线的起点、终点和搬运路径；物流的物流量和物流条件。

2. 移动分析方法

目前常用的移动分析方法有以下两种：

(1) 流程分析法。这种方法是每次只观察一类物料，并跟随它沿着整个生产过程收集资料（必要时跟随从原料库到成品库的全过程），然后编制出流程图表（或流程，表 4-7）。当物料品种很少或是单一品种时，常采用该方法。

流程图表　　　　　　　　　　　　　　　　　　　　　　　　　　　　　　　　　表 4-7

本表所列单元与最终单元的关系			厂　名：××药物公司	项　目：68-29
本表所列单元	大小或质量	表列单元数/最终单元数	制表人：I.S	参加人：
瓶	4　oz①	1/1	日　期：	第 x 页　共 x 页
纸箱(空)	4　lb②	1/12	起点：进厂	
托盘(空)	386　lb	1/1008	终点：发运	
纸箱(实)	11　lb	1/12	□现有的　☒建议的(方案代号)_____	
托盘(实)	924　lb	1/1008	方案摘要：叉车和托盘。从进厂直到成品库及发运	

本表所列流程：片剂装箱从空瓶进厂直至成品发运
单位时间的最终单元数量_____　　　　　　　　　　　　　　　　　　　生产线速度48 瓶/min

本表所列单元和每次荷载的单元数		作业符号	作业摘要	荷载的质量(lb)	每小时次数	距离	备注
1.纸箱(空)	1		在载重卡车上	4			
2.纸箱(空)	1		装到托盘上	4			每托盘0.25人·h
3.托盘(空)	1		至验收站	386	12	50	
4.托盘(空)	1		在验收站				
5.托盘(空)	1		验收及过磅	386			
6.托盘(空)	1		至装箱材料库	386	15	20	
7.托盘(空)	1		至装瓶及装箱	386	15	360	
8.瓶	12		纸箱取瓶,至装瓶生产线	40			生产线速度为 4 纸箱/min
9.瓶	—		药片装瓶,装箱				
10.纸箱(实)	1		装入托盘上	11			
11.托盘(实)	1		至成品库	924	15	420	
12.托盘(实)	1		在成品库储存				
"空"——未装成品；"实"——装有成品。				共计	880		

注：① 1oz 约合 0.03kg；
　　② 1lb 约合 0.45kg。

(2) 起讫点分析法。这种方法有以下两种不同的分析思路：

① 在物料品种数目不太多时,首先通过观察每次移动的起讫点收集资料,进而编制出搬运路线一览表,每次分析一条路线,收集这条路线上移动的各类物料或各种产品的有关资料,然后分析各条装卸搬运路线,绘制出装卸搬运路线表(表 4-8)。

② 若物料品种数目多时,则对一个区域进行观察,收集运进、运出这个区域的一切物料的有关资料,编写物料进出表(表 4-9)。

装卸搬运路线表　　　　　　　　　　　　　　　　　　　　　　　表 4-8

厂　名：　　　　　　　　　　　　　　　　　　　　　项　目：
起　点：原料库　　　　　　　　　制表人：　　　　　参加人：
终　点：压力机车间　　　　　　　日　期：　　　　　第__页 共__页

物料类别		路线状况　距离 280m			物流或搬运活动		特定等级依据
名称	类型代号	起点	路程	终点	物流量（即单位时间的数量）	物流要求（数量要求、管理要求、时间要求）	
钢板	a	原料库（配有桥式起重机）	穿过露天场地到达	剪切机旁边（地方有限）	平均每天60张	必须与剪切计划步调一致	
托盘货物	b	物料从托盘上起运（有些托盘在托盘架上）	生产厂房，电梯至三层楼。有雨雪，冬天4个门	预焊接线（即为拥挤）	平均每天18个托盘	与每天的油漆进度密切联系	
小件	e	从料架和料箱中取下，放在存放区	夏天2个门，生产厂房的底层交通拥挤	分布在小件所用的3个不同的料架上	平均每天1600lb；平均每天30种	共计120种零件；有些1天，有些2天，有些1周	
空盒	j	堆放在地上，位置在原料库内的东北角		"无装配"件集合点	每天0~25盒；平均每天18盒	每天一次即可,盖板松动是个问题	

物　料　进　出　表　　　　　　　　　　　　　　　　　　　　表 4-9

厂　名：　　　　　　　　　　　　　　　　　　　　　项　目：
制表人：　　　　　　　　　　　　　　　　　　　　　参加人：
区　域：　　　　　　　　　　　　日　期：　　　　　第__页 共__页

产品与物料名称	运　　进			来自	操作或区域	去往	运　　出			产品与物料名称
	单位时间数量						单位时间数量			
	单位	平均	最大				单位	平均	最大	

（3）编制装卸搬运活动一览表。装卸搬运活动一览表见表 4-10。编制该表是为了把收集到的资料进行汇总，达到明了、全面地了解情况以及运用的目的。在表中要对每条路线、每类物料和每项移动的物流量及运输工作量进行计算，并按 A、E、I、O、U 进行等级评定。其中，A 代表超高物流量，E 代表特大物流量，I 代表较大物流量，O 代表普通物流量，U 代表可忽略物流量。

装卸搬运活动一览表　　　　　　　　　表 4-10

物料类别										路线合计		
路线												
□从　至 □双向运输	距离	具体情况								物流量	运输工作量	等级
1.												
2.												
每类物料合计	物流量											
	运输量											
	标定等级											

代号	路线具体情况	代号	物流条件、状况或其他说明事项

四、装卸搬运方案分析

物料搬运方法是物料搬运路线、设备和容器的总和。企业装卸搬运活动可以采用同一种装卸搬运方法，也可以采用不同的方法。一般情况下，装卸搬运方案都是几种装卸搬运方式的组合。

1. 初步装卸搬运方案分析

确定初步装卸搬运方案的步骤如下：

(1) 收集原始资料，包括物料的类型、物流量、物流路线和距离、设施设备的布置、机械设备的选用、时间要求和环境条件等。

(2) 根据原始资料，设计出几种装卸搬运方案。

(3) 根据各种可能性，对几种初步方案进行改进和调整，进行各项需求的计算并进行评价。

(4) 确定初步装卸搬运方案。

2. 装卸搬运方案分析方法

(1) 用物料装卸搬运符号。

(2) 用物料装卸搬运方法工作表。适用于物料品种单一或很少，而且在各路线上顺次流通无折返的情况。

(3) 用系统化方法汇总表。适用于物料品种和路线较多的情况。从该汇总表中可以全面了解所有物料装卸搬运的情况。此外，还可以汇总各种装卸搬运方法。综合各条路线以及各类物料的同类路线、设备和运输单元，也可将全部装卸搬运规划汇总在这张表上。

3. 方案的修改和限制

初步确定的方案必须根据实际的限制条件进行修改，以判定方案是否符合实际、切实可行。解决物料装卸搬运问题，除了路线、设备和运输单元外，还要考虑正确和有效地操作设备问题、协调和辅助物料装卸搬运正常进行的问题（如生产和库存的协调）等。

(1)装卸搬运方案中经常涉及的一些修改和限制的内容如下：

①已确定的同外部衔接的装卸搬运方法；

②既满足目前生产需要，又能适应远期发展或变化；

③和生产流程或设备保持一致；

④可以利用的现有公用设施和辅助设施；

⑤面积、空间对布置方案的限制条件；

⑥建筑物及其结构特征；

⑦库存制度以及存放物料的方法和设备；

⑧投资的限制；

⑨影响工人安全的装卸搬运方法。

(2)修改后的几个初步装卸搬运方案逐个进行说明和计算的内容如下：

①每条路线上每种物料装卸搬运方法的说明；

②装卸搬运方法以外的其他必要的变动说明，如更改布置、作业计划、生产流程、建筑物、公用设施、道路等；

③计算装卸搬运设备和人员的需求量；

④计算投资费用、预期的经营费用和有关配合使用的费用。

4. 方案的评价方法

评价分析方法有两类：一类为成本费用或财务比较，一类为无形因素比较。

(1)成本费用或财务比较。投资费用，包括基建投资和项目投资费用等；经营费用，包括物料、人员、管理费用等。

(2)无形因素比较。常用的方法有优缺点比较法和加权因素比较法。无形因素包括的内容很多，主要有：与生产流程的关系及其服务的能力；装卸搬运方法的通用性和适应性；灵活性（已确定的装卸搬运方法是否易于变动或重新安排）和柔性（装卸搬运方法是否便于今后拓展）；布置和建筑物扩充的灵活性是否受到装卸搬运方法的限制；面积和空间的利用；安全和建筑物管理；是否便于管理和控制；可能发生故障的频率及对生产造成的中断、破坏和混乱的程度；能否适应生产周期时间的要求和对生产流程时间的影响；与仓库设施是否协调；同外部运输是否适应等。

5. 装卸搬运方案的详细设计

装卸搬运方案的详细设计是在装卸搬运方案初步设计的总体方案基础上，制定从工作地到工作地，或从具体取货点到具体缺货点之间的装卸搬运方法。详细装卸搬运方案必须与总体装卸搬运方案协调一致。实际上，SHA的方案初步设计阶段和方案详细设计阶段用的是同样的模式，只是在实际运用中两个阶段的设计区域范围不同、详细程度不同，详细设计阶段需要大量的资料、更具体的指标和更多的实际条件。当对总体搬运方案和详细搬运方案的设计完成之后，再加上外部衔接和方案的实施这两个部分，便构成了SHA阶段的完整内容，这也是利用SHA方法进行物料搬运系统设计的内涵。

图表化就是将各项移动的分析结果标注在区域布置图上，起到一目了然的作用。各种移动的图表化是SHA程序模式中的一个重要步骤。物流图表化的方法有如下3种：

(1)物流流程简图。可以帮助了解流程，由于图中无工作区域的正确位置及距离，所以不能用来选择装卸搬运方案。

（2）在位置上绘制的物流图。由于图上注明了准确位置及距离，可用来选择装卸搬运方案。

（3）坐标指示图。坐标指示图是距离与物流量的指示图，用箭头表示物流方向，流量和距离用数字标在起讫点的连线上。

第五节 装卸搬运合理化与现代化

一、装卸搬运合理化

1. 防止和消除无效装卸搬运

防止和消除无效装卸搬运对提高装卸搬运作业经济性和效率具有重要作用。可从以下几个方面来防止、消除和减少装卸搬运中的无效作业：

（1）分析各项装卸搬运作业的必要性，尽可能取消、合并作业的环节和次数，消灭重复无效、可有可无的作业。

（2）必须进行的作业也应该尽可能地做到作业路径最短和直行，消灭迂回和交叉，按流水线形式组织装卸作业。

（3）必须做到巧装满载。装卸搬运作业一般是运输和存储的前奏，运载工具满载和库容的充分利用是提高运输和存储效益和效率的主要因素，所以要根据货物的质量、大小、形状、物理化学性质、货物去向等采用恰当的装卸方式，巧妙配装，提高运输、存储的效益和效率。

2. 充分利用重力和消除重力影响，进行消耗少的装卸

在装卸时考虑重力因素，可以利用货物本身的质量，进行有一定落差的装卸，以减少或根本不消耗装卸的动力，这是装卸合理化的重要方式。例如使物料在倾斜的辊道式运输机上在重力作用下移动。在装卸时尽量消除或削弱重力的影响，也能够减轻体力劳动及其他劳动消耗。例如在进行两种运输工具的换装时，可以采取落地装卸方式。

在人力装卸时，一装一卸是"爆发力"，而搬运一段距离，这种负重行走，要持续抵抗重力的影响，同时还要行进，因而体力消耗很大，是容易出现疲劳的环节。所以，人力装卸时如果能配合简单机具，做到"持物不步行"，则可以大大减少劳动量，做到合理化。

3. 充分利用机械，实现"规模装卸"

规模效益早已被大家所接受。在装卸时也存在规模效益问题，主要表现在一次装卸量或连续装卸量要达到充分发挥机械最优效率的水准。为了更多降低单位装卸工作量的成本，对装卸机械来讲，也有"规模"问题，装卸机械的能力达到一定规模，才会有最优效果。追求规模效益的方法，主要是通过各种集装实现间断装卸时一次操作的最合理装卸量，从而使单位装卸成本降低，也可通过散装实现连续装卸的规模效益。

4. 提高"物"的装卸搬运活性

装卸搬运活性是指从物的静止状态转变为装卸搬运运动状态的难易程度。如果很容易转变为下一步的装卸搬运而不需过多做装卸搬运前的准备工作，则活性就高；如果难于转变为下一步的装卸搬运，则活性低。

为了对活性有所区分,并能有计划地提出活性要求,使每一步装卸搬运都能按一定活性要求进行操作,对于不同放置状态的货物作出不同的活性规定,这就是"活性指数"。活性指数分为 0～4 共 5 个等级,见表 4-11。由于装卸搬运是在物流过程中反复进行的活动,因而其速度可能决定整个物流速度,每次装卸搬运的时间缩短,多次装卸搬运的累计效果便十分可观。因此,提高装卸搬运活性对装卸搬运合理化是很重要的。

装卸搬运活性指数 表 4-11

放置状态	需要进行的作业				活性指数
	整理	架箱	提起	拖运	
散放地上	√	√	√	√	0
置于一般容器	×	√	√	√	1
集装化	×	×	√	√	2
无动力车	×	×	×	√	3
动力车辆或传送带	×	×	×	×	4

5. 合理组织装卸搬运设备,充分提高作业的机械化水平

首先,确定在一定时间段内的装卸搬运作业任务量。装卸搬运作业过程中有事先已经确定的不变因素,也有可能临时发生变动且变动较大的不确定因素。因此,要合理运用装卸搬运设备,就必须把计划任务量与实际装卸搬运作业量间的差距尽量控制和缩小到可以接受的最低水平。同时,装卸搬运作业组织工作还要对装卸搬运作业货物对象的数量、质量、规格等指标以及搬运距离等事项尽可能地作出详细规划和安排。

其次,根据装卸搬运设备的生产率和装卸搬运任务的大小等因素,确定装卸搬运设备需用的数量和各项技术指标,根据装卸搬运设备的生产率、装卸任务和需用设备数量等,编制装卸搬运进度计划。

最后,根据装卸搬运的实际情况,下达装卸搬运进度计划,安排适当的劳动力和作业班次,统计和分析装卸搬运作业取得的成果,评价装卸搬运作业的效率和经济效益的高低,以及应该如何改进等。

二、装卸搬运现代化

1. 积极提升现有的装卸搬运技术水平

20 世纪 90 年代以来,计算机技术得到了广泛的应用,起重机的很多工作被机器人和其他机器所取代,物料装卸搬运系统逐渐增加了许多自动化内容,如自动识别、自动导向技术等。以信息化为前提的智能化和集成化是装卸搬运业的发展趋势。为了使生产和流动能够紧密配合,构成更大、更高效的物流系统,应积极引进现代化的装卸搬运系统,把新手段、新方法用于装卸搬运系统中,从而提高装卸搬运的效率水平。

2. 文明装卸搬运,运营科学化

在物料装卸搬运作业中,要采取措施保证物料完好无损,保障作业人员人身安全,坚持文明装卸搬运。同时,不因物料装卸搬运作业而损坏物料装卸搬运设备和设施。装卸搬运设备和设施的负荷率和繁忙程度要合理,应控制在设计的范围之内,严禁超载运转;能源消耗和成本要达到合理甚至先进水平;设备和设施采用科学的综合管理和预修保养制度;要改变装卸搬运只是一种简单的体力劳动的过时观念,积极推行全面质量管理等现代化管理方法,使物料装卸搬运作业工作从经验上升到科学管理。

3. 推广组合化装卸搬运法

在装卸搬运作业过程中,根据不同物料的种类、性质、形状、质量的不同来确定不同的装卸搬运作业方式,采用不同的装卸搬运方法:普通包装的物料逐个进行装卸,可以采用分块处理方法;对颗粒状物资不加小包装而原样装卸,可以采用散装处理方法;将物料以托盘、集装箱、集装袋为单位进行组合后进行装卸,可以采用集装处理方法,对于包装的物料,尽可能采用集装处理方法,实现单元化装卸搬运,可以充分利用机械进行操作。采用组合化装卸搬运方法可以使装卸单位增大、作业效率提高,大量节约装卸作业时间;能提高装卸搬运的灵活性;操作单元大小一致,易于实现标准化;不用手去触及各种物料,达到保护物料的效果。

第五章 包装系统

第一节 包装分类

根据《物流术语》(GB/T 18354—2006),包装(package/packaging)的定义是:为在流通过程中保护产品、方便储运、促进销售,按一定技术方法而采用的容器、材料及辅助物等的总体名称。包装也指为了达到上述目的而采用容器、材料和辅助物的过程中施加一定技术方法等的操作活动。

在生产、流通和消费的过程中,由于包装所起的作用不同,其类别也不相同。对包装的科学分类,应有利于充分发挥包装在流通和消费领域的作用;有利于商品的物流和商流的发展;有利于包装的标准化、规格化和系列化;有利于物流作业的机械化、自动化;有利于科学管理水平和科学技术水平的提高。

我国对包装的分类主要有以下几种方法。

一、按包装在流通中的作用分类

按包装在流通中的作用不同,包装可分为销售包装和运输包装。

1. 销售包装

销售包装,又称内包装,是直接接触商品并随商品进入零售网点与消费者或客户直接见面的包装。其主要目的就是吸引消费者,促进销售。因此,销售包装在设计时重点考虑的是包装造型、结构和装潢。在包装材料的性质、形态、样式等因素上,要为保护商品着想,结构造型要有利于流通;图案、文字、色调和装潢要能吸引消费者,能刺激消费者的购买欲,为商品流通创造良好条件。另外,包装单位要方便顾客的购买以及适合于商家的设施条件,对商品具有一定的保护功能并方便消费者选购。

2. 运输包装

运输包装是指以满足运输储存要求为主要目的的包装,具有保障商品的运输安全,方便装卸、加速交接、点验的作用。运输包装其外部结构与尺寸要与储存、装卸、运输等设备、工具有很好的配合性;具有较强的抵御外界因素的能力;按规定标准,有指导包装物体装卸搬运的标记;还要注明商品名称、货号、规格、质量、数量、颜色、生产厂家、生产日期以及发货单位与收获单位等标志。

二、按包装层次分类

按包装层次不同,包装可分为个包装、内包装和外包装。

1. 个包装

个包装是指直接用来包装物品的包装,通常与商品形成一体,在销售中直接到达用户手中。

2. 内包装

内包装是指产品的内导包装,即为避免水分、潮湿、光射、热源、碰撞、震动等因素对物品的影响所做的保护性包装。

3. 外包装

外包装是指货物的最外层包装,起保护产品的作用。

三、按包装的针对性分类

按包装的针对性不同,包装可分为专用包装和通用包装两类。

1. 专用包装

专用包装是指根据被包装物品的特点专门设计、专门制造、只适用于某种专门产品的包装,如水泥袋、蛋糕盒、可口可乐瓶等。

2. 通用包装

通用包装是指不进行专门设计制造,而根据标准系列尺寸制造的包装,用以包装各种无特殊要求的或标准尺寸的产品。

四、按包装容器分类

(1)按包装容器的抗变形能力不同,可分为硬包装和软包装两类。其中,硬包装又称刚性包装,包装体有固定形状和一定强度;软包装又称柔性包装,包装体可有一定程度变形,且有弹性。

(2)按包装容器的形状不同,包装可分为包装袋、包装箱、包装盒、包装瓶、包装罐等。

(3)按包装容器结构形式不同,包装可分为固定式包装和可拆卸折叠式包装。其中,固定式包装尺寸、外形固定不变;可拆卸折叠式包装可通过折叠拆卸,在不需包装时缩减容积,以利于管理及返运。

(4)按包装容器的使用次数不同,包装可分为一次性包装和多次周转包装。一次性包装在拆装后,包装容器受到破坏不能按原包装再次使用,只能回收处理或另做他用;多次周转包装可反复使用,此类包装在建立一定回送渠道后,便可周转使用。

此外,还可按包装制品的材料不同分类,包括纸制品包装、塑料制品包装、木制包装、金属包装、玻璃容器包装和复合材料包装等;按包装技术方法不同分类,包括防潮包装、防锈包装、防腐包装、防虫包装、防震包装、危险品包装等。

第二节 包 装 器 材

一、包装材料

包装材料是指用于制造包装容器和构成产品包装的材料总称。包装材料一般包括主要包装材料和辅助包装材料,常用的有纸张、金属、木材、塑料、纺织品、陶瓷、玻璃等,其中以塑料与金属材料最为复杂。包装材料在整个包装工业中占有重要的地位,是发展包装技术、提高包装质量和降低包装成本的重要基础。

1. 纸和纸板包装材料

纸和纸板是支柱性的传统包装材料,消耗量大,应用范围广,其产值占包装总产值的45%左右。纸和纸板具有以下特点:

(1)具有适宜的强度、耐冲击性和耐摩擦性;

(2)密封性好,容易做到清洁卫生;

(3)具有优良的成型性和折叠性,便于采用各种加工方法,适应机械化、自动化的包装生产;

(4)具有最佳的可印刷性,便于介绍和美化商品;

(5)价格较低,质量轻,可以降低包装成本和运输成本;

(6)用后易于处理,可回收利用和再生,不会污染环境,并节约资源。

纸和纸板也有一些致命的弱点,如难以封口、受潮后牢度下降以及气密性、防潮性、透明性差等,从而使它们在包装应用上受到一定的限制。

常用的纸类包装制品有牛皮纸、羊皮纸、玻璃纸、防油纸、箱纸板和瓦楞纸板等。其中,瓦楞纸板是纸质包装材料中最重要的一种,由面层纸板和芯层瓦楞纸黏合而构成。面层纸板主要是箱纸板。瓦楞纸板的主要特点是:和相同厚度其他纸制品比,质量轻、强度性能好,有很好的抗震性及缓冲性,其生产成本也较低,面层又有一定的装饰和促销作用。

瓦楞纸板按其材料的层数不同,分为以下 4 种:由一张面层和一层瓦楞组成的双层瓦楞纸板;由两张面层和一层瓦楞组成的三层瓦楞纸板;由三张面层和两层瓦楞组成的五层瓦楞纸板;由四张面层和三层瓦楞组成的七层瓦楞纸板。在以上类型中,三层瓦楞纸板使用最为广泛。总之,按照不同的包装要求,可采用不同类型的瓦楞形式。瓦楞纸板可以有不同的瓦楞层截形,主要有 5 种:大瓦楞 A 型、小瓦楞 B 型、中瓦楞 C 型、微瓦楞 E 型、超微小瓦楞 K 型。我国一般采用前 4 种。

2. 塑料包装材料

塑料是 20 世纪蓬勃发展起来的新兴材料,使现代商品包装发生了革命性改变。塑料在整个包装材料中的比例仅次于纸和纸板,在许多方面已经取代或逐步取代了传统包装材料。如代替棉麻制成编织袋、捆扎绳;代替金属制成包装袋、包装盒、包装桶;代替玻璃制成瓶罐;代替纸张制成各种塑料袋;代替木材制成周转箱、钙塑箱;代替传统的缓冲材料制成多种泡沫塑料等。塑料包括软性薄膜、纤维材料和刚性的成型材料,其具有如下基本特点:

(1)物理机械性能优良,具有一定的强度和弹性,耐折叠、耐摩擦、耐冲击、抗震动、抗压、防潮、防水,并能阻隔气体等;

(2)化学稳定性好,耐酸碱、耐油脂、耐化学药剂、耐腐蚀、耐光照等;

(3)相对密度小,是玻璃相对密度的 1/2,是钢铁相对密度的 1/5,属于轻质材料,因此制成的包装容器质量轻,适应包装轻量化的发展需要;

(4)加工成型工艺简单,便于制造各种包装材料和包装容器;

(5)适合采用各种包装新技术,如真空、充气、拉伸、收缩、复合等;

(6)具有优良的透明性、表面光泽性、可印刷性和装饰性,为包装装潢提供了良好的条件。

塑料作为包装也有一些不足之处：强度不如钢铁；耐热性不如玻璃；在外界因素长时间作用下易老化；有些塑料在高温下会软化，在低温下会变脆，强度下降；有些塑料带有异味，某些有害成分可能渗入内装物；易产生静电；塑料包装废弃物处理不当会造成环境污染等。因此，在选用塑料包装材料时要注意以上问题。

常用的塑料包装材料有以下几种：

（1）聚乙烯（PE）。聚乙烯属于通用型热塑性塑料，具有质轻而柔软、不易脆化、无臭无味、无毒、化学稳定性强、绝缘性好等优点。聚乙烯按密度不同可分为高密度聚乙烯、中密度聚乙烯和低密度聚乙烯3类。高密度聚乙烯耐冲击，但其弹性和透明度不如低密度聚乙烯，比较适宜制造大型真空包装容器、重包装袋及各种桶、瓶、杯、盆、盒等。中密度聚乙烯的机械性能、电绝缘性和耐腐蚀性高于低密度聚乙烯，一般不用作包装材料。低密度聚乙烯具有良好的抗冲击强度、透明度、柔软性、透气性和透湿性，但抗张强度与硬度较差，广泛用于制造薄膜和包装袋，并常与其他材料复合生产各种复合包装材料。此外，聚乙烯还可用于制造软管、泡沫材料及涂层材料等。由于聚乙烯具有优良的性能、无毒，常被用作药物和食品的包装。

（2）聚丙烯（PP）。聚丙烯属于韧性塑料，为各种塑料中最轻的一种。其无味、无毒，机械性能比聚乙烯高，耐冲击、耐磨、耐腐蚀和绝缘性好，并具有良好的拉伸强度、耐热性和气体阻隔性。聚丙烯可用于吹塑和真空成型制造各种瓶子、杯、盘、盒、包装薄膜、编织袋、打包带等，并具有耐腐蚀性、不发霉、质量轻、耐折叠和价格便宜等优点。双向拉伸聚丙烯薄膜可代替玻璃纸用于包装糖果和食品，成本低于玻璃纸。聚丙烯不适宜用作香味浓郁的商品的包装，也不适宜用作长期存放植物油和矿物油的包装。

（3）聚苯乙烯（PS）。聚苯乙烯属于硬质塑料，具有刚性，印刷性能比较好，表面富有光泽，耐化学腐蚀性强，无毒、无味。改性的聚苯乙烯可注塑成型制造各种桶、深杯、盘、盒等包装容器，拉伸聚苯乙烯和泡沫聚苯乙烯可制成浅杯、盘、盒等包装容器，用于盛装食品、酸或碱。由聚苯乙烯加发泡剂制成的泡沫塑料，可用作仪器、仪表、电视机和高级电器产品的缓冲包装材料。

（4）聚氯乙烯（PVC）。聚氯乙烯属于通用热塑性塑料，可塑性强，具有良好的装饰、印刷性能和比较高的透光率、较好的化学稳定性和机械性能。聚氯乙烯一般可分为软质和硬质两类。软质聚氯乙烯多用于制造薄膜、各种包装袋；硬质聚氯乙烯可制成各种瓶、杯、盘、盒等容器，但不适宜包装食品。

（5）聚酰胺（PA）。聚酰胺既是合成纤维，又是塑料，通常称为尼龙。聚酰胺具有良好的冲击韧性和优异的耐磨性能；较高的抗张强度、硬度和疲劳强度；耐光性、耐蒸气、加热性和气密性好；并有良好的印刷与装饰性能；无毒。聚酰胺主要用于软包装，特别是在食品包装上应用较广。例如，聚酰胺6薄膜广泛用于油脂类、冷冻食品、真空包装食品、蒸煮袋食品、奶制品等的包装。此外，还可用于制造打包带和绳索，其坚固性比聚苯乙烯打包带更好。

（6）聚乙烯醇（PVA）。聚乙烯醇是水溶性较好的包装材料。经热处理的聚乙烯醇具有既耐水又保香、耐油、透气率低的优点，其薄膜对保持食品的新鲜度，防止氧化变色、变味和变质具有显著的效果；亦适合于一些化工商品的包装。

（7）聚酯（PET）。聚酯是一种无色透明又有光泽的薄膜,有较好的韧性与弹性;较高的机械强度;较好的耐热性、耐寒性和耐油性;良好的防潮性、防水性与气密性;极好的防止异味透过性和极小的水蒸气透过率。因此,它是优良的食品包装材料,特别适宜作为饮料的包装。目前聚酯瓶已大量用于含气饮料的包装,是最有发展前途的包装容器之一。聚酯薄膜与聚乙烯、聚丙烯等热合性较好的树脂共聚或涂层制成复合薄膜,可用作冷冻食品及需要加热杀菌食品的包装材料。

（8）聚偏二氯乙烯（PVDC）。聚偏二氯乙烯透明度高,机械强度大,气密性和防潮性极佳,耐有机溶剂和油脂,热收缩性能与自黏性较好。聚偏二氯乙烯主要是用作食品包装薄膜。由于其透气、透湿率很低,用于包装食品,能防止因水分蒸发而引起的失重和腐败,又不会使干燥食品吸潮,可防止鱼、肉和油脂类食品氧化,有利于长期储藏保鲜。它可用作密封包装和杀菌食品包装,以及家庭日用的包装材料。

（9）聚碳酸酯（PC）。聚碳酸酯无色透明,具有良好的光泽,优良的耐热性、耐寒性和冲击韧性,可用于加压杀菌;机械强度较高;耐化学腐蚀性好,能阻止紫外线透过;其透气性、吸水性和吸湿性小,可制作蒸煮食品包装袋以及饮料器具、容器和其他食品包装材料。其缺点是热封合时容易起气泡,透明度降低。因此,作为食品包装材料时,要与聚乙烯等复合,以改进其热封合性。

（10）钙塑材料。钙塑材料是20世纪70年代出现的一种新型改性材料,是由聚乙烯、聚丙烯或聚氯乙烯加碳酸钙等添加剂制成的复合材料。钙塑材料兼有塑料、木材和纸板三者的特性。钙塑材料质地均匀,化学稳定性好,难燃、阻热、耐水、耐氧化,机械加工性能好,坚固耐用。

用钙塑材料制成的包装箱、桶、托盘等容器,可多次周转使用,节省包装费用。用钙塑材料制成的钙塑瓦楞纸箱,除具有瓦楞纸箱的防震、折叠方便等优点外,还具有质轻的优点,广泛用于食品和饮料的运输包装。

（11）木制塑料。木制塑料是以塑代木的新型包装材料,它以废旧塑料和锯木屑为原料,用挤压成型的方法制成板材。这种木制塑料的热胀冷缩性、膨胀系数与木材相近,抗老化性能优于普通塑料和木材,耐寒性好,耐腐蚀性强,不易开裂,抗压、抗冲击和抗弯曲强度高于木材,机械加工性能很好,成本较低且能废旧再利用,可用作包装箱。

（12）复合塑料薄膜。以塑料为主要基材的复合薄膜具有更高的机械强度和加工适用性能,有气密性好、耐热、耐寒、防气、防水、防油等性质,是现代商品包装材料的发展趋向,特别适用于食品包装。例如,用作蒸煮袋的复合薄膜袋是食品的理想包装,不需要冷藏,储存期长,能确保无菌,且食用方便,连袋一起蒸煮,食品回热速度快,并能保持食品的原有风味,有"软罐头"之称。

3. 金属包装材料

金属包装材料是传统包装材料之一。金属的种类很多,包装用金属材料主要是钢材、铝材及其合金材料。包装用钢材包括薄钢板、镀锌低碳薄铁板、镀锡低碳薄钢板（俗称马口铁）;包装用铝材有纯铝板、合金铝板和铝箔。

金属材料具有以下优点:

（1）具有良好的机械强度,牢固结实。耐碰撞,不破碎,能有效地保护内装物品。

(2)密封性能优良,阻隔性好,不透气,防潮,耐光,用于食品包装(罐装)能达到中长期保存。

(3)具有良好的延伸性,易于加工成型。

(4)金属表面有特殊光泽,易于涂饰和印刷,可获得良好的装潢效果。

(5)易于回收再利用,不污染环境。

金属材料的优点很多,常用作包装,但也存在一些无法避免的缺点,尤其是其化学稳定性比较差,在潮湿大气中易发生锈蚀,遇酸、碱易发生腐蚀,因而包装用途受到一定限制。实际应用中,常在钢板外镀锌、镀锡、镀铬或加涂层,以提高其耐酸碱性和耐腐蚀性,但会使成本上升。因此,目前刚性金属材料主要用于制造运输包装桶、集装箱及饮料、食品和其他商品销售包装罐、听、盒,另外还有少量用于加工各种瓶罐的盖底及捆扎材料等。例如,重型钢瓶、钢罐用于存放酸类液体和压缩、液化及加压溶解的气体;薄钢板桶广泛用于盛装各类食用油脂、石油和化工商品;铝和铝合金桶用于盛放酒类和各种食品;镀锌薄钢板桶主要用于盛放粉状、浆状和液体商品;铁塑复合桶适宜盛放各种化工产品及腐蚀性、危险性商品;马口铁罐、镀铬钢板罐为罐头和饮料工业的重要包装容器;金属听、盒适宜于盛放饼干、奶粉、茶叶、咖啡、香烟等;软性金属材料主要用于制造软管和金属箔,如铝制软管广泛用于包装膏状化妆品、医药品、清洁用品、文化用品、食品等;铝箔多用于制造复合包装材料,也常用于食品、卷烟、药品、化妆品、化学品等的包装。

4. 玻璃、陶瓷

玻璃与陶瓷均属于以硅酸盐为主要成分的无机性材料。玻璃与陶瓷用作包装材料的历史悠久,目前玻璃仍是现代包装的主要材料之一。

(1)玻璃。由于玻璃本身的优良特性以及制造技术的不断进步,玻璃仍能适应现代包装发展的需要,其特点如下:

①化学稳定性好,耐腐蚀,无毒、无味,卫生安全;

②密封性良好,不透气,不透湿,有紫外线屏蔽性,有一定的强度,能有效地保护内装物;

③透明性好,易于造型,具有特殊的宣传和美化商品的效果;

④原料来源丰富,价格低;

⑤易于回收复用、再生,有利于保护环境。

由于存在耐冲击强度低、碰撞时易破碎、自身质量大、运输成本高、内耗大等缺点,限制了玻璃在包装材料上的应用。目前,玻璃的强化、轻量化技术以及复合技术已有一定发展,加强了对包装的适应性。玻璃主要用来制造销售包装容器如玻璃瓶和玻璃罐,广泛用于酒类、饮料、罐头食品、调味品、药品、化妆品、化学试剂等的包装。此外,玻璃也用于制造大型运输包装容器,用来存装强酸类产品;还用来制造玻璃纤维复合袋,用于包装化工产品和矿物粉料。

(2)陶瓷。陶瓷的化学稳定性与热稳定性均佳,耐酸碱腐蚀,遮光性优异,密封性好,成本低廉,可制成缸、罐、坛、瓶等多种包装容器,广泛用于包装各种发酵食品、酱菜、泡菜、咸菜、调味品、蛋制品及化工原料等。陶瓷瓶是酒类和其他饮料的销售包装容器,其结构造型多样,古朴典雅,釉彩和图案装潢美观,特别适用于高级名酒的包装。

5. 木材包装材料

木材具有特殊的耐压、耐冲击和耐恶劣气候的能力,并有良好的加工性能,目前仍是大型和重型商品运输包装的重要材料,也用于包装批量小、体积小、质量大、强度要求高的商品。木材包装是指以木板、胶合板、纤维板为原材料制成的包装,常用的有各种箱、桶、托盘等。木材作为包装材料虽然具有独特的优越性,但由于森林资源的匮乏、环境保护要求、价格高等原因,其发展潜力不大。目前,木制包装容器已逐渐减少,正在被其他包装容器所取代。

6. 复合材料

避免各种包装材料的缺点,发挥各种包装材料各自的优点,将两种或两种以上的材料通过各种方法复合在一起制成的复合材料,在包装领域有广泛的应用。复合材料主要有纸基复合材料、塑料基复合材料、金属基复合材料等。现在使用较多的是薄膜复合材料。

7. 其他包装材料

用于包装的织品材料主要是棉、麻植物纤维,其次是矿物纤维和化学纤维,它们主要用于制袋和包裹商品。例如,布袋和麻袋有适宜的牢度,轻巧,使用方便,适用于盛装粮食及其制品、食盐、食糖、农副产品、化肥、化工原料、中药材等。

竹类、野生藤类、树枝类和草类等材料是来源广泛、价格低廉的天然包装材料,用它们编制成的容器具有通风、轻便、结实、造型独特等特点,适用于包装各种农副土特产品。

二、包装容器

包装容器是指为储存、运输或销售而使用的盛装物品的容器总称。包装容器主要包括包装袋、包装盒、包装箱、包装瓶、包装罐等。

1. 包装袋

包装袋是一种管状结构的挠性容器。一般由挠性材料制成,有较高的韧性、抗拉强度和耐磨性。包装袋一般是筒管状结构,一端预先封死,在包装结束后再封装另一端,包装操作一般采用充填操作。包装袋按其盛装物品的质量不同可分为集装袋、一般运输包装袋和小型包装袋等。集装袋,盛装重量在 1t 以上,适于装运颗粒状、粉状的物品;一般运输包装袋,盛装质量在 0.5~100kg,主要包装粉状、粒状和个体小的物品。小型包装袋(或称普通包装袋),即盛装质量较小的包装袋,包装范围较广,液状、粉状、块状和异形物等可采用这种包装。

上述几种包装袋中,集装袋适于运输包装,一般运输包装袋适于外包装及运输包装,小型包装袋适于内包装、个包装及销售包装。

2. 包装盒

包装盒介于刚性和柔性包装两者之间,包装材料有一定挠性,不易变形,有较高的抗压强度,刚性高于袋装材料。包装盒大部分由纸板、金属、硬质塑料以及复合材料制成。包装结构是规则几何形状的立方体,也可裁制成其他形状,如圆盒状、尖角状,一般容量较小,约在 10L 以下,有开闭装置。包装一般采用码入或装填方式,然后将开闭装置闭合。包装盒整体强度不大,包装量较小,不适合用作运输包装,适合用作销售包装、内包装,包装块状及各种异形物品。

3. 包装箱

包装箱是一种刚性或半刚性容器,一般为长方体,内部容量通常大于 10L,大多用纸板、木材、金属、硬质塑料以及复合材料制成。包装结构和包装盒相同,只是容积、外形都大于包装盒。包装操作主要为码放,然后将开闭装置闭合或将一端固定封死。包装箱整体强度较高,抗变形能力强,包装量也较大,适合用作运输包装、外包装,其包装范围较广,主要用于固体杂货包装。

包装箱的种类有很多,主要有以下几种:
(1)瓦楞纸箱;
(2)木箱,主要有木板箱、框板箱、框架箱3种;
(3)塑料箱;
(4)集装箱,由钢材或铝材制成的大容积物流装运设备,从包装角度看,也属于一种大型包装箱,可归属于运输包装的类别之中,也是大型反复使用的周转型包装。

4. 包装瓶

包装瓶是瓶颈尺寸有较大差别的小型容器,是刚性包装中的一种,包装材料有较高的抗变形能力,刚性、韧性要求一般也较高。个别包装瓶介于刚性和柔性包装之间,瓶的形状在受外力时虽可发生一定程度变形,外力一旦撤除,仍可恢复原来瓶形。包装瓶结构是瓶颈口径远小于瓶身,且在瓶颈顶部开口。包装操作是填灌操作,然后将瓶口用瓶盖封闭。包装瓶包装量一般不大,适合美化装潢,主要在商业包装、内包装中使用。包装瓶主要包装液体、粉状货。包装瓶通常包括玻璃瓶和塑料瓶两种。

5. 包装罐

包装罐是罐身各处横截面形状大致相同、罐颈短、罐颈内径比罐身内径稍小或无罐颈的一种包装容器,是刚性包装的一种。包装材料强度较高,罐体抗变形能力强。包装操作是装填操作,然后将罐口封闭。包装罐主要有3种:
(1)小型包装罐,容量不大,一般用作销售包装、内包装;
(2)中型包装罐,容量较大,一般用作化工原材料、土特产的外包装,起运输包装作用;
(3)集装罐,是典型的运输包装,适合包装液体、粉状及颗粒状物品。

第三节 包 装 技 术

包装技术是指为实现包装目的(运输或销售),而对物品施以包装物、完成包装作业所需要的知识、方法、经验或诀窍,是指导包装操作的理论和经验基础。按照使用的普遍性,包装技术分为通用包装技术和专用包装技术两大类。通用包装技术是物品包装一般要用到的操作技术。物品包装过程虽然各不相同,但一般要经过充填、灌装、集装、裹包等覆盖包装物作业和环节,垫支、发泡、封口、捆扎、粘边等紧固包装物作业和环节,清洗、干燥、杀菌等包装活动前后的包装物和物品的准备与后处理作业和环节;专用包装技术是对特殊物品或对物品做特殊处理时使用的操作技术,如对易腐生鲜品的保鲜防腐包装、某些铁制品的防锈包装等。本节主要介绍几种专用的包装技术。

一、防霉腐包装技术

由有机物构成的物品(包括生物性物品及其制品)或含有生物成分的物品,这类物品在日常的环境条件下容易受霉腐微生物的污染而发生霉变和腐败,使质量受到损害。防霉腐包装是使被包装物品处在能抑制霉腐微生物滋长的特定条件下,延长被包装物品的质量和延长保存期限的关键技术。

商品在流通过程中,不但种类、规格、数量繁多,而且要经过许多环节,在商品流通的各环节中都有被霉腐微生物污染的机会。如果周围有适宜的环境条件,商品就会发生霉腐。因此,为了保护商品安全地通过流通,必须对易霉腐商品进行防霉腐包装。防霉腐包装技术主要有以下几种:

(1)化学药剂防霉腐包装技术。该技术主要是使用防霉防腐化学药剂将待包装物品、包装材料进行适当处理的包装技术。利用防霉防腐剂的杀菌抑菌机理主要是使菌体蛋白质凝固、变性,有的使之与菌体酶系统结合,影响菌体的代谢,有的使之降低菌体表面张力,增加细胞膜的通透性,而发生细胞破裂或溶解。

(2)气相防霉腐包装技术。该技术是使用具有挥发性的防霉防腐剂,利用其挥发产生的气体直接与霉腐微生物接触,杀死或抑制霉腐微生物的生长,以达到商品防霉腐的目的。

(3)气调防霉腐包装技术。该技术是在密封包装的条件下,通过改变包装内空气的组成成分,以降低氧的浓度,造成低氧环境来抑制霉腐微生物的生命活动与生物性商品的呼吸强度,从而达到对被包装商品防霉的目的。气调防霉包装所充的气体主要是二氧化碳和氮气。

(4)低温冷藏防霉腐包装技术。该技术是通过控制商品本身的温度使其低于霉腐微生物生长繁殖的最低界限,抑制酶的活性。它一方面抑制了生物性商品的呼吸、氧化过程,使其自身分解受阻,一旦温度恢复,仍可保持其原有的品质;另一方面通过抑制霉腐微生物的代谢与生长繁殖来达到防霉腐的目的。

还有一些其他的防霉腐包装技术,如:干燥防霉腐包装技术、电离辐射防霉腐包装技术、紫外线、微波、远红外线和高频电场防霉腐包装技术等。

二、防潮包装技术

置于大气中的物品,由于温度、湿度等的变化,会吸收或释放水分,而后湿化或干结,产生腐蚀和性质改变。物品的吸湿能力主要取决于物品自身与环境湿度两个因素。物品的结构、形态和尺寸对自身的吸湿性有重要影响,有的物品是由与水分子有较强吸引力的极性分子组成的,进行防潮包装时可针对物品自身的性质尽量避免与空气接触。具体方法如下:

(1)选用合适的防潮材料。凡是能延缓或阻止潮气透出入的材料均可用来作为防潮阻隔层以进行防潮包装,如金属、塑料、陶瓷、玻璃等。对易于吸潮的材料,如纸等,进行蜡涂布、涂料涂布、塑料涂布等防潮处理后,也可用作防潮材料。

(2)设计合理的包装造型结构。试验表明,包装容器底面积越大,吸湿性也越大,越接近底部,含水量越大,并且包装容器的尖端凸出部位易吸湿,因此在设计防潮包装造型结构时,应尽量缩小底面积,并使尖端凸出部位尽可能成圆角。可在易受潮的包装内加衬一层或多层防潮衬垫,如沥青纸、牛皮纸、蜡纸、铝箔、塑料薄膜等,另外还要注意用防潮材料进行密封包装。

(3)加干燥剂。在密封包装内加入适量的干燥剂,使其内部残留的潮气及通过防潮阻隔层透入的潮气均为干燥剂吸收,可使内装物免受潮气的影响。

(4)真空或充气包装。通过排除包装件内的空气或者充入二氧化碳、氮气等惰性气体,以避免物品吸湿。

三、防水包装技术

物品在进行盒、袋、箱、桶、罐等外包装时,为防止流通过程中的水侵入,有些时候要做防水包装。好的防水包装能够露天放置,经受雨淋。总结防水包装的防水方法,无外乎有使用防水包装材料、边缝和开口的拼接或密封、设置通风孔(窗)等。

使用防水包装材料包装,可以直接利用防水性好的材料(如玻璃、金属、陶瓷等)制成的容器包装。现在多用塑料或纸塑合成材料,但塑料不易分解,容易造成环境污染;也可以在原有包装的内部或外部加上防水性的衬垫或裹包物,一般是塑料制品,施加的内部衬垫物直接与物品接触,外部的裹包一般是通过拉伸或收缩包装将包裹物与包装容器紧密结合,以达到防水的目的。

边缝和开口的拼接是将外包装的边缝和开口做特殊处理,使其紧密结合。拼接的特殊处理可以是将结合部位打磨平整光滑,或做成槽状、压合等结构。对金属包装材料,可以采用焊接防水。

边缝和开口的密封是将已结合但尚未达到防水要求的边缝和开口做特殊处理,使其密闭封合。密封可以用黏合剂黏结包装材料,也可以用胶带连接封合,还可以设锁扣装置通过按压闭合。对于钉穿的外包装,在钉穿处需要加密封垫防水。

对于需要有充足氧气的物品,为使空气充分流动,可以设置通风孔(窗)防水。这时,要在通风孔(窗)的外部覆加百叶窗和挡雨盖防水。

四、防震包装技术

物品在运输、装卸和储存等过程中会受到外力的作用,从而使产品产生物理或功能的损伤。物品在物流过程中所受的外力作用主要有3类:垒放时的静压力、放置和碰撞时的冲击力与颠簸时的震动力。为减缓内装物受到挤压、冲击和震动,保护其免受损坏,要进行防震包装。

防震包装又称缓冲包装,是使用具有吸收或阻断外力作用的防震材料或装置,减缓内装物受力作用的一种包装方法。常用的防震材料很多,可用散装材料(也称为无定形材料),如塑料丝、纸丝、木丝、泡沫块、毛草类等,使用时将其填充在被包装物品的底部或空隙中;可用聚苯乙烯、聚乙烯、聚氨酯、聚氯乙烯、聚丙烯等泡沫塑料和各种规格的瓦楞纸板进行衬垫、固定、充填等;可用气垫薄膜制成各种形状大小的袋、套、筒等容器盛放物品(气垫薄膜是用一种特殊工艺,在两层塑料薄膜之间封入空气制成的);还可将内装物用弹簧装置悬吊于包装容器内防震。

选好防震包装材料后,可采用以下3种防震包装方法:

(1)全面防震包装法。该方法是指内装物和外包装之间全部用防震材料填满来进行防震的包装方法。可以采用充填、包裹、发泡、预制盛放模具、夹紧、固定等形式实现。

(2)部分防震包装法。对于整体性好的产品和有内包装容器的产品,仅在产品或内包装的拐角或局部地方使用防震材料进行衬垫即可。所用的包装材料主要有泡沫塑料防震垫、充气型塑料薄膜防震垫和橡胶弹簧等。

(3)悬浮式防震包装法。对于某些贵重易损的物品,为了有效地保证其在流通过程中不被损坏,要求外包装容器比较坚固,用绳、带、弹簧等将被装物悬吊在包装容器内,以使内装物在物流活动中被稳定悬吊而不与包装容器发生碰撞,避免损坏。

五、防锈包装技术

金属生锈主要是电化学腐蚀和空气氧化的作用。纯净的金属或是活泼的金属产生生锈现象主要是由于金属表面与空气中的氧气发生了氧化反应,在金属表面生成了金属氧化物。而电化学腐蚀是金属与酸、碱、盐等电解质溶液作用形成阴阳两极和电流而产生的锈蚀现象。金属制品锈蚀后,会变色、生锈,降低使用性能,造成产品价值降低以致失效。为隔绝或减少大气中水分、氧气和其他污染物对金属制品表面的影响,防止发生大气锈蚀而采用的包装材料和包装技术方法称为防锈包装或封存包装。

对物品进行防锈包装前,要尽量消除产生电化学腐蚀的各种因素和氧气的影响,对物品做清洗和干燥两种预处理作业,然后进行防锈包装。清洗是除去金属表面的尘埃、油脂残留物、汗迹及其他异物;干燥是除去清洗后的水分或溶剂。

防锈包装方法有两类:直接防锈和间接防锈。

(1)直接防锈。直接防锈是将防锈物质直接涂覆在产品金属表面的防锈方法,可选用防锈油、防锈脂、防锈纸、防锈剂、防锈液等材料。用防锈油、防锈脂、防锈剂、防锈液封装金属制品时,要求有一定的厚度,且连续性好,涂层完整。

(2)间接防锈。间接防锈是不直接对产品的金属表面进行防锈处理的防锈方法,可选用干燥剂、气相缓蚀剂等材料。用气相缓蚀剂在密封包装容器中对金属制品进行防锈处理的技术称为气相防锈。在密封包装容器中,气相缓蚀剂在很短的时间内挥发或升华出的缓蚀气体能充满包装容器内的每个角落和缝隙,同时吸附在金属制品的表面上,从而起到抑制大气对金属锈蚀的作用。

六、防虫害包装技术

包装产品在流通过程中会受到虫类侵害,害虫不仅蛀食动植物性物品和包装品,破坏产品的组织结构,使产品破碎和产生孔洞,而且其在新陈代谢中的排泄物会玷污产品,影响产品的品质和外观。因此,对易遭虫蛀和虫咬的产品必须实施防虫害包装技术,有效控制害虫的生存环境条件。商品的蛀蚀除了与某些害虫以及环境的温湿度等有关外,还与商品的化学成分有关。容易引起蛀蚀的商品有羊毛织品、蚕丝织品、人造纤维织品、天然草织品、毛皮及其制品、粮食、干果等。

防虫害包装技术是通过各种物理因素(光、热、电、冷冻等)或化学药剂作用于害虫的肌体,破坏害虫的生理机能和肌体结构,劣化害虫的生存条件,促使害虫死亡或抑制害虫繁殖,以达到防虫害的目的。防虫害包装技术主要有以下几种:

(1)高温防虫害包装技术。它是利用较高的温度来抑制害虫的发育和繁殖。当环境温度上升到40~45℃时,一般害虫的活动就会受到抑制;至45~48℃时,大多数害虫将处于昏迷状态(夏眠);当温度上升到48℃以上时死亡。

(2)低温防虫害包装技术。它是利用低温抑制害虫的繁殖和发育,并使其死亡。仓库害虫一般在环境温度为 8~15℃时,开始停止活动,4~8℃时处于冷麻痹状态,如果这种状态延续时间太长,害虫就会死亡。-4℃是一般害虫致死的临界点。当温度降到致死临界点时,由于虫体体液在结冻前释放出热量,使体温回升,已经冻僵的害虫往往会复苏,如果继续保持低温,害虫就会真正死亡。

(3)电离辐射防虫害包装技术。它是利用射线破坏害虫的正常新陈代谢和生命活动,使其不育或死亡,达到防治害虫的目的。辐射用射线主要有 X 射线、γ 射线、快中子等,目前应用较多的是 γ 射线。γ 射线的穿透能力较强、能量较大,而且 γ 射线容易从放射性同位素 C_0^{60} 中获得,并可将其制成固定或流通式的辐射源装置,便于操作使用。

(4)气调防虫害包装技术。它是通过改变包装容器或储藏环境内的气体成分,造成对害虫不良的生态环境条件,来达到防治害虫的目的。一般氧含量为 5%~7%时,1~2 周内可杀死害虫;氧浓度在 2%以下时,杀虫效果更为理想;CO_2 杀虫所需的浓度一般较高,多为 60%~80%。

(5)化学药剂防虫害包装技术。它是利用化学药剂来抑制或杀灭害虫,保护包装产品的防护措施。由于化学药剂防虫是利用其毒性对害虫的毒害作用,在使用时要注意安全,对食品等不宜采用。

七、危险品包装技术

《危险货物包装标志》(GB 190—2009)中把危险品分为:爆炸品;易燃气体、非易燃无毒燃气体、有毒气体;易燃液体;易燃固体、自燃物品、遇湿易燃物品;氧化性物质、有机过氧化物;毒性物品、感染性物品;一级放射性物品、二级放射性物品、三级放射性物品;腐蚀品;杂类危险物品,共 9 类危险货物。危险品包装技术对于保证危险品不发生安全事故具有十分重要的作用,同时也便于危险品的装卸、运输、保管、储存等作业。

对于易燃、易爆商品,如有强烈氧化性的,遇有微量不纯物或受热即急剧分解引起爆炸的产品,防爆炸包装的有效方法是采用塑料桶包装,然后将塑料桶装入铁桶或木箱中,并应有自动放气的安全阀。当桶内达到一定气体压力时,能自动放气。

对黄磷等易自燃商品,宜将其装入壁厚不少于 1mm 的铁桶内,桶内壁须涂耐酸保护层,桶内盛水,并使水面浸没商品,桶口严密封闭,每桶净重不超过 50kg。

对有腐蚀性的商品,要注意商品和包装容器的材质发生化学变化。金属类的包装容器,要在容器壁涂上涂料,防止腐蚀性商品对容器的腐蚀。

对有毒商品的包装要明显地标明有毒的标志。防毒的主要措施是包装严密不漏、不透气。

对于放射性物品而言,必须选择能屏蔽掉或使放射线衰减到对人体或环境无害的包装材料或防范措施。通常在内包装或内包装的外面增加一定厚度的金属铅或铝制的防辐射隔离层;外包装常常使用金属箱、桶等容器,而且密封要好,要牢固。

八、特种包装技术

1. 充气包装

充气包装是采用二氧化碳或氮气等不活泼气体置换包装容器中空气的一种包装技术方

法,因此也称为气体置换包装。这种包装方法是根据好氧性微生物需氧代谢的特性,在密封的包装容器中改变气体的组成成分,降低氧气的浓度,抑制微生物的生理活动、酶的活性和鲜活商品的呼吸强度,达到防霉、防腐和保鲜的目的。

2. 真空包装

真空包装是将物品装入气密性容器后,在容器封口之前抽真空,使密封后的容器内基本没有空气的一种包装方法。一般的肉类商品、谷物加工商品以及某些容易氧化变质的商品都可以采用真空包装,真空包装不但可以避免或减少脂肪氧化,而且能抑制某些霉菌和细菌的生长。同时在对其进行加热杀菌时,由于容器内部气体已排除,因此加速了热量的传导,提高了高温杀菌效率,也避免了加热杀菌时,由于气体的膨胀而使包装容器破裂。

3. 收缩包装

收缩包装就是用收缩薄膜裹包物品(或内包装件),然后对薄膜进行适当加热处理,使薄膜收缩而紧贴于物品(或内包装件)的包装技术方法。收缩薄膜是一种经过特殊拉伸和冷却处理的聚乙烯薄膜,由于薄膜在定向拉伸时产生残余收缩应力,这种应力受到一定热量后便会消除,从而使其横向和纵向均发生急剧收缩,同时使薄膜的厚度增加。收缩包装的收缩率通常为30%~70%,收缩力在冷却阶段达到最大值,并能长期保持。

4. 拉伸包装

拉伸包装是20世纪70年代开始采用的一种新包装技术,它由收缩包装发展而来。拉伸包装是依靠机械装置在常温下将弹性薄膜围绕被包件拉伸、紧裹,并在其末端进行封合的一种包装方法。由于拉伸包装不需进行加热,所以消耗的能源只有收缩包装的1/20。拉伸包装可以捆包单件物品,也可用于托盘包装之类的集合包装。

5. 脱氧包装

脱氧包装是继真空包装和充气包装之后出现的一种新型除氧包装方法。脱氧包装是在密封的包装容器中,使用能与氧气起化学作用的脱氧剂与之反应,从而除去包装容器中的氧气,以达到保护内装物的目的。脱氧包装方法适用于某些对氧气特别敏感的物品,如即使有微量氧气也会促使品质变坏的食品包装中。

第四节 包装管理

物流包装管理是管理者为了实现物流包装科学化、现代化,以达到提高社会效益、环境效益和经济效益的目的,对物流包装进行的计划、组织、协调、指挥和控制活动。包装管理一般包括物流包装容器的管理、物流包装成本的管理、物流包装工艺与设备的管理、物流包装质量的管理等内容。

一、物流包装容器管理

物流包装容器是物流包装的主要组成部分,对物流包装容器的管理是降低物流成本、实现最优经济效益的基础之一。物流包装容器管理主要包括包装容器的加工与采购、包装容器的回收复用、集装容器的选用与管理等。

1. 物流包装容器的加工与采购

对于物流包装容器加工与采购的管理,主要是做好加工与采购计划并加以控制。在包装容器加工与采购之前,物流、质检等相关部门应根据包装设计结果,确定包装规格、数量、质量要求和验收规程,使包装容器的加工与采购有计划地按步骤进行。采购包装容器应以定点采购为主,并监督加工,按采购合同进行,发现问题及时解决。包装容器进货后应做好入库验收、储存及库存控制,由质检人员按照质量要求及加工采购合同规定进行检验,入库时应有入库验收单,储存条件应满足包装容器本身的要求,严控库存,不得出现库存积压及缺货。

2. 物流包装容器的回收及反复利用

物流包装容器的回收及反复利用对节约资源、减少环境污染、降低物流成本和提高社会效益与经济效益有重要意义。因此,对能够再次使用的包装容器,必须进行回收再利用。一般可采取以下管理措施:

(1)通用包装。无论何处落地都可转用于其他商品的包装。

(2)周转包装。货物运至客户卸下后,将货物的周转包装器具同车返回。

(3)梯级利用。一次性包装器具,用完后转作他用或用完后进行简单处理转作他用。

(4)再生利用。用完后的空包装容器,再生处理后转作他用。

3. 集合包装器具管理

集合包装器具主要有集装容器和辅助工具两大类,集装容器有集装箱、托盘、集装袋、集装罐等;辅助工具有装卸辅助工具、包装辅助工具等。

(1)集装箱、托盘等包装容器的周转管理。集装箱、托盘、集装罐等包装容器一旦发运,流动于千里之外。其管理一般采用网络软件进行。这些系统能够有效地了解各集装容器的动态,解决各类管理问题,提高管理的效率。

(2)集装联运经营管理。集合包装的整个物流过程涉及若干运输方式、部门和场站。因此,必须进行集装联营才能做好集合包装的管理。

(3)集装信息化。集装信息化不仅是集合包装运输的需要,也是集合包装器具管理的需要。实现集装信息化,集合包装器具的回收就能形成高效运营的回收物流系统。

二、物流包装成本管理

物流包装成本管理是对物流包装过程中所有费用的发生及包装成本的预测、计划、控制、核算、分析和考核等一系列的科学管理工作。

1. 物流包装成本的构成

物流包装成本主要由物流包装材料费用、物流包装机械费用、物流包装技术费用、物流包装辅助费用、物流包装人工费用等构成。

(1)物流包装材料费用。物流包装材料费用指物品包装时花费在材料上的费用。不同的包装材料功能不同,成本相差也很大,所以在选用不同的包装材料时,其所消耗的包装费用也有较大差别。

(2)物流包装机械费用。物流包装机械费用指物品包装所使用的包装机械的折旧费摊销。包装机械的使用,不仅可以极大地提高包装的劳动生产率,而且可大幅提高包装水平。但这也需要一定的资金投入,因此就构成了包装的机械费用,它是以折旧为主的费用摊销形式,将费用转移到包装成本中。

(3)物流包装技术费用。物流包装技术费用是指对一定的包装技术的设计、实施所支出的费用。为避免物品流通过程中受到外界的不良影响,包装时需要采用一定的技术措施,这些技术的设计、实施都需要一定的费用支出,这就构成了包装费用。

(4)物流包装辅助费用。物流包装辅助费用是指对包装的一些辅助物品费用的支出。对商品进行包装时,需要采用一些辅助物品,如:包装标记、包装的拴挂物、装卸注意事项的标记符号等,这些辅助物品所造成的费用支出,也是包装费用的组成部分之一。

(5)物流包装人工费用。物流包装人工费用指对从事包装工作的人员和其他相关人员的工资、资金、补贴、加班费等的费用总和。

理论上讲,包装总成本还应该包括回收费用、顾客退购和因产品不适而重新包装的费用。

2. 降低物流包装成本的途径

对于绝大多数商品,只有经过包装才能进入流通。据某项统计,包装费用约占流通费用的10%,甚至有些商品(尤其是生活用品)的包装费用高达50%。因此,降低物流包装费用有着重要的现实意义。主要有以下几种途径:

(1)防止包装过剩,删除不必要包装。防止包装物强度设计过高,如包装材料截面过大,包装方式大大超过强度要求等;包装材料选择过高,如可以用纸板却不用而采用镀锌、镀锡材料等;包装技术过高,包装层次过多,包装体积过大;包装成本过高,一方面可能使包装成本支出大大超过减少损失可能获得的效益,另一方面,包装成本在商品成本中占比过大,损害了消费者的利益。据日本的调查,目前发达国家包装过剩问题严重,过剩比例约在20%以上。

(2)防止包装不足,弥补不足包装。包装强度不足,使包装防护性不足,造成被包装物的损失;包装材料水平不足,会导致由于包装材料选择不当,材料不能很好地承担运输防护及促销作用;包装容器的层次及容积不足,会因包装缺少必要层次或不足所需体积造成损失;包装成本过低,不能保证有效的包装。

(3)新型包装材料和包装器具的开发。利用各种复合技术、包装容器技术大量开发新型包装材料和容器,实现包装物的高功能化,用较少的材料实现多种包装功能。

(4)包装机械化。除可提高劳动生产率、降低包装费用外,还可通过采用机械,减少包装作业所需的员工总数,实现省力化,大大地缩减包装人员的劳动工资费用。

(5)包装的标准化。实现包装规格的标准化,不仅能促进包装工业生产规模化的发展,而且通过规模化生产能使得包装材料的单元消耗下降,使包装成本大幅下降。

(6)包装单位的大型化和集装化。包装的大型化和集装化有利于装卸搬运、保管、运输等过程的机械化,有利于减少单位包装,节约包装材料和包装费用,有利于保护货物。如采用集装箱、集装袋、托盘等集装方式。

(7)采用通用、周转包装。采用通用包装,不用专门安排回收使用,无论在何处,都可转用于其他包装。如按标准模数尺寸制造的瓦楞纸、纸板及木制、塑料制等通用外包装箱。采用周转包装,可多次反复周转使用。如有一定数量规模并有较固定供应流转渠道的产品(饮料、啤酒瓶等)。

(8)包装梯级利用及再生利用。使用过一次的包装物可转作他用或经简单处理后转作他用。如瓦楞纸箱部分损坏后,切成较小的纸板再制小箱,或将纸板用于垫衬。有的包装物在设计时便设计成多用途的,在一次使用完毕之后,可再使用其他功能。

三、物流包装设备管理

1. 物流包装设备的合理使用

设备的合理使用是设备管理中的一个重要环节。正确、合理地使用设备,可以在节省费用的条件下,充分发挥设备的工作效率,减少设备故障率,延长设备的使用寿命。

(1) 根据包装企业的实际情况,合理配备各种类型的设备。包装企业生产的各种设备都具有一定的结构特性和工艺特性。因此,要充分考虑这些特性,结合包装企业各车间不同的生产组织形式,合理、经济地配备好各种类型的设备,并且要随着生产的发展、工艺技术的变化,及时地调整设备之间的比例关系,使之适应生产的需要。

(2) 根据各种设备的具体情况,恰当地安排加工任务和设备的工作负荷。不同的设备,其性能、结构、使用范围、工作条件和动力及其他技术条件是不相同的。为了使各种设备各尽其能,既要严禁设备超负荷运转,又要使设备负荷饱满,充分发挥应有的效益。

(3) 要配备有一定熟练程度的操作者来使用设备。要发挥设备的性能,使之在最佳状态下运转,就要求所配备的操作者必须熟悉并掌握设备的性能、结构、工艺、加工范围和维护保养技术,并且具备"三好"(管好、用好、修好设备)和"四会"(会使用、会保养、会检查、会排除一般故障)的基本功。要按规定实行"三定",即定使用人、定维修人、定使用维护规程;要建立"专责制"和交接班制度,经常保持设备完好。

(4) 建立和健全设备使用的责任制及其他规章制度,是管好用好设备的重要保证。从企业的各级领导、设备管理部门、生产管理部门,到每个操作工人,都要对设备的合理使用负有相应的责任,建立一整套切实可行的岗位责任制和设备管理的规章制度,辅以奖惩办法,严格执行。

(5) 为设备提供良好的工作环境和条件。设备必须有适宜的工作场地,要求整洁、宽敞、明亮;配备必要的保护、安全装置,有些设备还要求有降温、保暖、防潮、通风等装置;配备必要的测量、控制和保险用的仪表仪器等装置;对某些高精类的机器设备,必须配备特殊的工作环境,或建立单独的工作室,配备包括温度、湿度、防尘、防震、防腐蚀等方面的特殊装置。

(6) 重视对设备管理和操作人员的思想教育和培训,提高操作工人的责任心。要经常教育操作工人自觉爱护机器设备,奖励维护保养好设备的模范人物,批评教育那些违章操作者和不爱护机器设备的人。

2. 物流包装设备的维护保养

设备的维护保养是设备在被使用过程中自身运动的客观要求。设备在使用过程中,由于运动、磨损、内部应力等物理、化学变化,会使技术状况不断变化,不可避免地会出现一些不正常的现象,如干摩擦、零件松动、声响异常等,这是设备的隐患。如果不及时处理,就会造成设备的过早磨损,甚至酿成严重的事故。

因此,只有根据设备故障发生规律,做好设备的维护保养工作,及时处理技术状态变化而引起的大量、常见的问题,随时改善设备的使用状况,才能保证设备的正常运转,防患于未然,延长其使用寿命。

设备的维护保养,一般来说,就是要严格地按照操作规程精心使用设备,经常细心观察设备的使用和运转情况,经常擦洗灰尘和油垢,按照规定注油润滑,及时地调整和消除设备的小缺陷、小毛病,紧固松脱的部位等。设备的维护保养工作可归纳为"整齐、清洁、润滑、紧固、调整、防腐、安全"。

3. 包装设备的检修

设备的检查,就是对机器设备的运行情况、技术状况、工作精度、磨损及老化程度等进行检查和校验。检查是设备维护和管理中的一个重要环节。通过检查,可以全面掌握设备技术状况的变化和磨损情况,及时发现和消除设备的缺陷和隐患;针对发现的问题,提出改进设备维护保养工作的措施,有目的、有针对性地做好设备修理前的各项工作,以提高设备的修理质量,缩短修理时间,提高设备完好率,保证设备的长周期安全运转。

设备检查的方法可以分为两类:一类是以简单的目视、耳听、手摸、鼻嗅等直觉方法或用简单的手动工具进行检查,凭直观感受或经验判断设备的技术状况;另一类是使用专业化的检测设备,即运用科学的仪器仪表和科学的方法进行检测,全面准确地掌握设备的磨损、老化、劣化、伤损、腐蚀的部位和程度等情况。在此基础上进行早期预报和追踪,把设备的定期维修改变为有针对性的、比较经济的预防维修。

4. 设备的修理

设备的修理,是修复由于各种原因所引起的设备的损坏,通过修理和更换已经磨损、腐蚀的零部件,使设备的效能得到恢复,延长设备的寿命,防止设备"未老先衰",过早地失去它应有的工作精度和效率。

四、物流包装质量管理

在经济全球化和市场竞争日益激烈的今天,产品质量已成为企业参与市场竞争的焦点。产品质量是衡量企业管理水平的重要尺度,也是企业保持持久竞争力的关键。而物流包装的质量直接关系产品质量、产品流通的安全,关系包装产品的价值和使用价值。因此,包装企业要积极推进质量管理,建立质量保证体系,不断提高质量管理水平,为市场提供更多的品质优良的包装产品。

1. 物流包装质量管理的概述

(1) 包装质量的概念。包装质量是指产品的包装能满足产品流通、销售和消费的需要及其满足程度的属性。包装质量包括内在质量特征(产品的结构、性能、精度和纯度、物理性能、化学成分等)及外在质量特征(产品外观、形状、色泽、手感、气味、光泽度等)。

(2) 物流包装质量管理。物流包装质量管理是对物流包装的产品质量即产品性能、耐用性、可靠性、安全性和经济性等方面进行计划、组织、控制、创新等一系列的管理工作。

2. 包装质量管理发展趋势

随着科学技术的不断进步,人们对包装产品的质量要求越来越高,新管理模式和新生产方式不断出现。现代质量管理技术大致上有以下几种发展趋势,包装企业应积极应对,适时调整,采用新的对策搞好产品质量管理。

(1) 用户的需求多样化。包装产品的生产模式中多品种、小批量将逐渐增加。21世纪的市场是动态多变的,顾客的需求是多种多样的,随之而来的是少品种、大批量生产将会让位于顾客订货的多品种、小批量生产,包装产品的用户需求也将随之发生改变。那些针对少品种、大批量生产的质量管理方法已经不再适用了,包装企业需要大力研究并推广应用并行的、实时的、面向中小批量产品的质量控制理论和技术,通过完善产品设计加强产品质量管理。

(2) 企业全面质量管理的日益深化。全面质量管理强调将质量控制向管理领域扩展,要管理好质量形成的全过程,实现整体性的质量管理。质量管理从局部性管理向全面性、系统性管理发展是生产、技术以及市场发展的必然结果。

在质量控制过程中,包装企业应特别注意提高管理水平,树立起全员质量观念,这是提高质量的根本。最新研究表明,虽然大部分的检验和质量控制活动都是在生产部门进行的,但在所发现的产品质量问题中,有 60%~70% 是直接或间接由于设计、制造和原材料采购等方面的缺陷造成的。因此对产品质量的控制,不仅只是质量检验部门的工作,还应包括采购、设计、工艺、生产、包装和运输等所有部门的参与。

(3) 现代化的信息技术手段逐渐成为产品质量管理的关键。进入 21 世纪后,世界正经历着一场以信息技术为主导的高技术、高智能的产业革命。计算机成为这场革命的代表,它使智力物质化,使知识和智能迅速转变为生产力。商品包装造型设计、结构设计、装潢设计等方面已实现计算机化。将计算机技术引入质量管理和控制中,会对提高产品和服务质量同样产生巨大作用。

(4) 质量成本成为影响产品质量管理水平的关键。从事质量管理和质量控制活动必然会发生相应的费用,带来相应的成本。从质量管理的发展过程来看,包装企业质量管理大致经过质量检验、统计质量控制和全面质量管理等阶段,现已进入计算机辅助质量管理阶段。从中可以看出,包装企业在质量管理中运用的技术和方法是不断发展和完善的,企业在质量管理上的投入也是不断加大的。但增加投入是否会造成质量过剩等问题已日益引起企业关注。为了能够解决质量管理中遇到的问题,包装企业应大力推行质量成本管理,使企业在进行质量管理时平衡质量投入和质量效果的关系,选择恰当的质量管理方法,以较小的质量管理投入生产出符合用户质量要求的产品。

第五节 包装标准化

物流包装标准化是物流管理现代化的重要组成部分,是实现物流管理高效、科学、规范、程序化运作重要手段之一,是保证整个物流系统高度统一、协调运行的有力措施。科学、完整的物流包装标准化应是加强物流标准化管理的重要组成部分。

一、物流包装标准化的基本概念与意义

1. 包装标准与物流包装标准化

包装标准是对包装标志、包装所用材料规格、质量、包装的技术要求、包装件的检验方法等的技术规定。包装标准的完整定义是:为了保障物品在储存、运输和销售中的安全和科学管理的需要,以包装的有关事项为对象所制定的标准。

物流包装标准化是以物流包装为对象,对包装类型、规格、容量、使用材料、包装容器的结构造型、印刷标志、产品的盛放、衬垫、封装方法、名词术语、检验要求等给予统一的政策和技术措施。

2. 物流包装标准化的重要意义

(1) 物流包装标准化是提高物流包装质量的技术保证。任何一个标准和规范都是从实践经验和科学研究中总结和制定出来的,代表着当前较为先进的水平。因此,物流包装质量的好坏与标准化的实施有着密切关系。

(2) 物流包装标准化是供应链管理中核心企业与节点企业及节点企业之间无缝链接的基础。物流包装标准化是供应链管理中从供应商的供应商到顾客的顾客整个供应链无缝链接、快速反应、适时、适量、适品、适地的准时供应的基础。

(3) 物流包装标准化是企业之间横向联合的纽带。随着科学技术的发展,生产的社会化、规模化及技术要求越来越高,生产协作越来越广泛。物流包装涉及储存、运输、装卸搬运、配送等各物流环节,这就要通过标准化将生产部门及流通环节有机联系起来,以保证物流过程高效率、低成本运行。

(4) 物流包装标准化是合理利用资源和原料的有效手段。标准化的主要特征之一就是重复性,标准化的重要功能就是对重复发生的事物尽量减少或消除不必要的劳动耗费,并促使以往的劳动成果重复利用。物流包装标准化有利于合理利用包装材料和包装制品的回收利用。

(5) 物流包装标准化可提高包装制品的生产效率。实现统一的物流包装标准,可以将零星、分散的小批量生产集中为大批量、机械化、连续化生产,从而提高包装制品的生产效率。同时,统一的物流包装标准可避免生产商对包装形式、规格、标志、图案和质量各行其是,造成大量人力、物力的浪费。

(6) 物流包装标准化有利于促进国际贸易的发展,增强市场竞争能力。我国加入 WTO (World Trade Organization,世界贸易组织)后,物流包装标准化已成为国际贸易的组成部分。只有实行与国际标准化相一致的标准,才能实现高效率的国际物流,降低损耗及运输费用,提高运输效率,进而提升产品在国际市场上的竞争能力。

(7) 物流包装标准化便于识别和计量,简化包装容器规格,统一包装容量,明确包装标志,便于商品在物流过程中识别和分类;同时,每一包装单位的容量和质量相同,可以方便商品计量和检验。

二、物流包装标准化的主要内容

国际上与包装相关的 ISO(International Organization for Standardization,国际标准化组织)技术委员会制定的包装标准主要包括各种包装材料、包装容器、试验方法、包装托盘、集装箱等,这些标准分散在各 ISO 相关技术委员会的文件中。ISO/TC 122 包装国际标准主要是一些通用基础标准,涉及运输包装件的检验、标志、尺寸以及包装袋尺寸规格的基本要求和术语等。而各种包装材料、容器、制品、试验方法和产品包装等专业标准由其他专业委员会制定,ISO/TC 122 参与相应的协调工作。物流包装标准化的内容主要有以下几点。

1. 包装尺寸标准化

在标准尺寸中,运输包装件规格标准化是非常重要的一方面。运输包装件规格标准化是通过包装尺寸以及与货物流通有关的一切空间尺寸的规格化,来提高物流效率。包装规格标准化是科学管理的组成部分,是组织现代化流通的重要手段。它可以改进包装容器的生产,提高运输效率,改善商业经营方式。

早在1960年,欧洲包装联合会就决定采用包装标准尺寸。这个标准尺寸是以欧洲托盘尺寸(800mm×1200mm)为基础的,同时也符合ISO的标准托盘尺寸(800mm×1000mm, 1000mm×1200mm)。

2. 包装标志、代码标准化

商品运输包装标志是指在运输包装外部制作的特定记号或说明。包装好的货物只有依靠标志,才能进入现代物流而成为现代运输包装。物质流动要经过多环节、多层次的运输和中转,要完成各种交接,这就需要依靠标志来识别货物。包装货物通常为密闭容器,经手人很难了解内装物是什么。而内装产品性质不同,形态不一,轻重有别,体积各异,保护要求就不一样,这就需要通过标志来了解内装产品,以便正确有效地进行装卸、运输、储存等。运输包装标志主要是赋予运输包装件以传达功能,识别货物,实现货物的收发管理,明示物流中应采用的防护措施,识别危险货物,暗示应采用的防护措施,以保证物流安全。

商品运输包装标志,即是用图形或者文字(文字说明、字母标记或阿拉伯数字),在货物运输包装上制作的特定记号和说明事项。运输包装标志可使货物与运输文件相互对照起来,区别不同批的货物,知道货物运输的目的地、收货人、发货人以及转运地点、注意事项、质量、体积。运输包装标志包括危险货物包装标志、收发货标志及储运图示标志。

《危险货物包装标志》(GB 190—2009)用图形或文字规定了货物的危险特性,以及在运输包装上加以特别说明的图示标志,其目的是在运输、储存过程中引起人们的警惕,以便采取防护措施,保证作业者的操作安全,严防发生事故。它规定了危险货物包装图示标志的种类、名称、尺寸及颜色等,适用于危险货物的运输包装。危险货物包装标志的图形共21种,19个名称(其中爆炸品1个名称3种图形标志),其图形分别标示了9类危险货物的主要特性,危险货物分类参见《危险货物分类和品名编号》(GB 6944—2012)。《乘客及货物类型、包装类型和包装材料类型代码》(GB/T 16472—2013)规定了在与国际贸易有关的贸易、运输和其他经济活动中使用的乘客、货物类型、包装类型和包装材料类型的数字代码表示,适用于从事国际贸易的参与方之间采用自动交换方式进行的数据交换,以及其他应用的参与方之间进行的数据交换,也适用于人工系统。

3. 包装技术与方法标准化

包装保护技术主要有防震保护技术、防锈包装技术、防霉腐包装技术、防潮包装技术、防虫害包装技术、危险品包装技术等。因为包装技术多种多样,所以包装技术标准对主要的包装等级、包装要求、包装注意事项、包装规范等作了规定,以此作为质量控制的准则。

托盘包装主要用于包装件组合码放在托盘上,加上适当的捆扎和裹包,以便利用机械装卸和运输。《托盘单元货载》(GB/T 16470—2008)规定了托盘单元货载的基本要求、堆码方式和要求、固定方法、防护加固附件和试验方法等内容,适用于可选用托盘单元货载的各类货物的运输包装。

应根据货物的特点和储运条件、托盘上装载货物的质量和托盘尺寸,合理确定货物在托盘上的码放方式。托盘单元货载的尺寸应符合《包装 单元货物尺寸》(GB/T 15233—2008)、《运输包装件尺寸与质量界限》(GB/T 16471—2008)的规定。托盘承载表面积的利用率一般不应低于80%。

第六章 流通加工系统

流通加工是发生在流通领域的生产活动,也称物流加工。

流通加工可以增加运输、仓储、配送等活动对象的附加价值,同时也提高物流活动本身的价值,使用户获得价值增值。随着用户需求不断多样化和个性化,流通加工已成为物流功能体系中不可缺少的组成部分。

第一节 流通加工的意义和作用

一、流通加工的概述

从生产领域看,流通加工是商品制造活动在流通领域的延伸,是向顾客提供多样化、个性化产品,适应市场发展变化的有效措施;同时,流通加工扩展了物流企业的经营业务,具有广阔的发展前景,必将对流通领域带来巨大的社会和经济效益。

1. 流通加工的概念

根据《物流术语》(GB/T 18354—2006),流通加工(Distribution processing)指物品在从生产地到使用地的过程中,根据需要施加包装、分割、计量、分拣、刷标志、贴标签、组装等简单作业的总称。流通加工是某些原料或产品从供应领域向生产领域,或从生产领域向消费领域流动过程中,为了有效利用资源、更好地满足用户的个性化需求,提高物流效率和促进销售,在流通领域对产品进行的再加工。简而言之,在流通过程中辅助性的加工活动称为流通加工。流通加工示意图如图6-1所示。

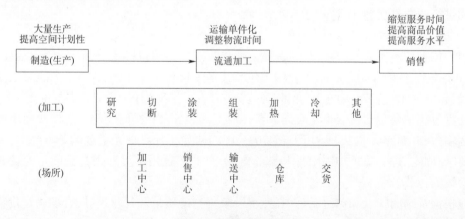

图6-1 流通加工示意图

流通与加工属于不同范畴。加工是改变物质的形状和性质,形成一定产品的活动,而流通则是改变物质的空间状态与时间状态。流通加工是为了弥补生产过程加工不足,更有效地满足用户或本企业的需要,使产需方更好地衔接,将这些加工活动放在物流过程中完成,使其成为物流的一个组成部分。因此,流通加工是生产加工在流通领域中的延伸,也是流通领域在职能方面的服务扩大。其关系如图6-2所示。

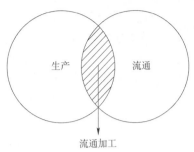

图6-2 流通加工关系图

2. 流通加工的特点

相对于生产加工而言,流通加工有以下特点:

(1)流通加工的目的主要是方便流通、运输、储存、销售和物资充分利用,更好地满足用户的多样化需求,降低物流成本,提高物流质量和效率;而生产加工的目的则是在于创造物资的使用价值,使它们成为人们所需要的商品。

(2)流通加工的对象主要是进入流通领域中的商品,具有商品的属性;而生产加工的对象不是最终产品,而是原材料、零配件及半成品。

(3)流通加工多是简单加工或作业,主要是解包分包、裁剪分割、组配集合、废物再生利用等,是为更好地满足需求对生产加工的一种补充;而生产加工一般是复杂加工。

(4)流通加工是由从事物流活动的物流经营者组织的加工活动;而生产加工则多由生产企业完成。

二、流通加工的意义

流通加工是流通服务与现代生产发展相结合的产物,其具有如下意义。

1. 流通加工有效地完善了流通

流通加工在实现时间、场所两个重要效用方面,确实不能与运输和仓储相比,因此,不能认为流通加工是物流的主要功能要素。流通加工的普遍性也不能与运输、储存相比,因为流通加工不是所有物流中必然出现的。但这绝不是说流通加工不重要,实际上它也是不可轻视的,是起着补充、完善、提高、增强作用的功能要素,它能起到运输、仓储等其他功能要素无法起到的作用。所以,流通加工可以描述为是提高物流水平、促进流通向现代化发展的不可缺少的形态。

2. 流通加工是物流中的重要利润来源

流通加工是一种低投入、高产出的加工方式,通常以简单的加工解决大问题。与运输、仓储等物流环节的衔接作用不同,流通加工不是维持商品的原有形态,而是要改变或完善商品的形态,同时在一定程度上提升商品的附加价值,成为商品的利润增长点;同时流通加工可以综合用户的需求,采取集中下料,合理套裁,提高原料利用率,做到最大程度的"物尽其用",节约大量原材料。实践证明,有的流通加工通过改变装潢使商品档次跃升而充分实现其价值,有的流通加工可以将原料利用率提高20%~50%,这是采取一般方法提高生产率所难以实现的。根据我国近些年的实践,流通加工仅就向流通企业提供利润这一点,其成效并不亚于从运输和仓储中挖掘的利润,是物流中的重要利润来源。

3. 拓展各种加工形式,适应多样化的客户需求,提高客户的整体服务水平

传统流通加工的主要活动包括简单的组装、剪切、套裁、贴标签、刷标志、分装、检量、弯管、打工等加工作业,这些作业活动多在配送中心、仓库等物流场所进行。但是在新经济时

代,因社会商品极大丰富,买方市场矛盾突出,消费者要求多样化、个性化,集中式的大批量生产与分散的个性化的消费需求之间矛盾越来越突出。为适应消费者的需要,传统的物流服务必须进行扩展,比如运输企业增加了冷藏运输车辆,形成一体化的冷链流通;进口衣料的染色、刺绣、机器检验、组装等多种流通加工服务。因此,以流通加工为纽带,连接生产者和消费者,对于适应多样化的客户需求及提高客户的服务水平具有重要意义。

4. 流通加工在国民经济中是重要的加工形式

在整个国民经济的组织和运行方面,流通加工是其中一种重要的加工形态,对推动国民经济的发展及完善国民经济的产业结构和生产分工有一定的意义。

三、流通加工的作用

流通加工活动是一项具有广阔前景的经营形式,它必将为流通领域带来巨大的社会效益。具体来说,流通加工的作用表现以下几个方面。

1. 弥补生产加工的不足

现代生产发展的一个趋势,就是生产规模大型化、专业化,依靠单品种、大批量的生产方法,降低生产成本,获取经济的高效益。这样就出现了生产相对集中的趋势,这种规模大型化、专业化程度越高,生产相对集中的程度也越高。生产的集中化进一步引起产需间的分离。由于社会生产的高度社会化、专业化,生产环节的各种加工活动往往不能完全满足消费者的要求。

生产资料产品的品种成千上万,型号极其复杂,要完全做到产品统一标准化亦是一个极为困难的问题。有的生产者及消费者,不是处于一个封闭圈内,某些企业生产的产品供给成千上万的企业消费,而某些企业消费的产品又来自其他许多生产企业。产品的生产企业多,分布面广,同时生产企业技术水平高低又千差万别,这无疑给产品的供给与消费之间留下一个是否能适应的问题。社会需求的复杂化,不可能使产品的生产部门完全满足用户在规格、品种、型号上的需要。在从批发到零售的环节中,更是经常碰到这个问题。而流通部门凭借其对生产领域的物资供应情况和消费领域的物资需求情况的了解,为从事流通加工创造了条件。因此,要弥补生产环节加工活动的不足,流通加工是一种理想的方式。

2. 便于流通

流通加工环节方便流通,包括方便运输、方便储存、方便销售、方便用户。例如流通加工中的集中下料,是将生产企业直接运来的整包装、标准化产品,分割成适合用户需要的规格、尺寸或包装的物品;薄板厂生产出来的薄板,60t 一卷,运输、吊装、储存都非常方便,运到金属公司销售给用户时,有的用户只买几米,为了方便销售、方便用户,就需要金属公司用切板机将钢板切割、裁剪成适合用户需要的形状尺寸,用户买回去就可以直接使用,因此钢板裁剪这种流通加工就起到了方便流通、方便运输、方便储存、方便销售、方便用户的作用。其他如钢筋或圆钢裁制成毛坯、木材锯板等都具有这样的作用。

3. 不仅提高了生产效益,还提高了流通效益

由于采用流通加工,生产企业可以进行标准化、整包装生产,这样做可以适应大生产的特点,提高生产效率,节省包装费用和运输费用,降低成本;流通企业可以促进销售,增加销售收入,也提高了流通效益。

4. 进行初级加工，不但方便了用户，还降低了用户成本

用量小或临时需要的使用单位，缺乏进行高效率初级加工的能力，依靠流通加工可以使使用单位省去进行初级加工的投资、设备及人力，从而搞活供应，在方便用户的同时，降低了成本。目前发展较快的初级加工有：将水泥加工成生混凝土，将原木或板方材加工成门窗，冷拉钢筋及冲制异型零件，钢板预处理、整形、打孔等。

5. 提高加工效率及设备利用率

建立集中加工点，可以采用效率高、技术先进、加工量大的专门机具和设备。这样做的好处一是提高了加工质量；二是提高了设备利用率；三是提高了加工效率。其结果是降低了加工费用及原材料成本。例如，一般的使用部门在对钢板下料时，采用气割的方法留出较大的加工余量，不但出材率低，而且由于热加工容易改变钢的组织，加工质量也不好。集中加工后，可设置高效率的剪切设备，在一定程度上可避免出现上述缺点。

6. 充分发挥各种输送手段的最高效率

流通加工环节将实物的流通分成两个阶段。一般来说，由于流通加工环节设置在消费地，因此，从生产厂到流通加工这第一阶段输送距离长，而从流通加工到消费环节的第二阶段距离短。第一阶段是在数量有限的生产厂与流通加工点之间进行定点、直达、大批量的远距离输送，因此可以采用船舶、火车等大量输送的手段。第二阶段则是利用汽车和其他小型车辆来输送经过流通加工后的多规格、小批量、多用户的产品。这样可以充分发挥各种输送手段的最高效率，加快输送速度，节省运力及运费。

7. 可实现废物再生，物资充分利用、综合利用，提高物资利用率

利用流通加工环节进行集中下料，例如将钢板进行剪板、切裁；把钢筋或圆钢裁制成毛坯；将木材加工成各种长度及大小的板、方等。集中下料可以优材优用、小材大用、合理套裁，有很好的技术经济效果。北京、济南、丹东等城市通过对平板玻璃进行流通加工（集中裁制、开片供应），使玻璃利用率从60%左右提高到85%～95%。木屑压制成木板、边角废料改制等流通加工都可以实现废物再生利用，提高物资的利用率。

8. 改变功能，增加商品价值，提高收益

在流通过程中进行一些改变产品某些功能的简单加工，除上述几点作用外，还可提高产品销售的经济效益。例如，我国许多制成品（如洋娃娃玩具、时装、轻工纺织产品、工艺美术品等）在深圳进行简单的装潢加工，改变了产品的外观，仅此一项就可使产品售价提高20%以上。因此，在物流领域中，流通加工可以成为高附加价值的活动。这种高附加价值的形成，主要着眼于满足用户的需要，是提高服务功能获得的，是贯彻物流战略思想的表现，是一种低投入、高产出的加工形式。

第二节 流通加工的内容和组织

一、流通加工的内容

流通加工由于具有不同的目的和作用，因而加工的形式也是多种多样的。就目前来说，主要有以下几个方面的内容。

1. 为弥补生产领域加工不足进行的深加工

有许多产品在生产领域的加工只能到一定程度,这是由于许多因素限制了生产领域不能完全实现终极的加工。例如钢铁厂的大规模生产只能按标准规定的规格进行,以使产品有较强的通用性、使生产具有较高的效率和效益;木材如果在产地完成成材制品、成木制品,就会给运输造成极大困难,所以原生产领域只能加工到圆木、板方材这个程度,进一步的下料、切裁、处理等加工则由流通加工完成。

这种流通加工实际是生产的延续,是生产加工的深化,对弥补生产领域加工不足有重要意义。

2. 为满足需求多样化进行的服务性加工

从需求角度看,需求存在着多样和多变两个特点。为满足这种要求,经常是用户自己设置加工环节。例如,生产消费型用户的再生产往往从原材料的初级处理开始。

就用户来讲,现代生产的要求是生产型用户能尽量减少流程、尽量集中力量从事较复杂的技术性较强的劳动,而不愿意将大量初级加工包揽下来。这种初级加工带有服务性,由流通加工来完成,生产型用户便可以缩短自己的生产流程,使生产技术密集程度提高。

对一般消费者而言,则可省去烦琐的预处置工作,而集中精力从事能直接满足需求的较高级劳动。

3. 为保护产品进行的加工

在物流过程中,直到用户投入使用前都存在对产品的保护问题,防止产品在运输、储存、装卸、搬运、包装等过程中遭到损失,保障使用价值顺利地实现。和前两种加工不同,这种加工并不改变进入流通领域"物"的外形及性质。这种加工主要采取稳固、改装、冷冻、保鲜、涂油等方式。根据加工的对象不同,这种加工形式可表现为生活消费品的流通加工和生产资料的流通加工。生活消费品的流通加工是为了使生活资料消费者的消费对象在质量上保持满意,如水产品、蛋类、肉类等要求的保鲜、保质的冷冻加工、防腐加工、保鲜加工;丝、麻、棉织品的防虫加工、防霉加工等。与生活资料相比,生产资料一般有较长的时间效能,但随时间的推移,生产资料的使用价值也会不同程度地受到损坏,有的甚至会完全失去使用价值。为了使生产资料使用价值的下降幅度最小,与其相应的流通加工也是完全必要的。如为防止金属材料锈蚀而进行的喷漆、涂防锈油等措施和手段,运用手工、机械或化学方法除锈;木材的防腐、防干裂加工等。

4. 为提高物流效率、方便物流进行的加工

有一些产品本身的形态使之难以进行物流操作,如鲜鱼的装卸、储存;过大设备搬运、装卸困难;气状物体运输、装卸困难等。通过流通加工,可以使物流各环节易于操作,例如自行车在消费地区的装配加工可以防止整车运输的低效率和高损失;造纸用木材磨成木屑的流通加工可极大地提高运输工具的装载效率;集中煅烧熟料,分散磨制水泥的流通加工,可有效地防止水泥的运输损失,降低包装费用,也可提高运输效率;石油气的液化加工,可使难以输送的气态物转变为容易输送的液态物,从而提高物流效率、方便用户使用等。这种加工往往改变"物"的物理状态,但不改变其化学特性,并且最终仍能恢复原物理状态。

5. 为促进销售进行的流通加工

流通加工可以从若干方面起到促进销售的作用。如将过大包装或散装物(这是提高物

流效率所要求的)分装成适合一次销售的小包装的分装加工;将原以保护产品为主的运输包装改换成以促进销售为主的装潢性包装,以起到吸引消费者、指导消费的作用;将零配件组装成用具、车辆以便于直接销售;将蔬菜、肉类洗净切块以满足消费者要求等。这种流通加工可以是不改变"物"的本体,只进行简单改装的加工,也有许多是组装、分块等深加工。

6. 为提高加工效率进行的流通加工

许多生产企业的初级加工数量有限且加工效率不高,同时也难以投入先进的技术。流通加工以集中加工形式进行,可解决单个企业加工效率不高的问题。以一家流通加工企业代替若干生产企业的初级加工工序,可以促使生产水平有一定程度的提高。

7. 为提高原材料利用率进行的流通加工

流通加工利用其综合性强、用户多的特点,可以实行合理规划、合理套裁、集中下料、综合利用剩余料等方法,以有效地提高原材料利用率、减少损失浪费、节约物资资源。对废旧物资进行回收、翻新、修复、再生产使用,能充分利用废旧物资的残存剩余价值,也可以减少用户在生产建设上的支出。

利用在流通领域的集中加工代替分散在各使用部门的分别加工,可以大大地提高物资的利用率,具有明显的经济效益。集中加工形式可以减少原材料的消耗,提高加工质量。同时,对于加工后的副产品还可以使其得到充分利用。例如对于钢材可充分进行合理下料、搭配套裁、减少边角余料,从而达到提高原材料利用率、加工效率和节省加工费用的目的。

8. 衔接不同运输方式,使物流合理化的流通加工

在干线运输及支线运输的结点设置流通加工环节,可以有效解决大批量、低成本、长距离干线运输多品种、少批量、多批次末端运输和集货运输之间的衔接问题,既能在流通加工点与大生产企业间形成大批量、定点运输的渠道,又可以流通加工中心为核心,组织对多用户的配送,还可在流通加工点将运输包装转换为销售包装,从而有效衔接不同目的的运输方式。

9. 以提高经济效益、追求企业利润为目的的流通加工

流通加工的一系列优点,可以形成一种"利润中心"的经营形态,这种类型的流通加工是经营的一环,在满足生产和消费要求的基础上取得利润,同时在市场和利润引导下使流通加工在各个领域中能有效地发展。

10. 生产流通一体化的流通加工

依靠生产企业与流通企业的联合,或者生产企业涉足流通,或者普通企业涉足生产,形成的对生产与流通加工进行合理分工、合理规划、治理组织,统筹进行生产与流通加工的安排,这就是生产流通一体化的流通加工形式。这种形式可以促成产品结构及产业结构的调整,充分发挥企业集团的经济技术优势,是目前流通加工领域的新形式。

二、流通加工的组织

组织流通加工的方法与组织运输、分配、交易等方法区别很大,很多方面类似生产组织和管理。因此,流通加工的管理需要特殊的组织和安排,几项主要的管理工作如下。

1. 流通加工的投资管理

流通加工具有很多优越性,但是,任何事物都有其两面性,由于流通加工是在产需之间

增加了一个中间环节,所以它延长了商品的流通时间,增加了商品的生产成本,存在着许多降低经营效益的因素。因此,设置流通加工点,从事流通加工业务,必须进行可行性分析。分析包括以下内容:

(1)设置流通加工点的必要性。流通加工是对生产加工的辅助和补充。是否需要这种补充,主要取决于两个因素:一是生产厂对某种产品的生产加工程度是否可直接满足用户需要;二是用户对某种产品是否有在流通领域进一步加工的要求。如果生产厂的产成品可以直接满足用户的消费需求,就没有必要进行流通加工;若生产厂的产成品虽然不能直接进入消费,但用户自己有进行再加工的能力,那么也没有必要进行流通加工。只有生产厂的产成品不能直接进入消费、用户又没有进一步加工能力时,流通加工才成为必要。当然,有时从社会效益和经济效益考虑,为了节约原材料、节约能源、组织合理运输,设置流通加工环节也是必要的。

(2)设置流通加工环节的经济性。流通加工一般都是比较简单的加工,在技术上不会存在太大的问题,投资建设时重点要考虑的是经济上是否合理。流通加工的经济效益,主要取决于加工量的大小、加工设备和生产人员是否能充分发挥作用。如果流通加工任务饱满,生产连续进行,加工能力得到充分利用,就会产生效益;否则,如果任务量很小,生产时续时断,加工能力经常处于闲置状态,就可能出现亏损。所以加工量预测结果是是否设置流通加工点投资决策的主要依据。此外,还要分析流通加工项目的发展前景,如果发展前景良好、近期效益不理想也是可以接受的。

(3)投资决策和经济效果评价。流通加工项目的投资决策主要使用净现值法,其经济效果评价主要考虑投资回收期和投资收益率两项指标。

2. 流通加工的生产管理

根据流通加工业务的特点,必须加强对它的生产管理。对流通加工的生产管理是指对流通加工生产全过程的计划、组织、协调与控制,包括生产计划的制订,生产任务的下达,人力、物力的组织与协调,生产进度的控制等。在生产管理中特别要加强生产的计划管理,提高生产的均衡性和连续性,允许发挥生产能力,提高生产效率。要制定科学的生产工艺流程和加工操作规程,实现加工过程的程序化和规范化。对于集中下料类型的流通加工,应重视对原材料有效利用的管理,不断提高材料的利用率。

3. 流通加工的质量管理

流通加工的质量管理,应是全员参加的、对流通加工全过程和全方位的质量管理,它包括对加工产品质量和服务质量的管理。加工后的产品的外观质量和内在质量都应符合有关标准。有些加工后的产品没有国家和部颁标准,其质量要求主要是满足用户需求。但是,由于各用户的需求不一,质量宽严程度也就不同,所以要求流通加工必须能进行灵活的柔性生产,以满足不同用户对质量的不同要求。

流通加工除应满足用户对加工质量的要求以外,还应满足用户对品种、规格、数量、包装、交货期、运输等方面的服务要求。对产品的流通加工绝不能违背用户的意愿,由加工单位自作主张,脱离用户的生产实际,这样对用户不仅无益反而有害。流通加工的服务质量,只能根据用户的满意程度进行评价。

此外,全面质量管理中采取的工序控制、产品质量监测岗、各种质量控制图表等,也是可以采用的。

4. 流通加工的技术经济指标

衡量流通加工可行性,对流通加工环节进行有效的管理,可考虑采用以下两类指标:

(1)流通加工建设项目可行性指标。如上文所述,流通加工仅是一种补充性加工,规模、投资都必然远低于一般生产性企业,其投资特点是:投资额较低、投资时间短、建设周期短、投资回收速度快且投资收益较大。因此,投资可行性分析可采用静态分析法。

(2)流通加工环节日常管理指标。由于流通加工具有特殊性,故不能全部搬用考核一般企业的指标。例如,在8项技术经济指标中,对流通加工较为重要的是劳动生产率、成本及利润指标。此外,还有反映流通加工特殊性的指标。

①增值指标:指经流通加工后,单位产品的增值程度,以百分率计,计算公式如下:

$$增值率 = \frac{产品加工后价值 - 产品加工前价值}{产品加工前价值} \times 100\% \qquad (6-1)$$

增值指标可以帮助管理人员判断投产后流通加工环节的价值变化情况,并以此观察流通加工的寿命周期位置,是为决策人提供是否继续实行流通加工的依据。

②品种规格增加量及增加率:反映某些流通加工方式在满足用户、衔接产需方面的成就。增加额以加工后品种、规格数量与加工前之差决定。增加率的计算公式如下:

$$品种规格增加率 = \frac{品种规格增加量}{加工前品种规格} \times 100\% \qquad (6-2)$$

③资源增加量指标:反映某些类型流通加工在增加材料利用率、出材率方面的效果指标。该指标不但可提供证实流通加工的重要性数据,而且可具体用于计算微观及宏观经济效益。其具体指标分新增出材率和利用率两项:

$$新增出材率 = 加工后出材率 - 原出材率 \qquad (6-3)$$

$$新增利用率 = 加工后利用率 - 原利用率 \qquad (6-4)$$

第三节 流通加工的方法和技术

一、建筑材料的流通加工方法与技术

1. 水泥熟料的流通加工

在需要长途运入水泥的地区,变运入成品水泥为调进熟料这种半成品,在该地区的流通加工点(磨细工厂)磨细,并根据当地资源和需要的情况掺入混合材料及外加剂,制成不同品种及标号的水泥,供应给当地用户,这是水泥流通加工的重要方法之一。在国外,采用这种物流形式已占有一定的比例。

在需要经过长距离输送供应的情况下,以熟料形态代替传统的粉状水泥有很多优点:

(1)可以大大降低运费、节省运力。调运普通水泥和矿渣水泥约有30%以上的运力消耗在运输矿渣及其他各种加入物上。在我国,水泥需用量较大的地区,工业基础都比较好,当地又有大量工业废渣,如果在使用地区对熟料进行粉碎,可以根据当地的资源条件选择混合材料的种类,这样就节约了消耗在混合材料的运力和运费。同时,水泥运输的吨位也大大

减少,有利于缓和铁路运输的紧张状态。

(2)可按照当地的实际需要大量掺加混合材料,生产廉价的低标号水泥,发展低标号水泥的品种,在现有生产能力的基础上更大限度地满足需要。我国大、中型水泥厂生产的水泥,平均标号逐年提高,但是目前我国使用水泥的部门大量需要较低标号的水泥。然而,大部分施工部门没有在现场加入混合材料来降低水泥标号的技术力量和设备,因此,不得已使用标号较高的水泥,这是很大的浪费。如果以熟料为长距离输送的形态,在使用地区加工粉碎,就可以按实际需要生产各种标号的水泥,尤其可以大量生产低标号水泥,减少水泥长距离输送的数量。

(3)容易以较低的成本实现大批量、高效率的输送。从国家的整体利益来看,在铁路输送中,利用率比较低的输送方式显然不是发展方向。如果采用输送熟料的流通加工形式,既可以充分利用站、场、仓库现有的装卸设备,又可以利用普通车皮装运,比散装水泥方式具有更好的技术经济效果,更适合我国国情。

(4)可以在很大程度上降低水泥的输送损失。水泥的水硬性是在充分磨细之后才表现出来的,而未磨细的熟料抗潮湿的稳定性很强。所以,输送熟料也可以基本防止由于受潮而造成的损失。此外,颗粒状的熟料也不像粉状水泥那样易于散失。

(5)能更好地衔接产需、方便用户。从物资管理的角度看,如果长距离输送是定点直达的渠道,则对于加强计划性、简化手续、保证供应等方面都有利。采用长途输送熟料的方式,水泥厂就可以和有限的熟料粉碎工厂之间形成固定的直达渠道,实现经济效果较好的物资流动。水泥的用户也可以不出本地区,直接向当地的熟料粉碎工厂订货,因而更容易沟通产需关系,具有明显的优越性。

2. 商品混凝土的流通加工

改变以粉状水泥供给用户、由用户在建筑工地现制现拌混凝土的使用方法,而将粉状水泥输送到使用地区的流通加工点(集中搅拌混凝土工厂或生混凝土工厂),在那里搅拌成生混凝土,然后供给各个工厂或小型构件厂使用,这是商品混凝土流通加工的一种主要方法,具有很好的技术经济效果,受到了发达国家的普遍重视。目前我国也在大力推广这种方式。这种流通加工方式的主要优点如下:

(1)将水泥的使用从小规模的分散形态改变为大规模的集中加工形态,因此,可以充分应用现代化的科学技术组织现代化的大生产;可以发挥现代设备和现代管理方法的优势,大幅提高生产效率和混凝土质量。

集中搅拌,可以采取准确的计量手段和选择最佳的工艺;可以综合考虑外加剂、混合材料的影响,根据不同需要使用大量混合材料,拌制不同性能的混凝土,有效控制骨料质量和混凝土的离散程度,可以在提高混凝土质量、节约水泥、提高生产率等方面获益,具有大生产的所有优点。例如,制造每立方米混凝土的水泥使用量,采用集中搅拌一般能比采用分散搅拌减少 20~30kg。

(2)与分散搅拌比较,在相同的生产能力下,集中搅拌的设备在吨位、设备投资、管理费用、人力及电力消耗等方面都能大幅降低。由于生产量大,可以采取措施回收使用废水,防止各分散搅拌点排放洗机废水造成的污染,有利于环境保护。由于设备固定不动,还可以避免经常拆建所造成的设备损坏,延长设备寿命。

(3)采用集中搅拌的流通加工方式,可以提高混凝土物流的合理化程度。这是因为在集中搅拌站与水泥厂之间可以形成固定的供应渠道,这些渠道的数目远少于分散使用水泥的渠道数目,在这些有限的供应渠道之间就容易采用高效率、大批量的输送形态,有利于提高水泥的散装率。在集中搅拌场所内,还可以附设熟料粉碎设备,直接使用熟料,实现熟料粉碎及拌制混凝土两种流通加工形式的结合。

此外,采用集中搅拌混凝土的方式也有利于新技术的推广应用,并且可以简化工地材料的管理、节约施工用地。

二、煤炭及其他燃料的流通加工方法与技术

1. 除矸加工

这是以提高煤炭纯度为目的的加工方式。一般煤炭中混入的矸石有一定发热量,混入一些矸石是允许的,也是较经济的。但是,有时则不允许在煤炭中混入矸石。在运力十分紧张的地区,为了多运"纯物质"、少运矸石,以充分利用运力、降低成本,可以采用除矸的流通加工方式排除矸石。

2. 为管道输送煤浆进行的煤浆加工

煤炭的运输主要采用运输工具载运方法,运输中损失较大,且容易发生火灾。管道运输是近代兴起的一种先进技术。目前,国内采用这种方式的技术已经达到国际一流水平,并且在沿海一些省市得到了较好的推广,经济效益明显。

在流通的起始环节将煤炭磨成细粉,本身便有了一定的流动性,再用水调和成浆状则具备了流动性,可以像其他液体一样进行管道输送。这种方式不与现有运输系统争夺运力,输送连续、稳定而且快速,是一种经济的运输方法。

3. 配煤加工

在使用地区设置集中加工点,将各种煤以及一些其他发热物质按不同配方进行掺配加工,生产出各种不同发热量的燃料,这种加工称为配煤加工。配煤加工可以按需要发热量生产和供应燃料,避免热能浪费、"大材小用"的情况;也可以防止发热量过小而无法满足使用要求。工业用煤经过配煤加工还可以起到便于计量控制、稳定生产过程的作用,在经济及技术上都有价值。

4. 天然气、石油气等气体的液化加工

由于气体输送、保存都比较困难,天然气及石油气通常只好就地使用,如果当地资源充足而使用不完会导致就地燃烧,造成浪费和污染。两气的输送可以采用管道,但因投资大、输送距离有限也受到制约。在产出地将天然气或石油气压缩到气液临界压力之上,使之由气体变成液体,就可以采用容器装运,使用时机动性也较强。这是目前采用较多的方式。

三、各种板制材料的流通加工方法与技术

1. 平板玻璃的流通加工

平板玻璃的"集中套裁,开片供应"是重要的流通加工方式,这种方式按用户提供的图纸对平板玻璃套裁开片,向用户供应成品,用户可以将其直接安装到采光面上。在此基础上也可逐渐形成从工厂到套裁中心稳定的、高效率的、大规模的平板玻璃"干线输送",以及从套

裁中心到用户的小批量、多户头的"二次输送"。这种方式的好处如下：

(1) 平板玻璃的利用率可由不实行套裁时的62%~65%提高到90%以上。

(2) 可以促进平板玻璃包装方式的改革。从工厂向套裁中心运输平板玻璃，如果形成固定渠道便可以搞大规模集装，不仅可节约大量包装用木材，还可防止流通中大量破损。

(3) 套裁中心按用户需要裁制，有利于玻璃生产厂简化规格，做单品种、大批量生产。这不仅能提高工厂生产率，还可以简化工厂切裁、包装等工序，使工厂能集中力量解决生产问题。

(4) 可解决废料现场切裁玻璃劳动强度大、废料也难于处理的问题。通过集中套裁可以广泛采用专用设备进行裁制，废玻璃相对数量少且易于集中处理。

(5) 能够增强服务功能，尤其对没有玻璃切裁能力的零散用户，这是重要的服务方式。

2. 木材的流通加工

(1) 磨制木屑、压缩输送。这是一种为了实现流通的加工。木材是低密度的物资，在运输时占有相当大的体积，通常使车船满装但不能满载，同时，装车、捆扎也比较困难。从林区外送的原木中有相当一部分是造纸材，如美国采取在林木生产地就地将原木磨成木屑，然后采取压缩方法使之成为密度较大、容易装运的形状，之后运至靠近消费地的造纸厂，取得了较好的效果。根据美国的经验，采取这种方法比直接运送原木节约一半的运费。

(2) 集中开木下料。在流通加工点将原木锯截成各种规格料，同时将碎木、碎屑集中加工成各种规格板，甚至还可以进行打眼、凿孔等初级加工。过去用户直接使用原木不仅加工复杂、加工场地大、加工设备多，更严重的是资源浪费大，木材平均利用率不到50%，平均出材率不到40%。实行集中下料按用户要求供应规格料，可以使原木利用率提高到95%，出材率提高到72%左右，有相当大的经济效益。

3. 钢板剪板及下料加工

热轧钢板和钢带、热轧厚钢板等板材最大交货长度常可达7~12m，还有的是成卷交货。对于使用钢板的用户来说，大、中型企业由于消耗批量大，可设专门的剪板及下料加工设备，按生产需要进行剪板、下料加工。但是，对于使用量不大的企业和多数中、小型企业来讲，单独设置剪板、下料的设备存在设备闲置时间长、人员浪费大、不容易采用先进方法的缺点，钢板的剪板及下料加工可以有效地解决上述弊病。剪板加工是在固定地点设置剪板机进行下料加工或设置种种切割设备，将大规格钢板裁小或切裁成毛坯，降低销售起点，方便用户。

钢板剪板及下料加工的流通加工方法有如下优点：

(1) 由于可以选择加工方式，加工后钢材的晶体组织较少发生变化，可保证原来的交货状态，因而有利于提高质量。

(2) 加工精度高，可减少废料、边角料，也可减少再进行机加工的切削量，既可提高再加工效率，又有利于减少消耗。

(3) 由于集中加工可保证批量及生产的连续性，可以专门研究此项技术并采用先进设备，从而大幅提高效率和降低成本。

(4) 简化用户的生产环节，使其将精力集中于关键的加工过程，提高企业的生产技术和管理水平。

和钢板的流通加工类似，还有圆钢、型钢、线材的集中下料、线材冷拉加工等。

四、机电产品的流通加工方法与技术

1. 机电产品的组装加工

自行车及机电设备储运困难较大,主要原因是不易进行包装,如进行防护包装,包装成本过大,并且运输装载困难、装载效率低、流通损失严重。但是,这些货物有一个共同特点,即装配简单、装配技术要求不高、主要功能已在生产中形成,装配后不需进行复杂检测及调试。所以,为解决储运问题、降低储运费用,对半成品(部件)进行高容量包装出厂,在消费地拆箱组装,组装之后随即进行销售,这种流通加工方式近年来已在我国广泛采用。

2. 石棉橡胶板的开张成型加工

石棉橡胶板是机械装备、热力装备、化工装备中经常使用的一种密封材料,单张厚度在3mm左右,单张尺寸有的达4m,在储运过程中极易发生折角等损失,尤其是用户单张购买时更容易产生这种损失。此外,很多用户所需的垫塞圈规格比较单一,不可能安排不同尺寸垫圈的套裁,利用率也很低。石棉橡胶板的开张成型加工是按用户所需要的垫塞物体尺寸裁制好进行供应,不仅方便用户使用及储运,而且可以安排套裁、提高利用率、减少边角余料损失、降低成本。这种加工套裁的地点一般设在使用地区,由供应部门组织。

五、生鲜食品类产品的流通加工方法与技术

1. 冷冻加工

为解决鲜肉、鲜鱼在流通中保鲜及搬运装卸的问题,可采取低温冻结方式的加工。这种方式也适用于某些液体商品、药品等。

2. 分选加工

农副产品规格、质量离散情况较大,为获得一定规格的产品,采取人工或机械分选的方式加工称为分选加工。这种加工方式广泛用于果类、瓜类、谷物、棉毛原料等。

3. 精制加工

农、牧、副、渔等产品精制加工是在产地或销售地设置加工点,弃除无用部分,甚至可以切分、洗净、分装等加工。这种加工不仅方便了购买者,而且还可以对加工的淘汰物进行综合利用。比如,鱼类的精制加工所剔除的内脏可以制成某些药物或饲料,鱼鳞可以加工成高级黏合剂,头尾可以制鱼粉等;蔬菜的加工剩余物可以制饲料、肥料等。

4. 分装加工

很多生鲜食品零售起点较低,而为保证高效输送出厂,包装则较大,也有一些是采用集装运输方式运达销售地区。为了便于销售,在销售地区按所要求的零售起点进行新的包装,即大包装改小、散装改小包装、运输包装改销售包装。这种方式称为分装加工。

第四节 流通加工合理化

流通加工合理化的含义是实现流通加工的最优配置,以避免各种不合理的流通加工现象,使流通加工有存在的价值,而且做到正确设置各种流通加工环节,使流通加工最优化。

流通加工是在流通领域中对生产的辅助性加工,从某种意义来讲,它不仅是生产过程的

延续,实际上也是生产本身或生产工艺在流通领域的延续。这个延续可能有正、反两方面的作用,即一方面可能有效地起到补充、完善的作用,但是也必须估计到另一种可能性,即对整个生产过程的负效应。各种不合理的流通加工都会产生抵消效益的负效应。

一、不合理的流通加工形式

1. 流通加工地点设置不合理

流通加工地点设置即布局状况是整个流通加工是否有效的重要因素。一般而言,为衔接单品种、大批量生产与多样化需求的流通加工,加工地点设置在需求地区才能实现大批量的干线运输与多品种末端配送的物流优势。如果将流通加工地点设置在生产地区,则会出现明显的不合理,其不合理之处在于两方面:一方面,加工之后的多样化产品必然会出现多品种、小批量商品由产地向需求地的长距离运输,进而形成不合理流通;另一方面,在生产地增加了一个加工环节,同时增加了近距离运输、装卸、储存等一系列物流活动。

一般而言,为方便物流的流通,加工环节应设在产出地,并且设置在进入社会物流之前。如果将其设置在物流之后,即设置在消费地则不能解决物流问题,且在流通中增加了一个中转环节,因而也是不合理的。

即使是在产地或需求地设置流通加工的选择是正确的,还有流通加工在小地域的正确选址问题,如果处理不善,仍然会出现不合理。这种不合理主要表现在交通不便,流通加工与生产企业或用户之间距离较远,流通加工点的投资过高(如受选址的地价影响),加工点周围社会、环境条件不良等。

2. 流通加工方式选择不当

流通加工方式包括流通加工对象、流通加工工艺、流通加工技术、流通加工程度等。流通加工方式的确定选择实际上是指与生产加工的合理分工。本来应由生产加工完成的,却错误地由流通加工完成;本来应由流通加工完成的,却错误地由生产加工过程完成,这就会造成不合理。

流通加工不是对生产加工的代替,而是一种补充和完善。所以,一般而言,如果工艺复杂,技术装备要求较高,或加工可以由生产过程延续或可轻易解决时,都不宜再设置流通加工点,尤其不宜与生产过程争夺技术要求较高、效益较高的最终生产环节,更不宜利用一个时期市场的压力使生产者变成初级加工或前期加工者。如果流通加工方式选择不当,就会出现与生产夺利的恶果。

3. 流通加工作用不大,形成多余环节

有的流通加工过于简单,或对生产及用户作用都不大,甚至存在盲目性,同样不能解决品种、规格、质量、包装等问题,相反却增加了环节,这也是流通加工不合理的一种形式。

4. 流通加工成本过高,效益不好

流通加工之所以能够有生命力,其重要优势之一是有较大的投入产出比,因而有效地起着补充完善的作用。如果流通加工成本过高,则不能实现以较低投入实现更高回报的目的。除了一些必需的、从政策要求即使亏损也应进行的加工外,其他都应看成是不合理的。

二、实现流通加工合理化的途径

为避免出现流通加工中的不合理现象,对是否设置流通加工环节、在什么地方设置、选

择什么类型的加工、采用什么样的技术装备等,都需要作出正确选择。目前,国内在进行这方面已积累了一些经验,取得了一定成果。要实现流通加工的合理化,主要应从以下几方面加以考虑。

1. 加工和配送结合

这是将流通加工设置在配送点中,一方面按配送的需要进行加工,另一方面又是配送业务流程中分货、拣货、配货的一环,加工后的产品直接投入配货作业。这种方式无须单独设置一个加工的中间环节,不仅使流通加工有别于独立的生产,而且使流通加工与中转流通巧妙结合在一起;同时,由于配送之前有加工,可使配送服务水平大大提高。这是当前流通加工合理化的重要形式,在煤炭、水泥等产品的流通中已表现出较大的优势。

2. 加工和配套结合

在对配套要求较高的流通中,配套主要来自各个生产单位。但是完全配套有时无法全部依靠现有的生产单位。进行适当流通加工,可以有效促成配套,极大地提高流通的桥梁与纽带的能力。

3. 加工和合理运输结合

流通加工能有效衔接干线与支线运输,促进两种运输形式合理化。利用流通加工,在支线运输转干线运输或干线运输转支线运输这些本来就是必须停顿的环节,不进行一般的支转干或干转支,而是按支线或干线运输合理的要求进行适当加工,从而大大提高运输及运输装载水平。

4. 加工和合理商流相结合

通过加工有效促进销售,使商流合理化,也是流通加工合理化的考虑方向之一。

加工和配送相结合,通过加工提高了配送水平,强化了销售,是加工与合理商流相结合的一个成功的例证。此外,通过简单地改变包装加工,可形成方便的购买量;通过组装加工解除用户使用前进行组装、调试的难处,可以有效促进商流。

5. 加工和节约相结合

节约能源、节约设备、节约人力、节约耗费是流通加工合理化重要的考虑因素,也是目前我国设置流通加工、考虑其合理化较普遍的形式。

对于流通加工合理化的最终判断,要看其是否能实现社会和企业本身的两个效益,而且是否取得了最优效益。对流通加工企业而言,与一般生产企业一个重要不同之处是,流通加工企业更应树立社会效益为第一的观念,只有在以补充完善为己任的前提下才有生存的价值。如果只是追求企业的微观效益,不适当地进行加工,甚至与生产企业争利,这就有违于流通加工的初衷,或者其本身已不属于流通加工范畴。

第七章 配送系统

第一节 配送概述

一、配送的定义及其特点

"配送"一词最早来源于日本对 delivery 一词的意译,后来我国依然采用了"配送"这个名词。根据《物流术语》(GB/T 18354—2006)的解释:配送是指在经济合理区域范围内,根据客户要求,对物品进行拣选、加工、包装、分割、组配等作业,并按时送达指定地点的物流活动。

配送的概念不同于运输,也不同于传统的送货,是物流系统中由运输派生出来的功能。配送具有如下特点:

(1)配送是从物流节点到用户的一种特殊的送货形式。其特殊性表现在:从事送货的是专职流通企业,而不是生产企业;配送属于中转型送货,而一般的送货往往是直达型;配送不仅仅是送货,在配送的物流活动内容中也包含着其他的物流功能(如装卸、储存、包装等),是多种功能的组合体。

(2)配送是"配"和"送"的有机结合形式。配送与一般送货的重要区别在于,配送利用有效的分拣、配货等理货工作,使得送货达到一定的规模,以便利用规模优势取得较低的送货成本。而配送与运输的主要区别体现在运输距离、运输批量、追求目标和附属功能等方面,见表7-1。

配送与运输的区别　　　　表7-1

项　目	配　送	运　输
运输距离	短距离支线运输、末端运输	长距离干线运输
运输批量	多品种、小批量	少品种、大批量
追求目标	效益(服务)优先	效率(成本)优先
附属功能	装卸搬运、保管、包装、分拣、流通加工、订单处理等	装卸搬运、运输包装

(3)配送是接近客户资源配置的全过程。配送以客户要求为出发点,在整个配送过程中,客户居于主导地位。配送企业主要是为客户提供服务,坚持"客户第一""质量第一"的原则,从客户的利益出发,在满足客户利益的基础上取得企业自身的利益。在全面配货的基础上,完全按照客户的要求,包括种类、数量、时间等方面的要求进行物流活动。

(4)配送的距离一般较短,通常位于物流系统的最末端,在整个输送过程中处于支线运输、二次运输和末端运输的位置,即到最终消费者的物流。配送是物流中一种特殊的、综合的活动形式,是商流与物流的紧密结合,既包含了商流活动和物流活动,也包含了物流中的很多功能要素,可以说,配送是物流系统的一个缩影。

二、配送的类型

1. 按照配送节点不同分类

(1)配送中心配送。配送中心配送的组织者是专职从事配送的配送中心,规模较大,其中有的配送中心由于需要储存各种各样的商品,储存量也比较大,也有的配送中心专职组织配送,因此储存量较小,主要靠附近的仓库来补充货源。配送中心专业性较强,和客户有固定的配送关系,一般实行计划配送,需配送的商品有一定的库存量,一般情况很少超越自己的经营范围。这种配送方式的配送能力强,配送距离较远,配送品种多,配送数量大。

(2)仓库配送。仓库配送是以一般仓库为据点来进行配送的配送形式。可把仓库完全改造成配送中心,也可在保持仓库原功能的前提下,以仓库原功能为主,再增加一部分配送职能。一般仓库配送的规模较小,配送的专业化程度较低,但是可以充分利用原仓库现有的储存设施及能力、收发货场地和交通运输线路等开展中等规模的配送业务。

(3)商店配送。商店配送的组织者是商业或物资的门市网点,这些网点主要是承担零售商品,规模不大,但经营品种比较齐全。商业及物资零售网点数目较多,配送半径较短,所以比较灵活机动。商店配送是配送中心配送的辅助及补充形式,主要有两种形式:

①兼营配送形式。商店在进行一般销售的同时兼顾配送的职能。商店的备货可用于日常销售和配送,用户有较强的机动灵活性,因此,可以将日常销售和配送互为补充,从而获得更大的销售额。

②专营配送形式。商店不进行零售销售而专门进行配送,一般用于因为商店的位置条件不好、不适合门店销售而又有某方面经营优势及渠道优势的情况。

2. 按照配送货物的特征不同分类

(1)单(少)品种、大批量配送。工业企业需要量较大的商品,单独一个品种或几个品种就可达到较大的输送量,适合实行整车运输,这种商品往往不需要再与其他商品搭配,可由专业性很强的配送中心进行配送。由于配送量大,可使车辆满载并使用大吨位车辆,配送中心内部进行组织、计划等工作也较简单,因而配送成本较低。此外,可以从生产企业将这种商品直接运抵用户手中,通过库存控制且不致使用户库存效益下降。采用这种直送方式可以获得更好的企业效益。

(2)多品种、小批量配送。多品种、小批量配送是按用户要求,将所需的各种物品(每种需求量不大)配备齐全,凑整装车后由配送节点送达用户。这种配送的配货作业水平要求高,配送中心设备较复杂,配货配送计划难度大,要有高水平的组织工作保证和配合。这种方式也正符合现代"消费多样化""要求多样化"的新观念,例如向零售店补充一般生活消费品的配送的。

(3)配套成套配送。配套成套配送方式是指根据企业的生产需要,尤其是装配型企业的生产需要,把生产每一件产品所需要的全部零部件配齐,按照生产节奏定时送达生产企业,生产企业随即可将此成套零部件送入生产线以装配产品。这种配送方式下,配送企业承担了生产企业大部分供应工作,使生产企业能够专注于生产,与多品种、小批量配送效果相同。

3. 按照配送时间及数量不同分类

(1)定时配送。定时配送是指根据配送企业和客户双方达成的配送时间协议,按照规定的时间和时间间隔进行配送,比如数天或数小时一次等,每次配送的品种及配送的数量可预先在协议中确定,实行计划配送;也可以根据用户的实际需要以双方商定的信息联络方式(比如电话、计算机终端输入等)通知配送的品种及数量。这种配送方式时间固定、易于安排工作计划、易于安排车辆,对于用户来讲,也易于安排接货的力量(如人员、设备等)。

(2)定量配送。定量配送是指按事先双方协议规定的数量进行配送,也就是按照规定的批量,在一个指定的时间范围内进行配送。这种配送方式数量固定,备货工作较为简单。由于时间不严格限定,因此可以将不同用户所需的物品凑成整车后进行配送,配送效率较高,运力资源的利用也较好。

(3)定时定量配送。定时定量配送是指按照规定的配送时间和配送数量进行配送,兼有定时、定量两种方式的优点,是一种精密的配送服务方式。但其特殊性强,计划难度大,因此适合采用的对象不多。

(4)定时定路线配送。在规定的车辆运行路线上制定到达时间表,按运行时间表进行配送,用户可按规定路线、规定时间接货和提出配送要求。采用这种方式有利于计划安排车辆及驾驶人员。在配送用户较多的地区,也可免去复杂的配送要求所造成的配送组织工作及车辆安排困难。对用户来讲,既可在一定路线、一定时间进行选择,又可按计划安排接货力量。

(5)即时配送。即时配送是完全按客户突然提出的配送要求的时间和数量随即进行配送的方式,是具有很高灵活性的一种应急方式。采用这种方式配送的货物可以实现保险储备的零库存,即用即时配送代替保险储备。但是这种配送方式成本较高,要求的管理水平也很高,只有具有完善的设施和较强应变能力的专业化配送中心才能大规模开展这种业务。

4. 按照经营形式不同分类

(1)销售配送。销售配送是指销售性企业作为销售战略一环所进行的促销型配送。这种配送的配送对象和客户往往是不固定的,配送对象和客户依据对市场的占有情况而定,配送的经营状况也取决于市场状况,配送随机性较强而计划性较差。例如,各种类型的商店配送一般多属于销售配送。用配送方式进行销售是扩大销售数量、扩大市场占有率、获得更多销售收益的重要方式。

(2)供应配送。供应配送是指客户为了自己的供应需要所采取的配送形式,往往由客户或客户集团组建配送据点,集中组织大批量进货(取得批量优惠),然后向本企业配送或向本企业集团若干企业配送。这种以配送形式组织对本企业的供应在大型企业或企业集团或联合公司中采用较多,例如商业中广泛采用的连锁商店。

(3)销售-供应一体化配送。销售企业对于基本固定的客户和基本确定的配送产品,可以在自己销售的同时承担客户有计划的供应者的职能,既是销售者同时又是客户的供应代理人。对某些客户来讲,可以削减自己的供应机构,而委托销售者代理。销售-供应一体化配送是配送经营中的重要形式,这种形式有利于形成稳定的供需关系,有利于采取先进的计划手段和技术手段,有利于保持流通渠道的畅通稳定。

(4)代存代供配送。代存代供配送是用户将属于自己的货物委托配送企业代存、代供,有时还委托代订,然后组织对本身的配送。这种配送在实施时不发生货物所有权的转移,配送企业只是客户的委托代理人,货物所有权在配送前后都属客户所有,所发生的仅是货物物理位置的转移。配送企业仅从代存、代送中获得收益,而不能获得货物销售的经营性收益。

5. 按照加工程度不同分类

(1)加工配送。加工配送是指和流通加工相结合的配送,即在配送据点中设置流通加工环节,或是将流通加工中心与配送中心建立在一起。当社会上现成的产品不能满足客户需要,而客户根据本身工艺要求需要使用经过某种初加工的产品时,可以在加工后通过分拣、配货再送货到户。流通加工与配送相结合,使流通加工更有针对性,减少了盲目性,配送企业不仅可以依靠送货服务、销售经营取得收益,还可以通过加工增值取得收益。

(2)集疏配送。集疏配送是只改变货物数量组成形态,而不改变货物本身物理、化学性质的与干线运输相配合的配送方式。例如,大批量进货后小批量、多批次发货,零星集货后以一定批量送货等。

6. 按照配送主体所处行业不同分类

(1)制造业配送。制造业配送是围绕制造业企业所进行的原材料、零部件的供应配送,各生产工序上的生产配送,以及企业为销售产品而进行的对客户的销售配送。制造业配送由供应配送、生产配送和销售配送3部分组成,各个部分在客户需求信息的驱动下连成一体,通过各自的职能分工与合作,贯穿整个制造业配送。

(2)农业配送。农业配送是一种特殊的、综合的农业物流活动。农业配送是指在与农业相关的经济合理区域范围内,根据客户要求,对农业生产资料、农产品进行分拣、加工、包装、分制、组配等作业,并按时送达指定地点的农业物流活动。

(3)商业配送。商业企业的主体包括批发企业和零售企业。批发企业配送的客户不是流通环节的终点消费者,而是零售商业企业。因此,批发商业企业必然要求配送系统不断满足其零售客户多批次、小批量的订货及流通加工等方面的需求。而对于零售企业来说,其配送的客户是流通环节终点的各类消费者。因此,一方面,由于经营场所的面积有限,它们希望上游供应商(包括批发企业)能向其提供小批量的商品配送;另一方面,为了满足各种不同客户的需要,它们又都希望尽可能多地配备商品种类。

(4)物流企业配送。物流企业是专门从事物流活动的企业,物流企业配送是根据所服务客户的需求,为客户提供配送支持服务。现在比较常见的物流企业配送形式是快递业提供的门到门的物流服务。

7. 按照配送企业专业化程度不同分类

(1)综合配送。综合配送是指配送货物种类较多,不同专业领域的货物在一个配送网点中组织对客户的配送。综合配送可减少客户为组织所需全部货物进货的负担,只需与少数配送企业联系,便可解决多种需求,因此,它是对客户服务意识较强的配送形式。但是由于货物性能、形状差别很大,在组织时技术难度较大。因此,一般只是在性状相同或相近的不同类货物方面实行综合配送,差别过大的货物难以综合化。

(2)专业配送。专业配送是指按货物性状不同,适当划分专业领域的配送方式。专业配送的主要优势是可按专业的共同要求优化配送设施、优选配送机械及配送车辆,制订适用性强的工艺流程,从而大大提高配送各环节作业的效率。

三、配送的合理化途径

配送合理化是对配送的设施设备及配送活动组织结构进行调整,以实现配送系统投入和产出均衡,达到整体最优的过程。配送合理化可以提高配送效率,对配送的资源做到物尽其用,降低配送成本,并且可以准时、快速地把货物送到客户的手中,增强服务水平并极大地提高客户的满意度,从而增加了企业的效益。

1. 配送合理化的判断标志

配送合理化的判断可以考虑如下几个方面:

(1)库存标志。

①库存总量。库存总量是一个动态的量,在一个配送系统中,从分散的各个客户转移给配送中心,配送中心的库存数量加上各客户在实行配送后的库存量之和应低于实行配送前各客户之和。

②库存周转。配送企业的调剂作用会以低库存保持高的供应能力,所以库存周转一般总是快于原来各企业的库存周转。

以上库存标志都是以库存储备资金来计算,而不是以实际物资数量来计算。

(2)资金标志。

①资金总量。用于资源筹措所占用的流动资金总量,随着储备总量的下降及供应方式的改变,必然有较大幅度的降低。

②资金周转。实行配送之后,在较短的时间内就能满足一定的供应需求。

③资金投向的改变。资金分散投入还是集中投入,是资金调控能力的重要反映,在实行配送后,资金必然应当从分散投入改为集中投入,以便增强调控作用。

(3)成本和效益标志。

总效益、宏观效益、微观效益、资源筹措成本等都是判断配送是否合理的重要标志。对于配送企业而言(在投入确定的情况下),企业利润反映了配送合理化的程度。对于客户企业而言,在保证供应水平或提高供应水平(产出一定)的前提下,供应成本的降低反映了配送合理化程度的提高。

(4)供应保障标志。

①缺货次数。实行配送后,对各客户来讲,该到货而未到货以致影响客户生产及经营的次数必须下降,配送才是合理的。

②供应能力。对每一个客户来讲,配送企业的集中库存量所形成的保证供应能力高于实施配送前单个企业的保证能力,从保证供应的角度来看才是合理的。

③即时配送的能力及速度。这是客户出现特殊情况时的特殊供应保障方式,这一能力必须高于未实行配送前的客户进货的能力才是合理的。

配送企业的供应保障能力是一个科学合理的概念,而不是无限的概念。具体来讲,如果供应保障能力过高,超过了实际的需要,就属于不合理。因此,追求供应保障能力的合理化也是有限度的。

(5)社会运力节约标志。

运力使用的合理化是依靠送货运力的规划和整个配送系统的合理流程及与社会运输系统合理衔接来实现的。因此,社会车辆总数减少而承运量增加为合理,社会车辆空驶减少为合理,一家一户自提自运减少而社会化运输增加为合理。

(6)客户企业仓库、供应、进货人力物力节约标志。

配送的重要观念是以配送服务于客户,因此,实行配送后,客户库存量、仓库面积、仓库管理人员减少为合理;用于订货、接货、从事供应的人减少为合理。

(7)配送中物流合理化标志。

配送中物流合理化标志包括是否降低了物流费用;是否减少了物流损失;是否加快了物流速度;是否发挥了各种物流方式的最优效果;是否有效衔接了干线运输和末端运输;是否不增加实际的物流中转次数;是否采用了先进的技术手段。

2. 配送合理化的措施

(1)实现共同配送。共同配送就是在同一个地区,许多企业在物流运作中相互配合,共同进行理货、送货等活动的一种组织形式。共同配送有利于克服不同企业之间的重复配送或交错配送,从而以最近的路程、最低的配送成本完成配送,还可以减少城市交通拥堵和环境污染,使得配送更加合理,同时也将带来良好的社会效益和经济效益。

(2)实现配送信息化。配送信息化就是直接利用计算机网络技术优化配送系统,并在配送的整个过程中获取实施的信息,便于统一管理。例如,利用互联网技术,建立计算机辅助送货系统、辅助配货系统、辅助分拣系统、辅助调度系统和辅助选址系统等。

(3)推行准时配送系统。准时配送是配送合理化的重要内容,只有做到了准时配送,用户才可以放心地实施低库存或零库存,可以有效地安排接货的人力、物力,以追求最高效率的工作,同时保证供应能力。

(4)推行即时配送。即时配送是配送企业快速反应能力的具体化,是配送企业能力的体现。即时配送成本较高,但它是整个配送合理化的重要保证手段。此外,客户实行零库存,即时配送也是重要的保证手段,可以充分发挥物流系统的综合效益。

(5)实行送取结合。配送企业与客户建立稳定、密切的协作关系,配送企业不仅成了客户的供应代理人,而且成了客户货物储存的承担者,甚至成为产品的代销人。在配送时将客户所需的货物送达,再将该客户生产的产品用同一车运回,此产品既可以成为配送中心的配送产品之一,也可以作为代存代储。这种送取结合的方式使得运力得以充分利用,也能使配送企业发挥更大的作用。

(6)实现配送的自动化。现代配送作业的自动化替代了体力劳动和手工劳动的传统模式。近几年出现的大量自动化程度相当高的无人立体仓库、无人机等,采用的如自动装卸机、自动分拣机、无人取货系统和搬运系统等自动化物流设施,提高了配送效率。

(7)实现配送的条码化、数字化以及组合化。为适应配送信息化和自动化的要求,条码技术在配送作业中得到了广泛应用。将所有的货物贴上标准条码,同时尽可能将货物整理为易于自动机械装卸的组合,可大大提高配送效率。

第二节 配送中心概述

一、配送中心的概念

《物流术语》(GB/T 18354—2006)将配送中心定义为:"从事配送业务且具有完善信息网络的场所或组织",并且应基本符合下列要求:主要为特定客户或末端客户提供服务;配送功能健全;辐射范围小;多品种、小批量、多批次、短周期配送服务;以配送为主,储存为辅。

二、配送中心分类

配送中心是基于物流合理化和拓宽市场的需要而发展起来的,也是伴随物流领域中社会分工、专业分工的进一步细化而产生的。在不同的分类标准下,配送中心具有多种类型,主要分类有以下几种。

1. 按照配送中心经济功能不同分类

(1) 供应型配送中心。供应型配送中心是以专门为某个或某些用户(例如连锁店、联合公司)供应商品提供后勤保障为特点的配送中心。在实践中,许多配送中心与生产企业或大型商业企业建立了相对稳定的供需关系,专门为其供应原材料、配件和其他商品。例如,为大型连锁超市组织供应的物流配送中心。供应型配送中心的主要特点是配送的客户有限并且稳定,客户的配送要求范围也比较确定,属于企业型客户。

(2) 销售型配送中心。销售型配送中心指以销售经营为目的,以配送为手段的配送中心。这类配送中心是典型的配销经营模式,是商品生产者和经营者为促进商品销售,采用各种现代物流技术装备和各种物流设施,通过为客户代办理货、加工和送货等手段来降低成本、提高服务质量,运用配送理念来组织物流活动而形成的配送中心。

(3) 储存型配送中心。储存型配送中心是指偏重于货物的储存的配送中心,包括:在买方市场下,企业成品销售库;在卖方市场下,企业原材料、零部件供应库,大范围配送的配送中心。配送范围比较大的配送中心,一般要保持较高的库存水平,以应对客户的需求。该类型的配送中心,配送作业一般比较简单,规模较大,货物存储的时间较长,存储量较大。

(4) 加工型配送中心。加工型配送中心是指根据用户的需要或者市场竞争的需要,对配送货物进行加工之后再配送的配送中心。这种配送中心主要进行分装、包装、初级加工、集中下料、组装产品等加工活动。例如麦当劳的配送中心。

(5) 流通型配送中心。流通型配送中心指基本上没有长期储存功能,仅以暂存或随进随出的方式进行配货、送货的配送中心。流通型配送中心以货物的流通为主,货物周转速度快,较多的采用先进的机械设备辅助作业以提高流通效率。

2. 按照配送区域的范围不同分类

(1) 城市配送中心。城市配送中心指以城市范围为配送范围的配送中心,可直接配送到最终用户,而且采用货车进行配送。这种配送中心往往和零售经营相结合,由于运距短、灵活性强,因而比较适合于多品种、小批量、多用户的配送方式。

(2) 区域配送中心。区域配送中心指以较强的辐射能力和库存水平,向省际、全国乃至国际范围的客户进行配送的配送中心。配送规模、用户需求和配送批量比较大,既可以配送至下一级的城市配送中心,也可以配送至商店、批发商和企业用户。区域配送中心虽然也从事零星的配送,但不是主体形式,主要服务于大客户,因此这种配送中心是配送网络和配送体系的支柱结构。

3. 按照其专业化程度不同划分

(1) 专业配送中心。专业配送中心有两个含义:一是指配送对象、配送技术属于某一专业范畴,并在此专业范畴内有一定的综合性,即综合某一专业的多种货物进行配送的配送中心;二是指以配送作为专业化职能,基本不从事经营的服务型配送中心。

（2）柔性配送中心。柔性配送中心在某种程度上是和专业配送中心相对立的配送中心,它向固定化、专业化的方向发展,对用户要求有很强的适应性,而且不固定供需关系,不断向发展新客户的方向发展。

4.按照配送物品的种类不同分类

根据配送中心处理的物品种类的不同,可将配送中心分为食品配送中心、日用品配送中心、医药品配送中心、化妆品配送中心、家电产品配送中心电子(3C)产品配送中心、书籍产品配送中心、服饰产品配送中心、农产品配送中心、钢材配送中心、生鲜产品配送中心等。

三、配送中心的基本业务流程

根据各自运营特点、经营的产品种类、产品的物流特性不同,配送中心都会有不同的作业过程,但其基本作业流程如图7-1所示。

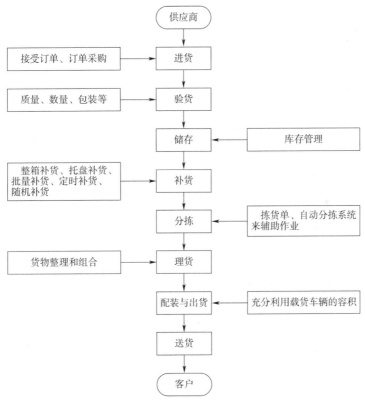

图7-1 配送中心基本作业流程

1.接受订单

配送中心的业务活动是以客户订单发出的订货信息为驱动源,当客户通过交易平台完成货物订单时,配送中心就会根据平台的显示接受订单,开始进行配送中心的一系列业务流程。

2.订单处理

订单处理是配送中心调度、组织配送活动的前提和依据,也是配送服务质量得以保障的根本。接受订单后,配送中心会根据客户的订单信息,对客户的分布、所订商品的名称、商品的特性和订货的数量等资料进行分析和汇总,以及配送中心的库存状况、装卸货能力、流通加工负荷、包装能力、配送负荷等情况,安排满足客户需求的配送方案。

3. 采购订货

配送中心接到并汇总客户的订单后,首先由采购部门统计出配送货物的种类和需求数量,然后查询现有存货数量是否能满足配送要求,最后查询供货厂商的交易条件,并根据所需数量及供货厂商提供的经济订购批量,提出订货需求。

4. 入库进货

进货是配送的第一阶段,为使后续工作顺利进行,货物入库资料准确、及时特别重要。订购单开出之后,入库进货管理员根据订购单上预定入库日期进行入库作业调度,即组织人力、物力接受货物。在商品入库当日,入库管理员进行入库资料查核和质量、数量检验,当质量或数量不符时,立即进行适当的修正或处理,并将入库资料登录建档,同时汇总入库的商品统计表。

5. 储存管理

储存管理包括仓库区管理及库存控制。

(1)仓库区管理包括管理商品在仓库区域内的摆放方式、区域大小、区域分布等规划和仓储区货位的调整及变动;商品进出仓库的控制(先进先出或后进先出)和进出库方式;商品所需搬运工具、搬运方式的确定等。

(2)库存控制包括按照商品出库数量、入库所需时间等来制定采购数量及采购时间,并建立采购时间预警系统;制订库存盘点方法,定期负责打印盘点清单,并根据盘点清单的内容清查库存数、修正库存账册并制作盘盈、盘亏报表。在控制储存物品数量的同时采取一系列的保管保养物品的措施,以防止物品质量在存储期内发生变化。

6. 补货

补货是指在拣货区的存货低于设定标准的情况下,将货物从保管区域将货物搬运到灵活管理拣货区的工作,并要做相应的账面处理。其目的是将正确的货物在正确的时间和正确的地点以正确的数量和最有效的方式送到指定的拣货区。补货作业一般以托盘或箱为单位,其流程如图7-2所示。

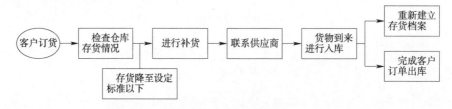

图7-2 一般补货作业流程

7. 分拣配货

为了满足客户对商品不同种类、不同规格、不同数量的需求,配送中心必须有效分拣货物、按计划理货。出货拣取不只包括拣取作业,还需补充拣货架上商品,这包括补货量及补货时间的制定、补货作业调度、补货作业人员调派。分拣配货是完善送货、支持送货的准备性工作,也是决定整个配送中心水平的关键因素。

8. 配送装车

配送中心的装车作业可以采用机械装车,也可以采用人力装车。配送装车作业需要事先规划配送区域,安排配送路线,按照配送路线选用的先后顺序来决定商品的装车顺序,一般按"先送后装""后送先装"的原则进行,并在商品配送途中进行商品跟踪、控制及配送途中意外状况的处理。

9. 送货

送货作业是指利用配送车辆,将客户订购的货物从制造厂、生产基地、批发商、经销商或配送中心,根据客户订单要求分拣、配货、加工、包装好的订单包件,经过科学的配装,从运输方式、运输路线、运输工具3个方面来全面计划,选择合理的运输路线安全送到客户手中的过程。

10. 绩效管理

绩效管理就是使用绩效评价信息来实现组织文化、体制、过程的积极变化,帮助组织设定一致的绩效目标,合理分配资源,分享绩效成效。在配送中心的业务流程中需要绩效管理来增强其内部的高效运作。高层管理人员通过各种考核评估来实现配送业务的效率管理,并制定经营方针和策略。考评的信息来源包括各种相关资料及报告,如出货销售统计资料、客户对配送服务的反应报告、配送商品次数及所需时间报告、燃料耗材等使用量分析、设备成本分析等。

上述作业及其控制活动,共同构成了一个完整的配送中心作业流程。

四、配送中心的选址和布局

配送中心的选址与布局是指在一个具有若干供应点和若干需求点的经济区域内确定配送中心的数目以及各配送中心的具体位置。配送中心的选址与布局不仅是配送中心规划的重要问题,而且关系日后配送中心的运营成本和服务水平,也关系整个社会物流系统的合理化。

1. 配送中心的选址

(1)选址应遵循的原则。配送中心选址应遵循的原则见表7-2。

配送中心选址应遵循的原则　　　　　表7-2

原则	内容
适应性原则	配送中心的选址须与国家以及省(自治区、直辖市)的经济发展方针、政策相适应,与我国物流资源分布和需求分布相适应,与国民经济和社会发展相适应
协调性原则	配送中心的选址应将国家的物流网络作为一个大系统来考虑,使配送中心的设施设备在地域分布、物流作业生产力、技术水平等方面互相协调
经济性原则	配送中心发展过程中有关选址的费用,主要包括建设费用及物流费用两部分。配送中心的选址定在市区、近郊区或远郊区,其未来物流活动辅助设施的建设规模及建设费用,以及运费等物流费用是不同的,选址时应以总费用最低为配送中心选址的经济性原则
战略性原则	配送中心的选址,应具有战略眼光,一是要考虑全局,二是要考虑长远。局部要服从全局,当前利益要服从长远利益,既要考虑当前的实际需要,又要考虑后续发展的可能

(2)影响配送中心选址的因素。影响配送中心选址的因素有自然环境因素、经营环境因

素、基础设施状况及其他因素。

①自然环境因素。自然环境因素包括地质条件、气象条件、水文条件、地形条件等。

②经营环境因素。经营环境因素包括经营环境(物流政策、劳动力条件、客户分布)、商品特性、物流费用、服务水平(配送范围及距离、发送频率、发货周期)等。

③基础设施状况。基础设施状况包括交通条件(紧临港口、交通主干道枢纽、铁路编组站或机场)、公共设施状况等。

④其他因素。其他因素包括国土资源利用、企业筹资能力、城市经济发展、环境保护要求、周边状况等。

(3)选址的方法。配送中心选址方法的主要分为两大类:定性分析法和定量分析法。其中,定性分析法主要根据选址影响因素和选址原则,依靠专家或管理人员丰富的经验、知识及其综合分析能力,来确定配送中心的具体选址。主要方法有专家评价法、层次分析法和模糊综合评价法等。定量分析法主要包括重心法、线性规划法、双层规划法、鲍莫尔-沃尔夫法、CFLP法等。

①专家评价法。专家评价法是征询有关专家的意见,运用专家的知识和经验考虑选址对象的社会环境和客观背景,对专家的意见进行统计、处理、分析和归纳,客观地对选址对象进行综合分析,研究其特点和发展趋势并进行选择的一种选址方法。

②层次分析法。层次分析法是根据问题的性质和要达到的目标,将问题分解为不同的组成因素,并按照因素间的相互关系将其层次化,形成一个多层次的结构模型,最终获得最低层因素对于最高层因素的重要性权值。因为物流网络布局问题涉及经济、社会、环境和货运通道等多个层面,需要综合分析和评估。当筛选出多个选址方案后,可采用层次分析法选择出最优方案。

运用层次分析法的基本步骤为:建立层次结构模型、构造判断(成对比较)矩阵、层次单排序及其一致性检验、层次总排序及其一致性检验。

③仿真法。仿真法是将实际问题用数学方法和逻辑关系表示出来,建立仿真模型,并应用计算机来运行仿真模型,从而模拟系统的运行状态及其时间变化的过程,运用逻辑推理确定实际问题的最佳布局方案。这种方法的优点是模型简单,容易得到最佳答案。缺点是有些仿真需要进行相对比较严格的模型的可信性和有效性的检验;有些仿真系统对初始偏差比较敏感,使得仿真结果与实际结果偏差较大。同时,仿真对人员和计算机的要求较高,要求设计人员必须具备丰富的经验和较高的分析能力,某些复杂系统对计算机的硬件要求也较高。

④重心法。重心法主要应用于单中心选址问题中,利用求平面物体重心的原理,将物流系统中的需求点和资源点看成是分布在某一平面范围内的物流系统,各点的需求量和资源量分别被看作物体的质量,物体的重心作为物流中心的最佳设置点,利用求物体的重心的方法来确定物流中心的位置。

该方法设有一系列点分别代表供应点和需求点,各自有一定量货物需要以一定的运输费率运往位置待定的配送中心(或从配送中心运出),讨论配送中心应如何选址使得运输总成本最小。其中,运输成本等于运输费率和运输量的乘积。重心法选址示意图如图7-3所示。

重心法的目的是寻求配送中心 P_0 的位置,使得 N_1、N_2、N_3、N_4、$\cdots$、N_n 等各处的总运输费用 T 最小。设配送中心到各个点的运输费率为 c_i,配送中心到各个点的距离为 d_i,各个点的需求量为 w_i,已知各个点的坐标为 (x_i,y_i),则有:

$$d_i = \sqrt{(x_0 - x_i)^2 + (y_0 - y_i)^2} \quad (7\text{-}1)$$

$$T = \sum_{i=1}^{n} c_i w_i d_i \quad (7\text{-}2)$$

为使 T 最小,分别对 x_0、y_0 求偏导,并令其等于 0,得:

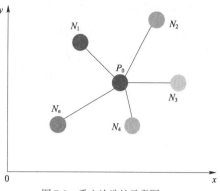

图 7-3 重心法选址示意图

$$\frac{\partial T}{\partial x_0} = \frac{\sum_{i=1}^{n} c_i w_i (x_0 - x_i)}{d_i} \quad (7\text{-}3)$$

$$\frac{\partial T}{\partial y_0} = \frac{\sum_{i=1}^{n} c_i w_i (y_0 - y_i)}{d_i} \quad (7\text{-}4)$$

整理式(7-3)和式(7-4),得:

$$x_0 = \frac{\sum_{i=1}^{n} c_i w_i x_i / d_i}{\sum_{i=1}^{n} c_i w_i / d_i} \quad (7\text{-}5)$$

$$y_0 = \frac{\sum_{i=1}^{n} c_i w_i y_i / d_i}{\sum_{i=1}^{n} c_i w_i / d_i} \quad (7\text{-}6)$$

解式(7-5)和式(7-6),可得配送中心最佳位置坐标为:

$$x_0^* = \frac{\sum_{i=1}^{n} c_i w_i x_i / d_i}{\sum_{i=1}^{n} c_i w_i / d_i} \quad (7\text{-}7)$$

$$y_0^* = \frac{\sum_{i=1}^{n} c_i w_i y_i / d_i}{\sum_{i=1}^{n} c_i w_i / d_i} \quad (7\text{-}8)$$

但是式(7-7)和式(7-8)的右边还含有 d_i,即还含有未知数 x_0 和 y_0。要从两式中消除 x_0 和 y_0,可采用迭代法进行求解,计算步骤如下:

a. 给出配送中心的初始地址坐标 (x_0', y_0');

b. 利用式(7-2),计算 (x_0', y_0') 相对应的总发货费用 T';

c. 把 (x_0', y_0') 分别代入式(7-1)、式(7-7)、式(7-8),计算配送中心的改善地址 (x_0^1, y_0^1)。

d. 利用式(7-2),计算 (x_0^1, y_0^1) 相对应的总发货费用 T^1;

e. 将 T^1 和 T' 进行比较,如果 $T^1 < T'$,则返回步骤 c;将 (x_0^1, y_0^1) 分别代入式(7-1)、式(7-7)、式(7-8),如此反复进行步骤 c 到 e,直至 $T^k \geq T^{k-1}$ 时停止,即得到 (x_0^{k-1}, y_0^{k-1}) 为最优解。

重心法的优点是计算简单,数据容易收集,计算过程容易理解;缺点是该方法是在假设运费随距离呈线性变化的基础上求解的,实际生活中运费常常是随着距离的增加而递减。因此,此方法更多的是可以去除一些不合适的备选方案。

(4)选址的步骤。配送中心的选址应采用定性与定量分析相结合的方法,在全面考虑选址影响因素的基础上,借助比较法、专家评价法、模糊综合评价等数学方法量化比较分析,最终选择最优的选址方案,具体步骤如图 7-4 所示。

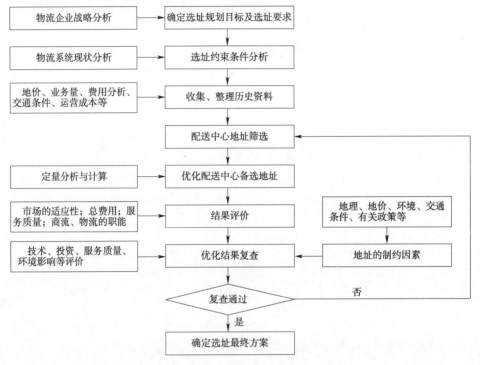

图 7-4 配送中心选址的步骤

①确定选址规划的目标及选址要求。进行配送中心选址规划时,首先要分析物流企业的发展战略规划,明确企业业务的发展方向及物流系统在企业发展中的地位。在此基础上,进一步明确物流配送中心在物流系统中的地位,明确现有物流设施的布局,分析新建配送中心的必要性和意义,明确新建物流配送中心规划目标及详细的选址要求。

②选址约束条件分析。选址时,要根据物流系统的现状进行分析,指定物流系统的基本计划,明确所需要了解的基本条件(需求条件、运输条件、规划用地条件等),以便有效缩小选址范围。

③收集、整理历史资料。选择地址的方法,一般是通过成本计算,也就是将运输费用、配送费用及物流设施费用模型化,采用约束条件建立目标函数,从中寻求费用最小的方案。但是采用这种选址方法寻求最优的选址解时,必须对业务量和生产成本进行正确的分析和判断。

④配送中心地址筛选。在对所取得的上述资料进行充分的整理和分析、考虑各种因素的影响并对需求进行预测后,就可以初步确定选址范围,即确定初始备选地点。备选地址的选择是否恰当,将直接影响后续最优方案的确定。确定合适的备选地址是物流配送中心选

址及物流网点布局中非常关键的一步。

⑤优化物流配送中心备选地址。在备选地址确定后,下一步就是要更详细地考察若干个具体地点。针对不同的情况,确定选址评价方法,得出优化后的地址。可采用现代化的计算机技术进行优化,现代化技术的发展为定量化选址方法的研究提供了有力的支持。

⑥结果评价。在定量分析中要结合市场适应性、购置土地条件、服务质量等,对计算所得结果进行评价,看其是否具有现实意义及可行性。

⑦优化结果复查。分析其他影响因素对计算结果的相对影响程度,分别赋予它们一定的权重,采用加权法对计算结果进行复查。如果复查通过,则原计算结果即为最终结果;如果复查发现原计算结果不适用,则返回配送中心地址筛选继续计算,直至得到最终结果。

⑧确定选址最终方案。在用加权法复查通过后,计算所得的结果即可作为最终的计算结果。但是所得解不一定为最优解,可能只是符合企业实际状况的满意解。

2. 配送中心的布局规划

(1)配送中心作业区的构成。

①接货区。在接货区内,工作人员要完成接收货物的任务和货物入库、拣选之前的准备工作(如卸货、检验、分拣等工作)。因为货物在接货区停留的时间不长,并且处于流动状态,故接货区的面积不大。接货区的主要设施有铁路(或公路)专用线、卸货站台和验货场区。

②储存区。在储存区内,存储着经过检验后的货物。由于所进货物需要在此区域内停留一段时间,并且要占据一定的位置,因此,储存区所占的面积比较大。储存区是存储货物的场所,在这个区域内一般都建有专用仓库,并且配备了各种设备,包括各种货架、叉车和吊车等起重设备。

③理货区。理货区是配送中心的工作人员进行拣货和配货作业的场所,其面积大小因配送中心的类型不同而异。在理货区内配备了许多专用设备和设施,包括手推载货车、重力式货架和回转式货架、升降机、传送装置、自动分拣设施等。包括拣选、配货作业在内的理货区是配送中心的一个重要区域。

④配装区。在配装区内,配送中心的工作人员要进行配装作业,即根据每个客户的货物数量进行分放、配车和选择装运。货物在配装区内停留的时间不长,所以货位所占的面积也不大。

⑤发货区。发货区是工作人员将组配好的货物装车外运的作业区域。从布局和结构上看,发货区和进货区类似,也是由运输货物的路线和接靠载货车辆的站台、场地等组成的。所不同的是发货区位于整个作业区的末端,而进货区则位于首端。

⑥加工区。从事加工作业的配送中心,在结构上除了设置一般性的作业区外,还设有配送加工区,在这个区域内,配备了多种加工设备,如剪床、锯床、打包机、配煤生产线等。加工区所占的面积也比较大。

⑦分拣配货区。分拣配货区是根据接到的订单进行货物的拣选、分类和配货的区域。

⑧退货处理区。退货处理区是存放进货残损或不合格以及需要重新确认的等待处理的货物的区域。

⑨废弃物处理区。废弃物处理区是对废弃物(废弃包装物、破碎货物、变质货物等废料)进行清理或者回收利用的区域。

⑩设备存放及维护区。设备存放及维护区是存放堆垛机、托盘等设备及其维修工具(充电、充气、紧固等)的区域。

配送中心的功能分区见表 7-3。

配送中心的功能分区　　　　表 7-3

退货处理区	废弃物处理区	设备存放及维护区
进货区	理货区	储存区
管理区	分拣配货区	加工区、废弃物处理区
	发货区	管理区

(2)配送中心布局规划方法。

配送中心的不同活动区域之间在作业程序、组织结构、业务管理、环境影响等方面存在一定的依存关系,对这些关系进行关联性分析,对于区位布局和设施规划都是至关重要的。关联性分析包括定性关联图和定量从至图两种。

①定性关联图。定性关联图方法主要是对设施内部的各种活动之间的相互关系进行定性分析,确定两两活动区域之间的关联程度,并以此作为设施规划的空间布置提供设计上的基本依据。假设配送中心有 10 个活动区域,其一般的定性关联图如图 7-5 所示。

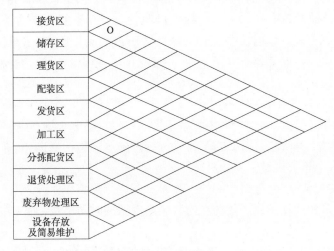

图 7-5　定性关联图

在定性关联图中,任何两个区域之间都有一个菱形将两个区域相连接,该菱形内记录的是两个区域关联程度的等级。关联程度表见表 7-4。

关联程度等级表　　　　表 7-4

相关程度等级	相关程度说明	相关程度等级	相关程度说明
A	绝对重要	O	一般重要
E	特别重要	U	不重要
I	重要	X	禁止接近

在图 7-5 中,由于接货区和储存区的关联程度等级为一般重要,则其公共区域的菱形中标记为"O"。

②定量从至图。定量从至图以资料分析所得出的定量数据为基础,目的是分析各作业区域之间的物料流动规模和大小,使得进行区域布置时,避免搬运量大的作业经过太长的搬运距离,减少人力、物力的浪费,从而为各区域的空间布局和规模设计提供依据。定量从至图表格见表7-5。

定量从至图表格　　　　　　　　　表7-5

区　域		搬运到达区										
		1	2	3	4	5	6	7	8	9	10	合计
搬运起始区	1											
	2											
	3											
	4											
	5											
	6											
	7											
	8											
	9											
	10											
	合计											
主要搬运单位						其他搬运单位						

定量从至图表格的绘制过程如下:

a. 根据主要的作业流程,将所有作业区域分别以搬运起始区与搬运到达区按同一顺序列表。

b. 为正确表现各流量之间的关系以及方便计算流量总和,需要统一各区域的搬运单位。

c. 根据作业流程,将物料搬运流量的测试值逐项填入以上从至图表格中。

d. 以从至图的区域间的搬运流量为依据,流量大的两个作业流程具有较高的优先顺序,并被放置于相邻的位置。

经过关联性分析后,根据不同作业区之间的定性测量值即接近程度,或定量测量值即货物流动密度,来配置各作业区的相对位置,可以将整个布局的过程简化为算法程序。具体的方法有关联线图法、图形建构法和动线布置法等。

(3) 配送中心各作业区相对位置的配置方法。

①关联线图法。在绘制关联线图之前,首先在汇总各个作业区的基本资料后,制作各个作业区的作业关联图,如图7-6所示。

关联线图法的基本步骤如下。

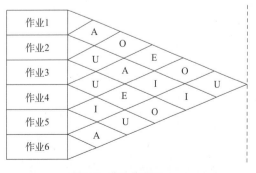

图7-6　作业关联图

第一步：选定第一个进入布置的作业区。选择具有最多"A"关联的作业区作为开始。若有多个作业区同时符合条件，则以下列顺序加以选定：最多"E"的关联，最多"I"的关联，最少"X"的关联；最后如果还是无法选定，就在这些条件完全相同的作业区中，任意选定一个作业区作为第一个进入布置的作业区。

第二步：选定第二个进入布置的作业区。第二个被选定的作业区，是与第一个进入布置的作业区相关联的未被选定的作业区中具有最多"A"关联的作业区。如果有多个作业区具有相同条件，则与第一步一样，按照最多"E"的关联，最多"I"的关联，最少"X"的关联进行选择。最后如果还是无法选定，就在与第一个进入布置的作业区相关联的这些条件完全相同的作业区中，任意选定一个作业区作为第二个进入布置的作业区。

第三步：选择第三个进入布置的作业区。第三个被选定的作业区，应与已被选定的前两个作业区同时具有最高的接近程度；与前两个作业区关系组合的优先顺序依次为 AA、AE、AI、A*、EA、EE、EI、E*、II、I*，其中符号 * 代表"O"或"U"的关联。如果遇到多个作业区具有相同的优先顺序，仍采用第一步的顺序法则来处理。依次将剩下的作业区域选择进入关联线图。

第四步：发展关联线图，完成最终布局。在发展关联线图时，可使用方块板来代替每个作业区，如图 7-7 所示。相对位置确定后，依照个别作业区的实际尺寸完成最终的布局。

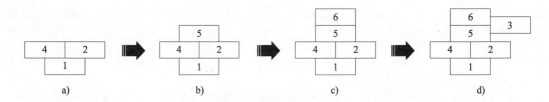

图 7-7　发展关联线图

② 图形建构法。图形建构法与关联线图法相似，但是此方法以作业区间的权数总和作为挑选作业区的法则。启发式的图形建构法主要是根据节点插入的算法来建构邻接图，并且保持共平面的性质。图形建构法首先要设定各作业区间的关联权重，图 7-8 所示为某作业关联图和关联线图。

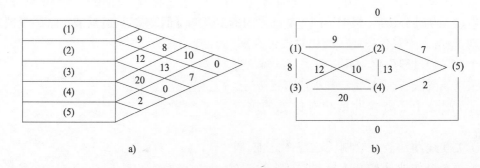

图 7-8　作业关联图和关联线图

在此基础之上，图形建构法的基本步骤如下。

第一步:从图7-8所示的作业关联图中,选择具有最大关联权重的成对作业区。在本例中,作业区(3)和作业区(4)首先被选中而进入关联线图中。

第二步:选定第三个作业区进入图中,其根据是这个作业区与已选入的作业区(3)和作业区(4)所具有的权数总和最大。在表7-6中,作业区(2)的权数总和为25,所以入选。

作业区选择第二步关联权数总和表　　　　　　　　　　表7-6

作业区	3	4	合计
1	8	10	18
2	12	13	25(最佳)
5	0	2	2

如图7-9所示,线段(2-3)(3-4)和(4-2)构成一个封闭的三角形,这个三角形可以用符号(2-3-4)来表示。

第三步:对于尚未选定的作业区,建立第三步的关联权数总和表,见表7-7。由于加入作业区(1)和作业区(5)的关联权重值分别为27和9,因此作业(1)被选定,以节点的形态加入图面,并置于区域(2-3-4)的内部,如图7-10所示。

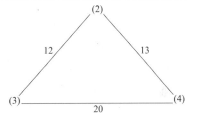

图7-9　图形建构法第二步示意图

作业区选择第三步的关联权数总和表　　　　　　　　　表7-7

作业区	2	3	4	合计
1	9	8	10	27
5	7	0	2	9

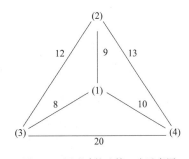

图7-10　图形建构法第三步示意图

第四步:剩余的工作是决定作业区(5)应该加入哪一个图面。在这个步骤中,首先建立作业区选择第四步的关联权数总和表,见表7-8。显然,作业区(5)可以加入图面(1-2-3)(1-2-4)(1-3-4)或(2-3-4)之内。作业区(5)加入图面(1-2-4)或加入图面(2-3-4)都得到相同的权数值为9,所以任意选择其一即可。本例中将作业区(5)加入图面(1-2-4)的内部。最后得到的邻接图如图7-11所示,此图为图形建构法的最佳解,线段上的权数总和为81。

作业区选择第四步的关联权数总和表　　　　　　　　　表7-8

作业区	1	2	3	4
5	0	7	0	2
图面	合计			
1-2-3	7			

续上表

1-2-4	9（最佳）
1-3-4	2
2-3-4	9（最佳）

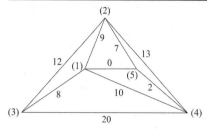

图 7-11　图形建构法第四步示意图

第五步：构建完一个邻接图之后，最后一步是依据邻接图来重建区块的布置，如图 7-12 所示。在构建区块布置图时，必须对各作业区的原始形状作出改变，以配合邻接图的要求。但在实际应用上，由于作业区形状需要配合内部个别设备的几何外形，以及受内部布置结构的限制，所以作业区的形状还需要根据具体情况来决定。在决定各作业空间的面积时，需要考虑仓库本身的大小、设备的大小和设备的摆放位置等因素。

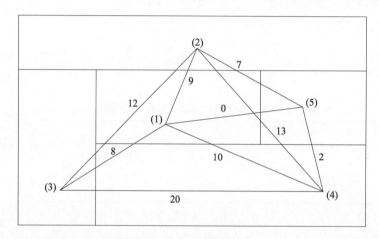

图 7-12　最终布置示意图

③动线布置法。动线布置法通过决定作业系统的主要动线进行方向，根据流程性质或关联性关系进行区域配置。其主要包括两种方式：

a. 流程式。首先确定物流配送中心内由进货到出货的主要物流动线形式，并完成物流相关性分析。在此基础上，再按照作业流程顺序和关联程度配置各作业区域位置，即由进货作业开始进行布置，再按物流前后相关顺序按序安排名物流作业区域的相关位置。

b. 关联式。以整个仓库的作业配置为主，根据活动关联分析得出各作业区域之间的活动流量，以线条表示。为避免流量大的区域间活动经过的距离太长，应使两区域尽量接近。

以下区域布置安排以流程式为主，其基本步骤如图 7-13 所示。

根据上述步骤，可以逐步完成各个区域的概略布置，然后再以区域模板置入相对位置，并作适当调整，形成关联布置图，最后经过调整部分作业区域的面积或长宽比例后，即得到作业区域配置图。

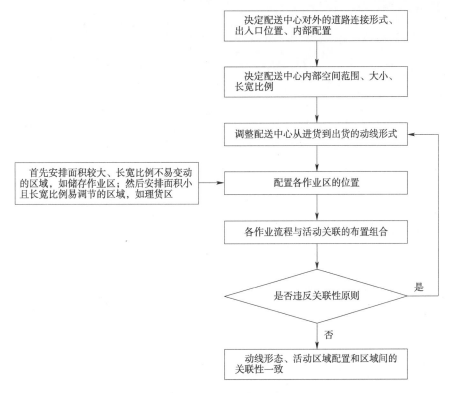

图 7-13 区域布置安排的基本步骤

第三节 配送系统优化

一、基本配送优化

基本配送优化问题可归结为车辆路径问题(Vehicle Routing Problem,简称 VRP),该问题最早由 Dantzig 和 Ramser 于 1959 年在 *The Truck Dispatching Problem* 中提出。在文章中,他们以油罐车向各加油站运送汽油的实际问题为研究对象,建立了一个路径优化的数学模型。

车辆路径问题研究的是在客户位置及各个客户的货物需求量已知的情况下,确定最佳的配送车辆数量和行车路线,使配送既能满足客户要求,又能使配送成本达到最低。车辆路径问题已经被广大研究学者证明为组合优化领域中著名的 NP-hard 问题之一。车辆路径问题示意图如图 7-14 所示。

在每个节点的需求量、节点间相互距离已知的情况下,以运输成本最小为优化目标,基本车辆路径问题的数学模型可以描述如下。

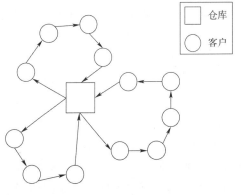

图 7-14 车辆路径问题示意图

(1) 集合。

$N = \{0, 1, \cdots, n\}$ ——节点集,节点 0 表示车场,$N \backslash \{0\}$ 表示顾客节点;

$K = \{1, \cdots, m\}$ ——配送车辆集合;

S ——给定的一个顶点集,$S \subseteq \{1, 2, \cdots, n\}$。

(2) 决策变量。

$x_{ijk} = \begin{cases} 1 &\text{——车辆 } k \text{ 从 } i \text{ 行驶到 } j; \\ 0 &\text{——其他。} \end{cases}$

(3) 参数。

m ——所需车辆数;

Z_k ——车辆 k 的容积;

q_i ——节点 i 的需求量;

c_{ij} ——从节点 i 到节点 j 的运输成本。

(4) 目标函数。

目标函数值按下式计算:

$$\min = \sum_{k=1}^{m} \sum_{i=0}^{n} \sum_{j=0}^{n} c_{ij} x_{ijk} \tag{7-9}$$

(5) 约束条件。

约束条件包括以下公式:

$$\sum_{k=1}^{m} \sum_{i=0}^{n} x_{ijk} = 1 \qquad \forall j \in N \backslash \{0\} \tag{7-10}$$

$$\sum_{k=1}^{m} \sum_{j=0}^{n} x_{ijk} = 1 \qquad \forall i \in N \backslash \{0\} \tag{7-11}$$

$$\sum_{k=1}^{m} \sum_{i=1}^{n} x_{i0k} = \sum_{k=1}^{m} \sum_{j=1}^{n} x_{0jk} = m \tag{7-12}$$

$$\sum_{i=0}^{n} (q_i \sum_{j=0}^{n} x_{ijk}) \leqslant Z_k \qquad \forall k \in K \tag{7-13}$$

$$\sum_{i \in s} \sum_{j \in s} x_{ijk} \geqslant 1 \qquad \forall k \subseteq K \tag{7-14}$$

$$x_{ijk} = 0 \text{ 或 } 1 \qquad \forall i, j \in N, i \neq j, \forall k \in K \tag{7-15}$$

式(7-9)是目标函数,表示优化目标为最小化运输成本;式(7-10)和式(7-11)表示每个顾客有且仅能被一辆运输车辆服务一次,而且仅有一个前继节点和一个后续节点与其相连;式(7-12)表示离开车场与返回车场的车辆数相同,均为 m 辆;式(7-13)是车辆容量约束;式(7-14)为子回路消除约束;式(7-15)限定决策变量 x_{ijk} 是 0-1 变量。

配送中心规划是以物流学原理为基础,运用系统分析的观点,采用定量与定性相结合的方法,对拟建的配送中心的长远的、总体的发展计划。"配送中心规划"与"配送中心设计"是两个不同但容易混淆的概念,二者既有密切的联系又有区别。配送中心规划属于物流配送中心建设项目的全面的总体规划,是可行性研究的一部分,强调宏观指导性。而配送中心设计则属于项目初步设计的一部分内容,是在一定的技术与经济的条件下,预先对物流配送中心的建设制订详细的方案,是项目施工图设计的依据,强调微观可操作性。但是,两者都属于项目的高阶段设计过程,内容上不包括项目施工图等的设计,二者理论依据相同,基本方法也相似。

配送中心规划可以分为两类：一类是新建配送中心规划；另一类是原有的物流企业向配送中心转型的改造规划。它们的特点与内容见表7-9。

配送中心规划的特点与内容　　　　　　　　　表7-9

类　型	新建配送中心规划		改造的配送中心
	单个配送中心	多个配送中心	
规划目的	高质量、高标准、低成本	成为企业、区域的新经济增长点或支柱产业	实现从传统物流组织向现代化配送中心的转型
关键点	配送中心选址、布局	系统构造、网点布局	进行企业作业流程重组，充分利用现有设施与资源
规划与设计内容	发展战略研究、配送功能规划、场址选择、作业流程规划、配送设施规划、信息系统规划	配送功能规划、配送系统规划、配送网点布局规划、配送网络信息规划、配送设施规划	企业发展战略研究、配送功能设计、作业流程规划、配送设施规划
规划原理与方法	物流学、统计学、物流系统分析、管理信息系统	物流学、统计学、物流系统分析、城市规划、管理信息系统	物流学、统计学、企业发展战略、企业管理、物流系统分析、管理信息系统

1. 配送中心规划与设计的目标任务

配送中心规划与设计有如下目标任务：

(1) 提高物流系统的吞吐能力和运转效率，以适应经营业务范围扩展的需求。

(2) 提高物流作业效率，快速响应客户的需求，供货准确适时，为客户提供必要的信息咨询服务，提高核心竞争力。

(3) 建立一个柔性物流配送中心，主动适应未来产品的变化需求，及时响应运行过程中可能出现的各种意外情况，保证正常运转。

(4) 完善信息服务，及时、可靠地为客户提供相关信息，以便对物流系统中的产品进行实时跟踪。

(5) 减少缺货现象，降低缺货率。

(6) 改善劳动条件和工作环境，减轻员工的劳动强度。

(7) 合理规划运输，关注废弃物的回收与再利用，减放、减排，提倡低碳物流、绿色物流，做到环境友好。

由此可知，物流配送中心规划与设计总的目标是使人力、资金、设备和人流、物流、信息流得到最合理、最有效、最环保的配置和安排，力求以最小的投入获取最大的效益和最强的服务竞争力，最终达到最优的总体目标。

2. 配送中心规划和设计的原则

配送中心规划和设计的原则见表7-10。

配送中心规划和设计的原则　　　　　　　　　　　　　表 7-10

系统工程原则	配送中心的工作可视为一个开放的系统,该系统包括进货入库、储存保管、搬运装卸、拣选、流通加工、包装配送以及信息处理等内容。这些作业内容相互联系、相互影响。因此,在配送中心进行规划和设计时,应将其视为一个系统工程来进行
需求导向原则	配送中心的规划和设计应以市场和客户的物流需求和业务需求为导向,才能使得配送中心既能高效运作,又能提高设备利用效率
环境保护原则	在当今低碳经济背景下,环境保护是配送中心规划和设计应遵循的重要的原则,应当充分把握经济性与环保的平衡,尽量减少对环境的影响
可靠性原则	可靠性实际上就是要求系统的准确性和稳定性,一个可靠的配送系统要在正常情况下达到系统设计预期精度要求的同时,在主系统软、硬件环境发生故障的情况下仍能部分使用和运行
经济性原则	既要保证高质量、高水平,又要追求低成本。体现在建造物流配送中心方面,因为配送中心建设耗资巨大、建设周期长,因此要力求以最少的投资取得最大的企业效益与社会效益
科学化原则	通过合理选择、组织和使用各种先进的物流机械化、自动化设备,以及采用计算机进行物流管理和信息处理,实现工艺、设备和管理的科学化,以充分发挥配送中心多功能、高效率的特点,提高经济效益和现代化管理水平
低运费原则	配送中心主要是进行运输与配送活动,因而低运费原则具有特殊性。运费与运距、运量有关,所以低运费原则常简化成运距和运量的问题,通过数学方法来解决此类问题,可以作为配送中心布局的参考
竞争原则	物流活动是服务性、竞争性非常强的活动。如果不考虑市场机制,而以路线最短、成本最低、速度最快等角度考虑问题,一旦布局完成,便会导致垄断的形成和服务质量的下降,甚至由于服务性不够而在竞争中失败。因此,配送中心的布局应体现竞争原则
柔性原则	在规划物流配送中心时,无论是规划建筑设施、选择机械设备、设计信息系统还是安排作业流程,都要考虑其应对变化的能力,是否具备一定的柔性,是否能够满足业务量的增加、经营范围的拓展等变化
发展原则	规划物流配送中心时,无论是建筑设施的规划和机械设备的选择,还是信息处理系统的设计,都要考虑使其柔性化程度较高、应变能力较强,以适应物流量增大、经营范围拓展的需要
软件先进、硬件适度原则	在物流领域不断出现了许多先进的设施设备和实用技术,在物流配送中心规划与设计时,应对这些先进技术的技术指标、使用条件、功能需求、能力要求和经济成本等方面进行综合论证,选择合适的应用于配送中心
交通便利性原则	配送中心的规划与设计,要考虑周围的交通环境。交通便利原则包括两个方面:一是布局时要考虑现有的交通条件;二是布局时必须同时把交通作为布局的内容来处理。如果配送中心规划与设计时不考虑交通,就会使得配送中心运营困难,成本增加

二、带时间窗的配送优化

带时间窗的配送优化问题可以归结为时间窗车辆路径问题,而针对时间窗不同的修饰词,以及所需要解决的不同问题,可以将其分为以下几个方面:硬时间窗和软时间窗,单时间窗和多时间窗等。下面将从不同的方面来对时间窗车辆路径这一问题进行概述。

1. 硬时间窗和软时间窗车辆路径问题

配送优化是整个物流系统中非常重要的一个环节，而配送又与时间关系密切。一般而言，时间窗车辆路径问题指，客户对车辆到达时间以及服务时间存在一定的要求，并且对于车辆送达时间没有达到客户要求时，也会有相应的处理方法。

首先对于硬时间窗车辆路径问题而言，可以将其分为以下两种情况：第一种情况，如果客户对配送车辆的到达时间有最早和最晚时间的要求，而且车辆在时间窗内到达后开始服务，完成服务的时间不得超过规定接受服务的最晚时间要求，当配送车辆不满足这一要求时，则客户可直接拒绝此次服务，这一问题则被称为带硬时间窗的配送路径问题。第二种情况，客户要求配送车辆在规定的最早和最晚时间内到达，如果车辆未在规定的时间窗内到达，则客户直接拒绝此次服务，其中包括车辆可以接受服务的最早时间，以及晚于车辆可以接受服务的最晚时间到达，早到必须等待，晚到必须拒收。这样的问题称为带硬时间窗的车辆路径问题。

相应地，软时间窗车辆路径问题则更为复杂，关于时间窗会有以下3种情况发生：第一种情况是如果车辆在时间窗内到达，但是该车辆完成服务之后的时间超过客户规定时间窗中的最晚接受服务时间，则还是允许此次服务的发生，但是可能会影响该车辆到达下一节点的时间。第二种情况是如果配送车辆早于时间窗的最早接受服务的时间到达，而且客户接受这种早到配送的服务，但是需要对其加入早到惩罚成本。最后一种情况为，如果配送车辆到达时间晚于时间窗的最晚接受服务的时间，客户还是接受此次服务，但也需要对其加入晚到惩罚成本。

2. 单时间窗和多时间窗的配送路径问题

如果时间窗比较单一，即假设对于每个客户而言，一天之内只允许单个时间段接受车辆配送服务，则认为每个客户拥有单个时间窗，这种问题也被称为单时间窗配送路径问题；类似地，如果时间窗比较灵活，即假设对于每个客户而言，其接受服务的时间可以是一天之内的若干个时间段，这样则认为每个客户都拥有多个时间窗，这样的问题被称为多时间窗配送车辆路径问题。

下面对多时间窗车辆路径问题通过以下假设进行详细表述。假设存在这样一种情况，某辆车从配送站点A出发，预计依次经过B,C,D三个客户节点。首先车辆按照时间窗的要求到达客户节点B，但是由于该车辆在B客户节点消费的服务时间太长，虽然并没有在B客户节点接受时间惩罚，但是可能影响到达客户节点C的时间，可能会晚到，此时如果C点还有第二个时间窗可接受服务，那么可以首先服务D客户节点，服务完D客户节点之后，再服务C客户节点。假设此时到达C客户节点的时间刚好满足C客户节点的第二个时间窗的要求，那么经过此次分配，则可以减少时间惩罚成本，而且还能够顺利完成此次配送的任务。但与此同时，这样的多时间窗车辆路径问题必然会增加求解的难度。

在多时间窗的配送路径问题中，对于每一个客户而言，其可以接受多个配送服务的时间范围，其中每个客户的多个时间窗以及时间窗的范围值是问题模型规定好的，模糊预约时间窗的配送路径问题确定是为了提高客户满意程度。在实际生活中，客户的满意程度并不是只有满意和不满意两种情况，因此把客户的满意程度通过使用一个线性函数来表示似乎更加准确。可以将客户的满意程度划分在一定的范围之内，以一个时间段为中心，早于或者晚于这一时间段的程度越大,表示该客户的满意程度越小,直到客户满意度为0,这就是模糊预约时间的概念。这样用模糊预约时间来替代时间窗,就可以将传统的时间窗转变为客户最满意的时间窗时段,在客户最满意的时间窗时段的两边各增加一段客户最多可容忍的时间段,并将这种变化体现在最后的目标函数中。

三、随机配送优化

相比其他经典配送方式,随机配送更加符合实际需求。我们可以将随机分配问题这样描述:车辆从配送始发地出发向多个客户送货,始发地和各目的地的坐标以及送货车辆的容量是已知的,每个客户的货物需求量在安排车辆路径时便可以确定,但每个客户的实际货物需求量只有车辆送达客户后才知道。在设计合理的车辆行驶路径、满足一定的约束条件下,使得配送车辆在按照该路径行驶的距离期望值为最短。

图模型是随机车辆路径问题模型的基本表达形式,图模型可定义为:$G=(V,A)$,节点集合 $V=\{0,1,2,\cdots,n\}$,节点 0 表示服务中心,其他表示客户 $A=d_{ij}(i,j\in V)$ 表示各节点之间的距离;客户 i 的需求量 q_i 分布已知,各个节点之间的距离 d_{ij} 已知并且对称,d_{ij} 满足 $d_{ij}<d_{ik}+d_{kj}$,目标规划车辆行驶路线使得车辆总的行驶距离最短。

随机需求车辆配送问题在其目标函数、求解过程、求解问题的算法上与确定性配送问题的方法存在很大的不同。

(1)目标函数。在确定性配送问题中,各种信息是确定的,如车辆行驶距离最短、运输成本最低、车辆行驶时间最短、客户满意度最高等这些目标函数容易确定,并且对于一个特定的客户序列其目标值是固定不变的。但对于随机配送路径问题,客户的需求是随机的,在制定目标函数时要考虑以后出现的实时信息对目标的影响,从而使得目标函数具有多阶段性,并且目标函数的值是期望值,信息的随机性使得模型更加复杂。

(2)求解过程。在制定随机需求车辆路线的过程中,不同的制定者具有不同的思维习惯,对未来可能出现的信息掌握、分析、运用的方式会有所不同,因此会产生不同的结果。所以,在制定随机配送路线时会包含很多的人为因素,从而导致随机需求车辆路径问题的求解过程会变得更加困难。

(3)求解问题的算法。由于随机配送路径问题在目标函数及求解过程中的一些特征,人们需要对启发式算法进行改进和设计,来对随机需求车辆路径问题进行求解。为了得到更好的解,有时需要两种以上的算法结合起来求解模型。通过多种算法共同求解模型,可以有效避免单一算法带来的缺点,从而提高解的质量。

目前,对于求解随机配送路径问题的策略主要有以下两种:

(1)重优化策略。在客户的需求信息无法获取的情况下,先利用制定的规则得到经过所有客户的回路即预回路,在客户的需求明确后再重新规划车辆行驶路线。

(2)预优化策略。在客户需求未知时产生预回路,当需求信息明确后,通过一定的规则调整预回路,而不用重新规划行驶路线,所以预优化策略与重优化策略相比能够更加节约规划时间、提高效率。将产生预回路称为预优化策略的第一阶段,对预回路的调整称为该策略的第二阶段。第二阶段的结果受第一阶段的影响,所以在产生预回路时要考虑第二阶段目标值的变化,通过变化选择合适的预回路策略。

第四节 配送的现代化与发展趋势

一、配送的现代化

1. 现代配送的特点

(1) 虚拟性。虚拟性是在信息网络构筑的虚拟空间中进行的配送活动,通过对配送活动的现实虚拟,生成各种虚拟的环境。网络经济的虚拟性特点可使企业对配送活动进行有效的实时监控,保证配送环节的合理衔接,提高配送效率。

(2) 高效性。配送企业可以根据用户的需求情况通过信息传递系统调整库存的数量和结构及订货的数量和结构,进而调整配送作业活动;而对于一些非程序的活动,可以通过信息自动传递系统进行提示或预报,调节配送,提高信息的传输和配送效率。

(3) 低成本性。现代配送节约了配送双方的库存成本。在现代配送的情况下,可以有效地利用现代信息技术及交易等优势,减少配送双方的库存规模。现代配送降低了配送双方的销售成本、租金成本、结算成本及单方的传输成本。

(4) 个性化。个性化的特点是指现代配送能够根据用户的不同需求提供一对一的配送服务,以更好地满足不同用户的配送需求。个性化配送能够适应用户需求多样化的发展趋势。

2. 配送现代化的发展

(1) 利用高新技术打造智慧物流配送系统。一是构建智能仓库,通过智能机器人和自动分拣系统节省人力成本,提高作业效率。使用无人驾驶叉车可对货物进行搬运上架等业务操作,应用智能设备(如免持扫描设备、现实增强技术、智能眼镜等)来提高分拣效率并降低错误率。二是打造智慧运输配送系统,最新运输配送技术主要是无人驾驶卡车技术的运用。该技术将改变现代物流的格局,有效地降低物流成本,同时也可以充分利用运力资源等。

(2) 形成线上线下集成配送网络。在城市配送系统中,线上物流配送主要是城市快递配送体系、O2O(Online to Offline,离线商务模式)众包模式或外卖模式,其物流的设施设备主要表现为以电动三轮车或者电动自行车为主的"最后一公里"的配送;线下物流配送主要是以物流服务为主的配送企业,其物流资源主要表现为以小型货运车辆为主的渠道供应商向零售门店的配送。而线上线下配送网络的集成,要求共享支线运输资源和网络中转点,将线下实体门店作为城市中最末端的中转站点,既具备原有的零售功能、线下体验的服务,又能成为"最后一公里"配送前的接驳站点,将库存放置在离消费者最近的地方,从而提高客户订单的响应速度和服务水平。

(3) 提高组织化规模化水平,打造绿色的配送系统。新的流通模式需要有新的城市配送服务模式与之相匹配,形成完整的产业链,强化信息沟通机制和信任机制,发挥协同规模效益,积极发展新型集约化配送模式。同时要注重提高城市配送体系的组织化、规模化水平,扶持发展专业的第三方城市配送公司强大起来。加强对新能源汽车、公铁融合、平台公共服务等绿色技术的应用,在尊重市场规律的基础上,强化技术更新,注重环境保护,并重视与现有的商贸节点、末端网点、多式联运等设施资源统筹规划,重视以绿色货运车辆串联网络节点,形成高效的绿色配送体系。

二、配送的发展趋势

随着现代信息技术的快速发展,越来越多的智能化、自动化设备应用于物流领域,配送的模式也发生了巨大的变革,配送效率不仅更高效、精确,配送服务也越来越满足个性化需求。配送的未来的新发展模式主要有以下几种。

1. 零库存配送

零库存是伴随着配送而产生的一种经济现象。在生产和流通实践中,这种先进的、带有现代化色彩的物流运动可以集中库存的优势,为众多的生产者和经营者提供周到的、全方位的后勤服务,能够有效地适应生产节奏的变化和市场形式的变化。通过配送方式实现零库存的具体做法是:以多批次、小批量的方式向用户配送货物;用集中库存和增强调节功能的办法,有保障地向用户配送货物;配送企业采用即时配送和准时配送的方式,向需求者供货。

2. 落地配

"落地配"从字面上理解,就是货物在到达城市落地后,由到达城市的物流公司实施配送操作,即只完成最后一个配送的物流程序。落地配的流程区别于普通快递的全程经转,它从干线委托运输区域分拨中心或总仓调地至分仓,通过区域支线配送,转运至郊区或地县营业部,然后进行配送。它通常以区域中心为闭环,主要面向 B2C(Business to Consumer,商对客)类电子商务大客户,集中取件送件或兼顾同城散件配送,有些也提供分仓管理。落地配的具体操作流程如图 7-15 所示。

图 7-15　落地配的具体操作流程

3. 共同配送

共同配送的特点是:可以控制各个配送企业的建设规模;实现设施共享,减少浪费;改善交通环境;提高效益。

共同配送的目的主要是合理利用物流资源。根据物流资源的利用程度,共同配送大体上可分为以下几种具体形式,见表 7-11。

共同配送的形式及其特点　　表 7-11

系统优化型共同配送	由一个专业物流配送企业综合各家用户的要求,对各个用户统筹安排在配送时间数量、次数、路线诸多方面作出系统最优的安排,在用户可以接受的前提下,全面规划、合理计划地进行配送
车辆利用型共同配送	车辆利用型共同配送有 3 种方式,分别为车辆混载运送型共同配送、返程车辆利用型共同配送和利用客户车辆型共同配送
接货场地共享型共同配送	是一种将多个用户联合起来,以接货场地共享为目的的共同配送形式。一般是用于用户相对集中,并且用户所在地区的交通、道路、场地较为拥挤,各个用户单独准备接货场地或货物处置场地有困难的配送,由多个用户联合起来设立配送的接收点或货物处置场所
配送设施利用型共同配送	在一个城市或一个地区中有数个不同的配送企业时,为节省配送中心的投资费用,提高配送运输效率,多家企业会共同利用已有的配送中心、配送机械等设施对不同配送企业用户共同实行配送

4. 无人机配送

无人机配送具有以下特点：

(1) 超越时空，配送效率高。对于地面运输，无人机可以依靠高效的定位技术，有效地避免交通拥堵情况并快速将商品送至客户手中，达到配送及时性的要求。

(2) 节约人力，降低成本。由于物流配送属于劳动密集型产业，所以使用无人机进行配送可以减少企业用工数量，缓解企业用工压力，降低企业人力成本。

(3) 适应性强，配送要求低。无人机可以采用弹射或垂直起飞方式便可实现无人机的起降，对场地要求较低，适用于边远地区物流配送领域、应急物流配送领域和军事领域的补给。

5. 智能配送

智能物流配送是指在配送规划时，运用计算机、图论、运筹、统计、GIS 等技术，根据配送的要求，由计算机自动规划出一个最佳的配送方案，包括物品的装载与车辆的调度、配送路线规划的优化等方案，旨在降低物流成本，提高客户服务水平，减轻调度人员和驾驶员劳动强度，满足城市配送、电子商务、电话购物等现代城市物流配送业务的发展需要。智能配送以车辆最少、里程最少、运输费用最低、时间最快、满意度最高等因素为目标，把配送订单科学地分配给可用的车辆，结合配送路线的规划进行合理的装载，以完成配送任务。

6. 绿色配送

绿色配送是指通过选择合理的运输路线，有效利用车辆，科学配装，以提高运输效率，降低物流成本和资源消耗，并降低尾气排放。绿色配送运输是指在配送运输过程中抑制配送对环境造成危害的同时，实现对配送环境的净化，使配送资源得到最充分的利用。绿色配送包括配送作业环节和配送运输管理全过程的绿色化，有利于企业配送管理水平的提高，有利于环境保护和可持续发展，对企业经济的发展意义重大。

第八章 物流信息与信息系统

第一节 物流信息

一、物流信息的概念

物流信息(Logistics Information)是反映物流各种活动内容的相关知识、资料、消息、报表、数据、图形、文件、语言、声音等信息以及相关信息加工与处理的技术的总称。

物流信息是物流活动中各个环节生成的信息,是指与物流活动(如运输、保管、包装、装卸、流通加工等)有关的信息。物流信息一般是随着从生产到消费的物流活动的产生而产生的信息流,与物流过程中的运输、保管、装卸和包装等各种功能有机结合在一起,是整个物流活动顺利进行所不可缺少的物流资源。如运输工具的选择、运输路线的确定、在途货物的追踪、仓库的有效利用和订单管理等,都需要详细和准确的物流信息。

现代物流发展趋势是物流的信息化,现代物流也可看作是物资实体流通与信息流通的结合。在现代物流运作过程中,通过使用计算机技术、通信技术、网络技术等手段,大大加快了物流信息的处理和传递速度,从而使物流活动的效率和快速反应能力得到提高。建立和完善物流信息系统,对于构筑物流系统,开展现代物流活动是极其重要的一项工作内容。物流信息在物流系统中,既同其他物流功能一样表现成其子系统,但又不同于其他物流功能,它总是伴随其他物流功能的运行而产生,又不断对其他物流以及整个物流起到支持保障作用。

二、物流信息的特点

物流信息除具有信息的一般特性外,还具有以下特点,如图8-1所示。

图8-1 物流信息的特点

1. 信息量大,复杂性强

物流信息分布面广,信息量大,一方面是因为物流信息伴随着物流活动产生,其范围由物体的位移决定;另一方面,在物流活动过程中产生的物流信息的种类也较其他信息多,而且更为复杂。例如为了使库存补充作业合理化,许多企业采用了 EOS(Electronic Ordering System,电子订货系统),进而产生了大量的物流信息。随着物流活动的不断扩展和信息技术的发展,甚至需要在全球范围内对物流传息进行收集、处理和加工,物流信息的信息量在今后将会越来越大。

2. 动态性高，时效性强

物流活动是一个动态的过程，在这一过程中产生的信息处于不断变化之中，例如利用 POS(Point of Sale，销售终端)系统的即时销售使得各种作业活动频繁发生，从而要求物流信息不断更新，而且更新的速度越来越快。物流信息本身的复杂性以及物流所面对客户的多样性决定了物流信息价值衰减速度快、实效性强，因而对信息管理的及时性提出了较高的要求。

3. 来源多样，范围广泛

物流信息不仅包括物流系统内部各个环节的不同种类的信息(如生产信息和库存信息等)，而且包括物流系统外与物流活动相关的企业间物流信息，如供应商、制造商、批发商、零售商等产生的物流信息。物流信息种类多、来源广，多样化的物流信息增加了信息处理的复杂度与难度。

4. 趋于标准化

由于物流信息种类多，不仅本系统内部各个环节有不同种类的信息，且与其他系统(如生产系统和供应系统)密切相关，企业竞争优势的获得需要供应链各参与企业之间相互协调合作。协调合作的手段之一是信息及时交换和共享。随着信息处理手段电子化，要求物流信息标准化。现在，越来越多的企业力图使物流信息标准化和格式化，并利用 EDI(Electric Data Interchange，电子数据交换)在相关企业之间进行传送，实现信息共享。

三、物流信息的分类

1. 按照信息来源不同分类

按照物流信息的来源不同，物流信息可分为物流系统内部信息和物流系统外部信息两大类。

(1)外部信息。外部信息是指在物流活动以外发生但提供给物流活动使用的信息，包括供货人信息、客户信息、订货合同信息、交通运输信息、市场信息、政策信息，还有来自企业内生产、财务等部门的与物流有关的信息。

(2)内部信息。内部信息是来自物流系统内部的各种信息的总称，包括如运输、保管、包装、装卸、配送、流通加工等物流相关信息，如图 8-2 所示，它是伴随物流活动而发生的。

2. 按照物流信息的功能不同分类

按照物流信息功能的不同，物流信息可以分为计划信息、控制及作业信息、统计信息和支持信息等。

(1)计划信息。计划信息是指尚未实现的但已当作目标确认的一类信息，如物流量计划、仓库进出量计划、车皮计划、与物流活动有关的国民经济计划、工农业产品产量计划等。

图 8-2　物流系统的内部信息

计划信息对物流活动有非常重要的战略意义，其原因在于，掌握了这个信息，便可对物流活动本身进行战略思考。例如，如何在这种计划前提下来规划自己战略的、长远的发展等。因此，计划信息往往是战略决策或大的业务决策不可缺少的依据。

(2)控制及作业信息。控制及作业信息产生于物流活动过程中,具有很强的动态性、时效性,更新速度快,是掌握物流状况不可缺少的信息。如库存种类、库存量、在运量、运输工具状况、物价、运费、投资在建情况等。物流活动过程中产生的信息都是上一阶段过程的结果信息,并不是此项物流活动最终结束后的信息。这种信息的主要作用是可以控制和调整正在发生的物流活动和指导下一次即将发生的物流活动,以实现对过程的控制和对业务活动的微调。

(3)统计信息。统计信息是物流活动结束后,对整个物流活动的一种终结性、归纳性的信息。这种信息是一种恒定不变的信息,有很强的资料性。例如,上一年度、月度发生的物流量、物流种类、运输力式、运输工具使用量、仓储量、装卸量,以及与物流有关的工农业产品产量、内外贸易量等都属于这类信息。掌握了统计信息,就可以了解过去的物流活动及规律,以指导物流战略发展和制订计划。物流统计信息也是国民经济中非常重要的一类信息。

(4)支持信息。支持信息是指对物流计划、业务、操作具有影响,或有关的文化、科技、产品、法律、教育、民俗等方面的信息,如物流技术的革新、物流人才需求等。这些信息不仅对物流战略发展具有价值,而且能对控制、操作起到指导和启发的作用,是从整体上提高物流水平的一类信息。

3. 按照物流信息的加工程度不同分类

按照加工程度的不同,物流信息可分成两类,即原始物流信息和加工物流信息。

(1)原始物流信息。原始物流信息是指未经过加工的信息,是进行物流信息管理工作的基础,也是最有权威性、最具说服力的凭证性信息。在物流活动过程中,如果需要对相关物流信息进行核实,便可从原始物流信息中找到真实的数据资料作为核对依据。

(2)加工物流信息。加工物流信息是指运用各种加工方法对原始物流信息进行不同层次的处理后形成的信息。这种信息是原始物流信息的提炼、简化和综合,它可以大大缩小信息存量,并将信息整理成有使用价值的数据和资料。

4. 按照管理层次不同分类

按照管理层次的不同,物流信息可分为战略决策信息、管理控制信息和作业信息。其中,战略决策信息是产生于物流管理的高层决策的信息;管理控制信息属于中层决策信息;作业信息产生于物流作业层,是物流管理最基础的信息,其信息量最大,涉及的面较为广泛,出现的频率也较其他两种物流信息高。

四、物流信息的功能

1. 流程控制功能

物流信息的流程控制作用就是记录、控制物流活动的基本内容。例如,当收到订单,就记录了第一笔交易的信息,意味着流程的开始。随后按照记录的信息安排存货,指导材料管理人员选择作业程序,指挥搬运、装货及按订单交货,这些活动都在物流信息的控制下完成。流程物流信息的主要特征是:程序化、规范化,在作用上强调效率。

2. 管理控制功能

物流服务的水平和质量及现有管理个体和资源的管理,要由信息系统作出相关的控制。应该建立完善的考核指标体系来对作业计划和绩效进行评价和鉴别,这里强调了信息对加强控制力度的作用。通过移动通信、计算机信息网、电子数据交换、全球定位系统等技术能够实现物流信息处理网络化,如进行货物实时跟踪、车辆实时跟踪,以提高管理力度;又如通过每磅的运输和仓储成本、存货周转、供应比率等信息可以进行成本衡量、资产衡量、顾客服务衡量等功能衡量和报告。畅通的信息通道是实现物流运行控制、服务质量控制、成本控制的基本前提。

3. 协调沟通功能

物流信息的协调沟通功能是指沟通货主、用户、物流服务提供者,满足各类货主、用户、中介服务人,以及不同物流环节协同运作的需要。在物流运作中,加强信息的集成与流通,有利于提高工作的时效性,提升工作的质量与效率,减小劳动强度系数。例如,零售商与物流企业共享商品销售信息,使得物流企业可以据此预测库存情况并及时补货,使库存保持在最佳水平。

4. 战略决策功能

物流网络规划决策、运营线路设计与选择、仓库作业计划、库存管理、利用外部资源补充内部瓶颈资源、物流系统运行中的短期决策等管理工作都需要大量经过处理的信息支持,包括评估信息、成本-收益信息等。该层次物流信息的特征是范围广、时间跨度大、非结构化程度高,在作用上强调有效性而不是强调效率。

五、物流信息的作用

通过对物流信息的科学管理和应用,可以有效整合物流系统的活动,以增强其运作效率,缩短从接受订货到发货的时间,使库存适量化,提高搬运作业及运输效率等。具体来说,物流信息的作用主要表现在以下几个方面。

1. 物流信息在现代物流业中起着神经中枢的作用

物流信息能有效衔接物流业务运作的各个环节。物流运作的整个过程是由采购、运输、库存以及销售等一系列活动构成的,这些活动在企业内、外部互相作用形成一个有机的整体系统。在这个过程中,各环节之间的沟通与衔接得益于物流信息及时有效的传递与应用。物流信息是物流各业务环节保持顺畅的桥梁和纽带,对于物流业务效率的提高、物流成本的降低起着至关重要的作用。如图 8-3 所示,物流信息一直存在于物流业务流程中,物流业务的进程也是物流信息流动的进程,物流信息为物流活动的各个环节提供一定的指导和参考。

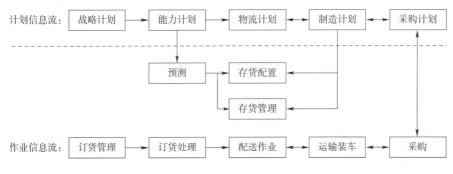

图 8-3 物流业务流程图

2. 物流信息在现代物流业中起着支持保障的作用

物流信息能协调企业对物流活动各环节的计划与控制。在物流运作过程中,加强信息的集成与流通,有利于充分有效地利用信息,提高物流工作的质量与效率,降低劳动强度系数。只有通过高效的物流信息传递和反馈,才能实现整个系统的合理高效。在整个物流活动过程中,每一个活动环节都会产生大量的物流信息,物流系统通过合理应用现代信息技术,对这些信息进行挖掘和分析,得到每个环节下一步活动的指示性信息,从而对各个环节的活动进行协调与控制。因此,利用物流信息能够有效地支持和保证物流活动顺利进行。

3. 物流信息在现代物流业中起着决策支持的作用

辅助决策可以促进物流管理水平的提高。物流运作过程的管理不仅需要来自系统内部的信息,而且需要大量来自系统外部的信息作为决策的参考和依据。通过运用科学的分析工具,对物流活动所产生的各类信息(包括系统内、外部产生的信息)进行科学分析,以便获得更多富有价值的信息。通过物流系统各环节的信息共享,可有效地缩短订货提前期,降低库存,提高搬运和运输效率,减少递送时间,提高订货和发货精度,及时、高效地响应顾客提出的各种问题,从而极大地提高顾客满意度和企业形象,提高物流系统的竞争力。

物流系统产生的效益来自整体物流服务水平的提高和物流成本的下降,而物流服务水平的提高与畅通的物流信息在物流过程中的协调作用是密不可分的。物流管理通过加强各活动和实体之间的信息交流与协调,使其中的物流和资金流能够保持畅通,实现供需平衡,提高经济效益。

六、物流信息的采集及处理

物流信息的来源主要包括货物的属性、状态以及货物的关联人等。

物流信息终端是完成信息采集与预处理的主要工具。智能信息终端的核心是嵌入式32位微处理器和其嵌入式操作系统,主要包括以下功能性模块:

(1) 嵌入式32位微处理器;
(2) 嵌入式操作系统;
(3) 显示单元;
(4) 输入/输出模块;
(5) 存储单元;
(6) 物流等信息管理应用软件平台;
(7) 卫星定位与导航;
(8) 电子身份与牌照;
(9) 通信与组网模块。

物流信息采集与处理终端系统架构如图8-4所示。

物流信息采集与处理的关键技术主要有以下几个方面。

1. 条码技术

条码技术是在计算机的应用实践中产生和发展起来的一种自动识别技术,现已广泛应用于商业、邮政、仓储、交通等领域,为人们提供了一种对物流中货物进行标识和描述的方法,以实现货物信息的采集。条码技术是实现 POS 系统、EDI、电子商务、供应链管理的技术基础,是物流管理现代化、提高企业管理水平和竞争能力的重要技术手段。

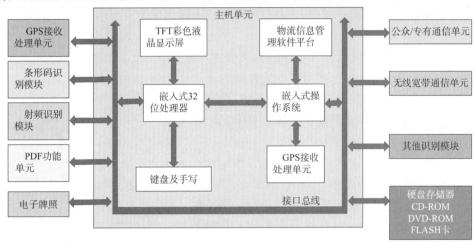

图 8-4　物流信息采集与处理终端系统架构

注:TFT 指薄膜晶体管(Thin Film Transistor)。

条形技术的优点在于,采集信息的输入速度快;可靠性高;采集信息量大;灵活实用;使用成本较低。

2. EDI 技术

EDI 是指通过电子方式,采用标准化的格式,利用计算机网络进行结构化数据的传输和交换。构成 EDI 系统的 3 个要素如图 8-5 所示。

EDI 采集数据信息的工作模式为:用户在计算机上进行原始信息数据的编辑处理,通过 EDI 转换软件(Mapper)将原始信息数据格式转换为平面文件(Flat File),平面文件是用户原始资料格式与 EDI 标准格式之间的对照性文件。通过翻译软件(Translator)将平面文件变成 EDI 标准格式文件,然后在文件外层加上通信信封(Envelope),通过通信软件(EDI 系统交换中心邮箱 Mailbox)发送到增值服务网络(VAN)或直接传送给对方用户,对方用户则进行相反的处理过程,成为用户应用系统能够接收的文件格式,最终实现物流信息的处理工作。

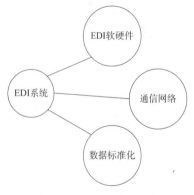

图 8-5　EDI 系统的构成要素

3. 射频技术

射频识别技术是一种非接触式的自动识别技术,它通过射频信号自动识别目标对象来获取相关数据。识别工作无须人工干预,可在各种恶劣环境中工作。例如用在配送中心的流水线上跟踪货物,可实现对于货物信息实时、准确的反映。长距射频产品多用于交通上,识别距离可达几十米,如自动收费或识别车辆身份等。

4. GIS 技术

GIS 是指以地理空间数据为基础,采用地理模型分析方法,适时地提供多种空间的和动态的地理信息。GIS 是一种为地理研究和地理决策服务的计算机技术系统。在物流领域的应用中，GIS 主要应用于货物的运输过程，将货物运输信息数据转换为地理图形显示，然后对显示结果浏览、操作和分析，以实时显示运输车辆的情况。GIS 的显示范围可以从洲际地图到非常详细的街区地图，显示对象包括运输路线、运输路况等。

5. GPS 技术

GPS 是一个高精度、全天候和全球性的无线电导航、定位和定时的多功能系统，并具有在海、陆、空进行全方位实时三维导航与定位能力。

其特点主要有：全天候；全球覆盖；三维定速定位高精度；节时高效；应用广泛。

GPS 技术在物流领域中的应用主要有以下几个方面：

(1) 物流配送。GPS 可将车辆的状态信息以及客户的位置信息快速、准确地反映给物流系统。

(2) 货运车辆跟踪。GPS 与 GIS 技术和车辆管理信息系统相结合，可以实时显示车辆的实际位置，能够掌握车辆的基本信息，并进行远程控制。

(3) 导航功能。利用 GPS 技术可以向货运车辆的驾驶员提供实时路线信息，为驾驶员快速提供合理的运输路线。

(4) 报警功能。当运输车辆在运输过程中发生故障和一些意外的情况时，GPS 可以及时地反映发生事故的地点，车辆调度中心会尽可能地采取相应的措施来减少损失。

以上这些关键技术使得物流信息得以充分采集和应用，在物流领域中发挥着重要作用。

第二节　物流信息系统

一、物流信息系统的概念

物流信息系统(Logistics Information System，简称 LIS)是以与企业有关的物流业务为对象，按照现代管理理想、理念，以信息技术为支撑所开发的信息系统，也是物流战略信息系统(Strategic Information System，简称 SIS)和物流决策支持系统(Decision Support System，简称 DSS)的基础。它是由人员、设备和程序组成的，为物流管理者执行计划、实施、控制等职能提供信息的交互系统，与物流作业系统一样都是物流系统的子系统。该系统充分利用数据、信息、知识等资源，实施物流业务、控制物流业务、支持物流决策、实现物流信息共享，以提高物流企业业务的效率、决策的科学性，其最终目的是提高企业的核心竞争力。

物流信息系统强调从系统的角度来处理企业物流活动中的问题，把局部问题置于整体之中，以求整体物流活动最优化，并使信息及时、准确、迅速地送到管理者手中，从而提高管理水平。物流信息系统是通过对与企业物流相关的信息进行加工处理来实现对物流的有效控制与管理，并为物流管理人员及其他企业管理人员提供战略及运作决策支持的人机系统。其具体作用是把大量的事务性工作即工作流的问题交由计算机来完成，使人们从烦琐的事务中解放出来，有利于管理效率的提高。物流信息系统在解决复杂的管理问题时，可广泛应用现代数学成果，建立多种数学模型，对管理问题进行定量分析。

鉴于供应链管理和现代物流管理自身的特征，供应链和物流管理系统是典型的柔性化和敏捷性系统,不仅要整合内外部资源和能力,还要做到快速反应。因此,物流信息系统除具有一般管理软件的特点之外,还有其自身的特点:不是简单的基于"记账式"系统,而是基于优化技术的管理和决策支持系统;同时出于反应的敏捷性和业务运作环节的无缝连接要求,物流信息系统需要集成自动信息采集识别技术、通信技术、定位技术等,所以从某种角度来讲,物流信息系统还是一个实时动态控制系统。物流信息系统是提高物流运作效率、降低物流总成本的重要基础设施。

物流信息系统是整个物流系统的心脏,是现代物流企业的灵魂。对于物流企业来说,拥有物流信息系统在某种意义上比拥有车队、仓库更为重要。物流信息系统在物流运作过程中非常关键,并且自始至终地发挥着不可替代的中枢作用。随着信息经济的发展,物流信息系统在现代物流中的作用愈加重要。

二、物流信息系统的类型

1. 按照管理决策的层次不同分类

按照管理决策的层次不同,物流信息系统可以分为物流作业管理系统、物流协调控制系统和物流决策支持系统,各系统功能如图8-6所示。

图 8-6 物流信息系统按照管理决策层次不同分类

2. 按照物流职能不同分类

按照物流职能不同,物流信息系统可以分为以下几种:

(1)运输管理信息系统。运输管理信息系统负责指挥和控制大规模的运输任务,能够在满足需求的情况下,尽可能以最低的成本使业务顺利进行,负责指挥车辆的运行、分配运力和记录车辆的运行情况。

(2)仓储管理信息系统。现代化的仓库设施越来越趋向于自动化,一套完整、先进的库存管理系统是其重要的组成部分。库存管理系统一般负责货位管理、仓库设施控制、库存货品记录、仓库安全控制等。

(3)装卸搬运自动化控制系统。装卸搬运自动化控制系统负责控制和指挥人力或者自动化搬运系统完成装卸和搬运作业。该类系统通常和自动化搬运设备相配合,用以快速、准确地完成装卸和搬运作业。

(4)加工处理系统。加工处理系统负责设计加工方式、计划加工作业流程、指挥机械和人力完成加工作业等。

(5)信息集中系统。信息集中系统负责处理生产经营中所产生的各种信息,并按照一定的方式对信息进行处理,最终得到可以指导企业生产经营的信息。

3. 按照系统应用对象不同分类

在供应链上,不同的环节和部门所实现的物流功能都不尽相同。根据物流企业在供应链上发挥的作用和所处的地位不同,物流信息系统可以分为以下几种:

(1)面向制造企业的物流信息系统。制造企业在供应链中处于中间环节。在其物流业务管理中,既包括组织原材料、物料、日常耗用品等的供应链物流,也包括完成产品销售供货的销售物流,同时还包括在生产过程中的包装、搬运、存储等生产物流。制造企业根据其销售情况确定生产计划后,就要制订原材料物资采购计划以配合生产进度,同时储备一定数量的产品以供应销售。当企业的生产管理系统将生产计划、采购计划、销售计划设计出来而转入物流系统后,物流系统即可将采购计划、销售计划分解并设计成物流计划,然后对物流计划进行执行、监督直至生产、销售完成,这样的过程交替出现、互相衔接。

(2)面向零售商、中间商、供应商的物流信息系统。零售商、中间商、供应商本身不生产商品,但它为客户提供商品、为制造商提供销售渠道,是客户与制造商的中介。专业零售商为客户提供同一类型的商品,综合性的零售商如超市、百货商店为人们提供不同种类的商品,这样的企业经营具有商品种类多、生产地点分散、消费者群体极其分散的特点。面向零售商、中间商、供应商的物流信息系统是对不同商品物流配送的进、销、存进行管理的系统。

(3)面向物流企业的物流信息系统。在供应链中专门提供物流服务的物流企业发挥着重要的作用。这类企业包括船公司、货代公司、拖车公司、仓储公司、汽运公司、空运公司和专业的第三方物流企业等。这些企业提供的是无形产品——物流服务。因此,面向这些不同的物流企业的物流信息系统各有不同,可以将它们进一步划分为仓储管理系统、海运管理系统、汽车运输管理系统、铁路运输管理系统、货代管理系统和报关管理系统等。

4. 按照采用的技术不同分类

物流信息系统的实现有多种形式。根据其采用技术的不同,可以分为以下几种:

(1)单机系统。在这种模式下,系统的应用也往往只限于料账管理、打印报表和简单的统计。物流信息系统与企业其他系统(如财务、人事等系统)的运行各不相干、各自独立。这时,物流企业虽然解决了手工制作单证的问题,但内部数据往往难以实现共享,存在大量重复劳动,可能造成同样的数据需要在不同系统中重复输入的情况。

(2) 内部网络系统。这类系统在物流企业中常常采用大型数据库技术及网络技术。内部局域网建成后,物流企业各部门间的信息流动基本实现无纸化,内部数据可以比较好地实现共享。物流企业内部不同地区的子公司之间可以采用企业内联网(Intranet)技术,利用增值网络将企业分布在不同地理区域的机构有机地结合在一起,同时结合互联网(Internet)技术,随时随地向客户和公司的管理层提供所需要的各种信息,从而保证供应链各环节的有机结合。数据的整合和共享无疑能够大大地提高企业的整体效率。

(3) 与合作伙伴和客户互联的系统。在这种模式中,企业内部网络系统与外部的其他合作伙伴及客户的管理信息系统(如 ERP)的接口已做好,数据可通过专门的通信通道进出物流企业,形成物流企业的外联网(Extranet)。这种系统将 Intranet 和 Extranet 有机地结合在一起,充分利用 Internet 技术所带来的便利,以较低的成本和能够迅速扩张的能力,为公司的管理层、协作伙伴以及客户提供各种信息。

三、物流信息系统的作用

物流信息系统是由多个子系统组成的,它们通过物资实体的运动联系在一起,一个子系统的输出是另一个子系统的输入。合理组织物流活动,就是使各个环节相互协调,根据总目标的需求,适时、适量地调度系统内的基本资源。物流系统中的相互衔接是通过信息沟通实现的,而且基本资源的调度也是通过信息的查询来实现的。

物流企业引进先进的信息处理技术,不仅会提高物流企业的自动化程度和信息共享度,提高工作效率、降低成本,更重要的是从根本上改变物流企业的发展战略,在经营和管理方式上上一个台阶。物流企业的管理信息系统可以统一信息的交流渠道,有效地促进物流企业各部门之间的协作,实现物流企业经营管理方式的转变。因此,建立高效、适用的物流管理信息系统,是物流企业管理功能和业务发展的必然要求。

1. 物流信息系统的基本作用

(1) 收集物流信息。物流信息的收集是信息系统运行的起点,也是重要的一步。收集信息的质量(即真实性、可靠性、准确性和及时性)决定着信息时效价值的大小,是信息系统运行的基础。信息收集过程要求遵循一定的原则。首先,要有针对性。重点围绕物流活动进行,针对不同信息需求及不同经营管理层次、不同目的的要求。其次,要有系统性和连续性。系统的、连续的信息是对一定时期经济活动变化概况的客观描述,对预测未来经济发展具有很高的使用和研究价值。最后,要求信息收集过程的管理工作具有计划性,使信息收集过程成为有组织、有目的的活动。

(2) 物流信息处理。收集到的物流信息大都是零散的、相互孤立的、形式各异的,对于这些不规范的信息,必须采用科学方法进行筛选、分类、比较、计算和存储,使之条理化、有序化、系统化和规范化,如此才能成为能综合反映某一现象特征的真实、可靠、适用而有较高使用价值的信息。

(3) 物流信息传递。物流信息传递是指从信息源出发,经过一定的媒介和信息通道输送给接收者的过程。信息传递最基本的要求是迅速、准确和经济。信息传递方式有如下几种:

① 从信息传递方向看,有单向信息传递方式和双向信息传递方式;

② 从信息传递层次看,有直接传递方式和间接传递方式;

③从信息传递时空来看,有时间传递方式和空间传递方式;

④从信息传递媒介看,有人工传递和非人工的其他媒介传递方式。

(4)物流信息应用。物流信息的应用是指对经过收集、加工处理后的信息的使用,以实现信息使用价值和价值的过程。信息的使用价值是指信息这一商品所具有的知识性、增值性、效用性等特征决定其能满足人类某种特定的需要,给人类带来一定的效益。信息的价值是指信息在收集、处理、传递、存储等过程中,需要一定的知识、特殊的工具和方式,要耗费一定的社会劳动,是人类一种创造性劳动的结晶,这种凝结在信息最终产品中的一般人类劳动即为信息的价值。

2. 物流信息系统对物流管理的作用

以典型的零售业物流管理系统为例,零售商需要应用整套信息系统以取得竞争优势。物流信息系统对物流管理的作用可归纳为以下3个方面:

(1)缩短物流渠道。缩短物流渠道意味着寻找减少周转时间和存货的办法。存货包括中间存货和最终存货两类,可以出现在供应链中的不同节点上。中间存货是指零部件、在产品、产成品的存货,当供应链出现问题引起需求波动时用作缓冲。这些存货增加了总供应链的长度,而零库存的原则要求客户与供应商间的紧密配合,以减少对存货的依赖。

(2)增加渠道的透明度。渠道的透明度是指知道什么时候、什么地方、多少数量的货物以及在供应渠道中可以达到的目的地。传统情况下,这些信息是不清楚的,最多只是明白属于自己企业范围的部分信息,供给渠道中的瓶颈与过多的存货不易被发现。不良的渠道透明度会导致不良的供应链控制。为达到完美的供应链控制,掌握渠道的实时信息是必需的。

为达到这个目标,可以利用 EDI,使供应链上下游企业轻松获得有关信息,以便更好地协调供应链。只有能反映现实时,渠道的透明度才能说是好的。因此,需要依靠应用信息技术的实时信息系统,如 POS、条形码和 VAN 通信网络,建立 EDI 的快速反应机制。渠道的透明度对于全球物流系统尤其重要。

(3)实现物流系统管理。当今,物流已被看成对主业具有很大影响的重要因素。这种转变是由于经济全球化趋势导致供应链的延长,企业不得不把物流系统整合起来管理,以连接市场的供需双方。系统中某一部分的决策会影响整个系统的运作。为满足系统管理物流目标,EDI 再次使得用于协调物流管理系统的信息实现自由、准确地流动。物流供应链由许多不同的组织构成,每个组织为获得自身的利益,不惜以增加供应链的长度为代价,EDI 把这些组织联系成合作者,并使渠道透明,从而提升了协调渠道和取得最佳流动的能力。只有这样,物流管理系统才能被看成是一个系统。

3. 物流信息系统在企业中的作用

基于互联网和现代物流信息技术的物流信息系统,与其他信息系统一样,能显著提高企业物流的运营效率和管理水平。越来越多的企业愿意采纳这个集管理和信息技术为一体的信息系统。一个典型的物流信息系统对企业的现实作用体现在如下几个方面:

(1)物流信息系统是物流企业及企业物流的神经中枢。如果没有先进的信息系统来支持,物流企业的功能就不能体现。物流企业作为面向社会服务,为企业提供功能健全的物流服务,面对众多的企业和零售商甚至是客户,如此庞杂的服务,只有在一个完善的信息系统基础上才可能实现。

（2）通过物流信息系统，企业可以及时地了解产品市场销售信息和产品的销售渠道，有利于企业开拓市场和搜集信息。

（3）通过物流信息系统，企业可以及时掌握商品的库存流通情况，进而达到企业产销平衡。

（4）物流信息系统的建立，可以有效地节约企业的运营成本。可以通过规模化的、少品种、业务统一管理节约企业的物流运作成本，也可以通过信息系统完成企业的一系列活动，如报关、订单处理、库存管理、采购管理、需求计划、销售预测等。

（5）物流信息系统的建立使得物流的服务功能大大拓展。一个完善的物流信息系统使得企业能够把物流过程与企业内部管理系统有机地结合起来，如与 ERP 系统结合，可以使企业管理更加有效。

（6）加快供应链的物流响应速度。通过建立物流信息系统，达到供应链全局库存、订单和运输状态的共享和可见性，以避免或消除供应链中的需求订单信息畸变现象。

四、物流信息系统的内容

1. 物流信息系统的组成

物流信息系统是一个由人和计算机共同组成的，能进行物流信息的收集、传递、存储加工、维护和使用的系统，如图 8-7 所示。物流信息系统的基本组成要素有硬件、软件、数据库和数据仓库、人员等。

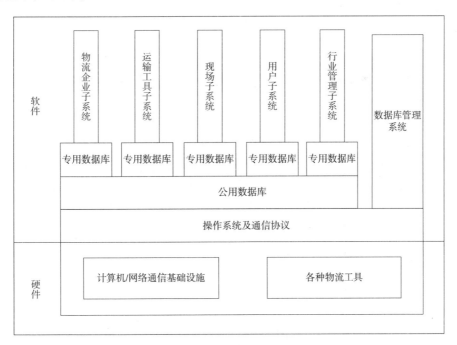

图 8-7 物流信息系统的组成

（1）硬件。硬件主要包括计算机、服务器、网络通信设备等。它是物流信息系统的物理设备、硬件资源，是实现物流信息系统的基础，构成系统运行的硬件平台。

（2）软件。软件主要包括系统软件和应用软件两大类，其中系统软件主要用于系统的管理、维护控制及程序的装入和编译等工作,应用软件则是指挥计算机进行信息处理的程序或文件,包括功能完备的数据库系统、实时的信息收集和处理系统、实时的信息检索系统、报告生成系统、经营预测、规划系统、经营监测、审计系统及资源调配系统等。

(3)数据库和数据仓库。数据库技术将多个用户、多种应用所涉及的数据,按一定数据模型进行组织、存储、使用、控制和维护管理,数据的独立性高、冗余度小、共享性好,能进行数据完整性、安全性、一致性的控制。数据库系统面向一般的管理层的事务性处理。数据仓库是面向主题的、集成的、稳定的、不同时间的数据集合,用以支持经营管理中的决策制定过程。基于主题而组织的数据便于面向主题分析决策,它所具有的集成性、稳定性及时间特征使其成为分析型数据,为决策层提供决策支持。数据仓库系统也是一个管理系统,由数据仓库、数据仓库管理系统和数据仓库工具组成。

(4)人员。人员主要包括系统分析人员、系统设计人员、系统实施和操作人员、系统维护人员、系统管理人员、数据准备人员以及各层次管理机构的决策者等。

物流信息系统本身也是一个系统,它具有系统的一般特性。信息系统是一个企业或组织的内部神经系统,具有整体效应。信息系统的目的性表现在信息系统的最终目标是为管理决策提供信息支持。信息系统是可以进行分解的,整个组织的信息系统可以分解成若干个子系统,而各个子系统又可以划分为若干个模块,表现出系统的层次性。信息系统的各个组成部分之间又有着各种各样的联系,体现出其相关性。由于信息系统最终是为管理和决策服务的,而管理和决策要依赖于企业或组织内部各方面以及外部环境的变化情况,环境发生了变化必然导致信息系统的变化,因此,一个良好的信息系统应具有良好的环境适应性。

2. 物流信息系统的结构

物流信息系统的结构就是指组成信息系统各部分之间相互关系的总和。其结构反映了信息系统所具有的特点、功能及现阶段人们对信息系统的认识和技术发展水平。信息系统虽然是组织信息流的综合体,但其结构与组织的结构不一定相同。组织结构一般是树状的,是为完成组织各项目标而形成的管理体系,而信息系统的结构可以不受组织结构的束缚,多是网状的,是为满足信息采集、处理、存储、分析、传递等需要建立起来的体系。随着信息技术的发展,信息系统的结构也经历了由低级到高级、由简单到复杂、由单项到综合的发展过程。同时,在物流信息系统体系结构设计中,应遵循以下原则:具有开放性、模块化及适应性等特点;满足各系统间的数据交换,数据交换的方法必须确保数据的完整性及安全性;数据交换只需通过通用的数据定义、信息格式及通信协议,这样可以确保不同部门开发各自独立的系统具有互操作性;具有与现有系统及较新通信技术兼容的特点;尽可能兼容已有的技术及已开发的系统;在物流信息技术上,让企业在竞争的市场中具有广泛的选择。

(1)物流信息系统的概念结构。物流信息系统的概念结构由4个部件组成,即信息源、信息处理器、信息使用者和信息管理者,如图8-8所示。

信息源是指原始数据的产生地,也是物流信息系统的基础。信息处理器利用计算机软硬件对原始数据进行收集、加工、整理和存储,把它转化为有用的信息,再将信息传输给信息使用者。信息使用者是信息的用户,不同的信息使用者依据收到的信息进行决策。信息管理者负责管理信息系统的设计和维护工作,在物流信息系统实现后,还要负责协调信息系统的各个组成部分,保证信息系统的正常运行和使用。信息系统越复杂,信息管理者的作用就越重要。

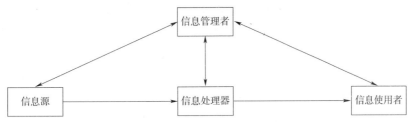

图8-8 物流信息系统的概念结构

(2)物流信息系统的层次结构。在物流信息系统的实际应用中,根据信息处理的内容及决策的层次不同,一般把管理活动分为3层:战略层、管理层和操作层。一般来说,下层系统的处理量比较大,上层系统的处理量相对小一些,所以就形成了一个金字塔式的结构。不同的管理层次需要不同的信息服务,为它们提供服务的信息系统就可以根据这些管理层次来相应地进行划分。为不同管理层次所设计的信息系统在数据来源和所提供的信息方面都是完全不同的。

①操作层。操作层的任务是有效利用现有资源展开各项活动,包括作业控制和业务处理。它按照管理层所制定的计划与进度表,具体组织人力和物力去完成上级指定的任务,如订单处理、计划管理、运输管理、采购管理等。因此,操作层的信息系统处理过程都是比较稳定的,可以按预先设计好的程序和规则进行相应的信息处理。这一层次上的信息系统一般由事物处理、报告处理和查询处理3种处理方式组成,这3种处理方式的工作过程十分相似。首先将处理请求输入处理系统,系统自动从文件中搜寻相关的信息进行分析处理,最后输出处理结果或报告。操作层所面对的信息通常是确定型的,决策过程是程序化的,因而决策问题多数是结构化的。

②管理层。管理层的主要任务是根据高层管理者所确定的总目标,对组织内所拥有的各种资源制订出分配计划及实施进度表,并组织基层单位来实现总目标。这是面向各个部门负责人的,是为他们提供所需要的信息服务,以使他们在管理控制活动中能正确地制订各项计划和了解计划的完成情况。管理层所需要的信息和数据来源主要有3个渠道:一方面是控制企业活动的预算、标准、计划等;另一方面是作业活动所提供的数据和信息;还有一些是其他信息,如市场商情信息等。管理层的信息系统所提供的信息主要包括决策所需要的模型,对各部门的工作计划和预测,对计划执行情况的定期和不定期的偏差报告,对问题的分析评价,对各项查询的响应等。管理层一般处理的决策问题多数是半结构化的。

③战略层。战略层的任务是确定企业的总体目标和长远发展规划。为战略层服务的物流信息系统需要比较广泛的数据来源。除内部数据外,还包括相当数量的外部数据,例如当前社会的政治形势、经济发展趋势和国家的政策,企业自身在国内外市场上所处的位置和竞争能力等。此外,战略层信息系统所提供的信息是为企业制订战略计划服务的,所以具有高度的概括性和综合性。例如,对企业当前能力的评价和对未来能力的预测,对市场需求和竞争对手的分析等。这些信息对企业制订战略计划都有很大的参考价值。由于外部信息的不

确定性大,要解决的决策问题多数是非结构化的。

(3) 物流信息系统的功能结构。从使用者的角度看,物流信息系统具有明确的目标,并且具有多种功能,各种功能之间又有各种信息联系,构成一个有机结合的整体,形成一个功能结构。

物流信息系统的功能,可以根据物流性质不同划分为供应、生产、销售和回收物流等,也可以按流通环节不同划分为包装、装卸搬运、存储、运输等。

可根据功能将物流管理信息系统划分为一系列子系统。这些子系统下面还可继续划分子系统,称为二级子系统。职能往往是通过过程来完成的,过程是逻辑性相关的活动的集合,可以把管理信息系统的功能结构表示成为一个功能-过程结构。

(4) 物流信息系统的软件结构。支持物流信息系统各种功能的软件系统或软件模块所组成的结构,就是物流信息系统的软件结构。物流信息系统的软件结构可用功能-层次矩阵来表示,在水平方向列出包装、装卸搬运、存储、运输等管理职能,在垂直方向列出战略计划、管理控制、运行控制、业务处理等管理层次。

例如,对应运输管理,物流信息系统中的相关软件或模块组成一个软件结构,该软件结构由支持战略计划的模块、支持管理控制的模块、运行控制模块、业务处理模块以及自身的专用数据文件构成。

此外,物流信息系统的软件结构中还包括为全系统所共享的数据和程序,包括公用数据文件、公用程序、公用模型库及数据库管理系统等,如图 8-9 所示。

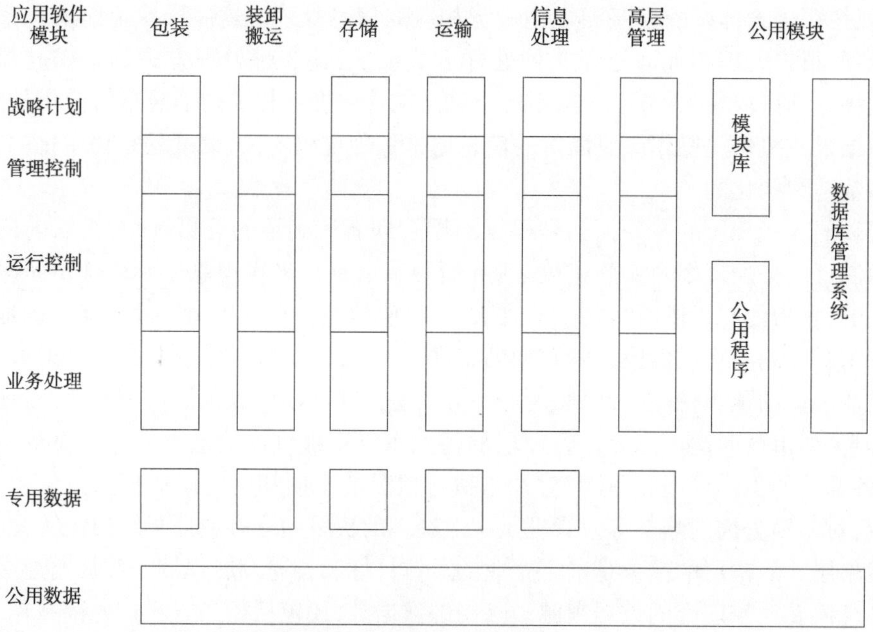

图 8-9 物流信息系统的软件结构

(5) 物流信息系统的物理结构。物流信息系统的物理结构是指避开信息系统各部分的实际工作和软件结构,只抽象地考察其硬件系统的拓扑结构。信息系统的物理结构一般有 3 种类型:集中式、分散-集中式和分散式。

①集中式。早期的信息系统,由于计算机和通信设备所限,均采用集中式的结构。集中式信息系统是由一台主机带若干终端,运行多用户操作系统供多个用户使用。主机承担系统所有的数据处理数据存储和应用管理功能,因此必须有大存储容量、超高速 I/O(输入/输出)传输速率,一般由小型机甚至中、大型机担任;终端一般是非智能的,仅具有输入/输出功能,即没有信息处理能力,只是将键盘输入的信息送主机和将主机输出的信息送显示器。这种系统结构的优点是数据高度集中,便于管理控制;缺点是系统灵活性差、扩展能力有限,且维护困难,一旦主机出现故障则造成整个系统的瘫痪。为了保证系统的可靠性,通常需采用高代价的双机系统或容错机。

②分散-集中式。20 世纪 70—80 年代出现了微型计算机和计算机网络系统,但由于当时的微机功能十分有限,故多采用分散-集中式系统。这种结构是用微机或工作站执行应用软件和数据库管理软件,通过局域网与由一台或几台作为整个系统的主机和信息处理交换中枢的小型机乃至大型机相联。这种结构的优点是,主机主要作为文件服务器负责根据用户的请求读取传送文件,并可集中管理共享资源,各个工作站既能相互独立地处理各自的业务,必要时又是个整体,可相互传递信息,共享数据,因而较灵活、易扩展;缺点是文件服务器提供服务的能力有限,它仅以将整个文件在网络中传输的方式进行服务,因而导致网络通信负荷重,系统维护较困难。

③分散式。20 世纪 80—90 年代,在计算机网络技术和分布式计算的基础上出现了一种新的客户机/服务器(Client/Server,简称 C/S)模式,对信息系统的结构体系产生了极大的影响。这种结构由微机、工作站充当客户机,负责执行前台功能,如管理用户接口、采集数据和报告请求等;由一台或分散在不同地点的多台微机、工作站、小型机或大型机充当服务器,负责执行后台功能,如管理共享外设、控制对共享数据库的存取、接受和回答客户机的请求等,再用总线结构的网络把客户机和服务器连接起来。

分散式结构与分散-集中式结构的区别在于将系统的任务一分为二,即客户机承担每个用户专有的外围应用功能,负责处理用户的应用程序;服务器承担数据库系统的数据服务功能,负责执行数据库管理软件。这样,两种设备功能明确,可以高度优化系统的功能。数据库服务器处理客户机的请求,然后只返回结果,这就大大减轻了网络的传输负担,避免网络堵塞。这种结构任务分布合理,资源利用率高,有较强的可伸缩性和可扩展性,系统开发与维护较为方便,而且可靠性也相对较高。

但随着互联网的飞速发展,移动办公和分布式办公越来越普及,这就需要系统具有扩展性。这种方式远程访问需要专门的技术,同时要对系统进行专门的设计来处理分布式的数据。同时,客户端需要安装专用的客户端软件。一是涉及安装的工作量;二是任何一台电脑出问题,如病毒侵入、硬件损坏,都需要进行安装或维护;三是当系统软件升级时,每一台客户机都需要重新安装,其维护和升级成本都非常高。

随着互联网技术的兴起,出现了浏览器/服务器(Browse/Server,简称 B/S)模式,这是对 C/S 模式的一种改进。在这种结构下,软件应用的业务逻辑完全在应用服务器端实现,用户表现完全在 Web 服务器实现,客户端只需要浏览器即可进行业务处理,是一种全新的软件系统构造技术。这种结构更成为当今应用软件的首选体系结构。

B/S 模式具有分布性特点,可以随时随地进行查询、浏览等业务处理;业务扩展简单方便,通过增加网页即可增加服务器功能;维护简单方便,只需要改变网页,即可实现所有用户的同步更新;开发简单,共享性强。但是,B/S模式的个性化特点明显降低,无法实现具有个性化的功能要求;操作是以鼠标为最基本的操作方式,无法满足快速操作的要求;页面动态刷新,响应速度明显降低;功能弱化,难以实现传统模式下的特殊功能要求。

3. 物流信息系统的特点

物流信息系统具有管理性、适应性、集成化、模块化、网络化等特点。

(1) 管理性。物流信息系统的目的是借助物流企业的管理者进行物流运作的管理决策,因此为适应管理物流活动的需要,物流信息系统必须与物流业的管理体制、形式、方法、风格相结合,遵循管理与决策行为理论的一般规律。

(2) 适应性。物流信息系统应对环境具有较强的适应性,这意味着系统需要稳定可靠、变化小、便于用户使用和调试。因此为达到较强的适应性,物流信息统标准化显得尤为重要,要保证系统结构、接口和基本模块的统一性。

(3) 集成化。物流信息系统将企业逻辑上相关联的各项业务连接在一起,为集成化信息工作提供基础。物流信息系统的各个子系统应遵循统一的标准和规范,以便于系统内部信息的共享。

(4) 模块化。物流信息系统由许多具有独立功能的模块(子系统)组成,各模块通过统一的标准进行功能开发,然后再以一定的规范进程组合使用。这就可以在保证各个模块访问安全性的前提下满足企业内部不同管理部门的需要。

(5) 网络化。物流信息系统利用互联网技术为物流信息的跨地区即时传递提供了经济合理的解决方案,使信息流、商流和资金流的处理得以即时请求、即时完成。网络的应用使物流信息能够在不同地理位置的物流节点之间以低廉的成本进行即时传递。

目前,物流信息系统正向信息在线化、信息存储快速化、信息传输化、信息处理智能化、信息输出图形化的方向发展。

4. 物流信息系统的基本功能

物流信息系统本身是由多个子系统组成的,它们通过物资实体的运动联系在一起,一个子系统的输出是另一个子系统的输入。合理组织物流活动,就是使各个环节相互协调,根据总目标的需求,适时、适量地调度系统内的基本资源。物流系统中的相互衔接是通过信息予以沟通的,而且基本资源的调度也是通过信息的查询来实现的。例如,物流系统和各个物流环节的优化所采取的方法、措施,以及选用合适的设备、设计合理的路线、决定最佳库存量等,都要切合系统实际,即依靠能够准确反映物流活动的信息。所以物流信息系统对提高企业物流系统的效率,以至于提高企业的经济效益起着重要的作用。

物流信息系统是物流系统的神经中枢,它作为整个物流系统的指挥和控制系统,可以分为多种子系统或者多种基本功能。通常,可以将其基本功能归纳为以下5个方面,如图8-10所示。

(1) 信息收集。物流数据的收集首先是将数据通过收集子系统从系统内部或者外部收集到预处理系统中,并整理成为系统要求的格式和形式,然后再通过输入子系统输入物流信息系统。这一过程是其他功能发挥作用的前提和基础,如果一开始收集和输入的信息不完全或不正确,在接下来的过程中得到的结果就可能与实际情况完全相左,这将会导致严重的后果。因此,在衡量一个信息系统的性能时,应注意其收集数据的完善性、准确性,以及校验能力、预防和抵抗破坏能力等。

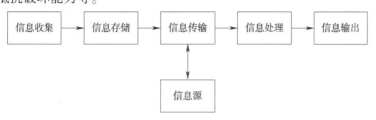

图8-10 物流信息系统的基本功能

(2)信息存储。物流数据经过收集和输入阶段后,在其被处理之前,必须在系统中存储下来。即使在处理之后,若信息还有利用价值,也要将其保存下来,以供以后使用。物流信息系统的存储功能就是要保证已得到的物流信息能够不丢失、不走样、不外泄、整理得当、随时可用。无论哪一种物流信息系统,在涉及信息的存储问题时,都要考虑存储量、信息格式、存储方式、使用方式、存储时间、安全保密等问题。如果这些问题没有得到妥善的解决,信息系统是不可能投入使用的。

(3)信息传输。物流信息在物流系统中,一定要准确、及时地传输到各个职能环节,否则信息就会失去其使用价值。这就需要物流信息系统具有克服空间障碍的功能。物流信息系统在实际运行前,必须要充分考虑所要传递的信息种类、数量、频率、可靠性要求等因素。只有这些因素符合物流系统的实际需要,物流信息系统才是有实际使用价值的。

(4)信息处理。物流信息系统的最根本目的就是要将输入的数据加工处理成物流系统所需要的物流信息。数据和信息是有所不同的。数据是得到信息的基础,但数据往往不能直接利用,而信息是从数据加工得到,它可以直接利用。只有得到了具有实际使用价值的物流信息,物流信息系统的功能才能发挥出来。

(5)信息输出。信息的输出是物流信息系统的最后一项功能,也只有在实现了这个功能后,物流信息系统的任务才算完成。信息的输出必须采用便于人或计算机理解的形式,在输出形式上力求易读易懂、直观醒目。

这5项功能是物流信息系统的基本功能,缺一不可。而且,只有5个过程都没有出错,最后得到的物流信息才具有实际使用价值,否则便会造成严重的后果。

五、常见的物流信息系统

物流信息系统也称物流管理信息系统(Logistics Management Information Systems,简称LMIS)。从物流管理信息系统所应用的不同业务领域来看,常见的物流管理信息系统包括订单管理信息系统、仓储管理系统、运输管理系统、配送中心管理信息系统和供应链管理信息系统。

1. 订单管理信息系统

订单管理信息系统(Order Management Information System,简称OMIS)在客户需要产品并下订单时和客户最早产生联系,是物流管理信息系统的前端。订单管理信息系统和仓储管理信息系统相互交流,核查产品的可得率(来自库存或生产)。信息又为判断供应网络中产品的位置、可得数量和预计送货时间提供依据。一旦产品可得信息得到客户的首肯,就要进行信用审核,此时 OMIS 就和企业财务系统相联系审核客户的状况和信用。在订单被接受后,订单管理信息系统又会将产品分派到某订单下,指定生产地,扣减库存,在运输安排确定后准备发票。

订单管理信息系统与企业其他信息系统并非隔绝。要想很好地服务客户,必须共享信息。例如,如果订单管理信息系统提供订单跟踪信息,运输管理信息系统就可以查询。因此,信息的兼容性非常关键。

2. 仓储管理系统

仓储管理系统(Warehouse Management System,简称 WMS)可能包含订单管理信息系统,也可以看成物流管理信息系统中的独立单元。WMS 至少要和订单管理信息系统相连接,这样销售部门就可以知道哪些产品可供销售。WMS 是一个信息子系统,协助管理流经的产品和存储在物流网络设施内的产品。仓储管理系统中的主要内容包括接收、入库、库存管理、订单处理和取货以及运输准备。

WMS 在工作人员作业计划、库存水平计划、存储空间利用和拣选人员和行走路线等方面帮助仓库进行作业管理,而且 WNMS 还与订单管理信息系统、运输管理系统共享信息来实现一体化管理。

3. 运输管理系统

运输管理系统(Transportation Management System,简称 TMS)主要侧重于企业内向和外向运输管理,是物流管理信息系统必不可少的组成部分。像 WMS 一样,TMS 也会和物流系统的其他模块共享信息,如订单内容、产品的质量和体积、数量、预计送货时间、供应商的运输安排等。TMS 的目标是相助计划和控制企业的运输活动,包括运输方式的选择、拼货、安排运输路线和时间、处理投诉、货物跟踪以及运费单审核。某个特定企业的 TMS 可能并没有包含所有功能。

4. 配送中心管理信息系统

配送中心管理信息系统是直接面向具体的物流配送指挥和操作层面的智能化系统。它在利用调度优化模型生成智能配送计划的基础上,采用多种先进技术对物流配送过程进行智能化管理,有效地降低物流配送的管理成本,提高配送过程中的服务质量,保障车辆和货物的安全。该系统可以提供配载订单的明细列表、装货顺序、车型、送货顺序、上下货时间窗、任务完成时间表等,为城市物流配送业务提供有力支持。配送中心管理信息系统的基本功能模块包含以下几个方面:订单处理作业、采购作业、进货入库作业、库内管理作业、补货及拣货作业、流通加工作业、出货作业和配送作业。

5. 供应链管理信息系统

供应链管理信息系统围绕核心企业,通过对信息流、物流、资金流的控制,实现对从采购原材料开始,到制成中间产品及最终产品,再到最后由销售网络把产品送到消费者手中的全过程物流的集成与控制。供应链管理软件按照过程来实施供应链计划,安排进度表,并执行和控制供应链计划,它着重于整个供应链和供应网络的优化,贯穿供应链的全过程。一般的供应链管理信息系统由 5 个主要的模块组成:需求计划、生产计划和排序、分销计划、运输计划及企业和供应链分析等。

六、物流信息系统的开发与建立

物流信息系统的开发是一个较为复杂的系统工程,它涉及计算机处理技术、系统理论、组织结构、管理功能、管理认识、认识规律及工程化方法等方面的问题。尽管系统开发方法有很多种,但至今尚未形成一套完整的、能让所有系统开发人员所接受的理论及由这种理论所支持的工具和方法。

1. 信息系统建设的复杂性

国内外历史事实告诉人们,信息系统建设的道路坎坷,许多已建系统带来的效益,远远不及预先的承诺与期望。信息系统建设耗资巨大、周期长,半途而废、使建设单位背上沉重包袱等情况时有发生。因此,信息系统建设者必须深刻理解系统建设工作的复杂性,正确认识其特点与规律,并且运用科学的建设方法实施建设,这对于成功地建设信息系统至关重要。

物流信息系统是一个规模庞大、结构复杂、具备多种功能、实现多个目标的大系统。物流信息系统的建设涉及的组织管理背景和所用的技术手段都很复杂,工作量大、资源昂贵,这些都是一般的工程技术开发项目难以比拟的。为了能够卓有成效地进行物流信息系统的建设,近几年来,业内陆续提出了不少建设方法。这些方法各有特色,其中有些已在应用中取得了较好的效果,如系统生命周期法在实践中起到重要的作用,得到了广泛应用。

物流信息系统建设的复杂性主要体现在建设环境复杂、用户需求多样、建设内容复杂、技术手段复杂和所需资源密集等方面。

2. 信息系统建设涉及的问题

建设任何一个信息系统都要明确以下问题:

(1)系统要解决的问题。系统要解决的问题如采取何种方式解决组织管理和信息处理方面的问题,对企业提出的新的管理需求该如何满足等。

(2)系统可行性研究,确定系统所要实现的目标。通过对企业状况的初步调研得出现状分析的结果,提出可行性方案并进行论证。系统可行性研究包括目标和方案可行性、技术的可行性、经济方面的可行性和社会影响方面的考虑。

(3)系统开发的原则。在系统开发过程中,要遵循领导参与、优化创新、实用高效、处理规范化的原则。

(4)系统开发前的准备工作。在系统开发前,要做好开发人员的组织准备和企业基础准备工作。

(5)系统开发方法的选择和开发计划的制订。针对已经确定的开发策略选定相应的开发方法,如是选择结构化系统分析和设计方法,还是选择原型法或面向对象的方法。开发计划的制订是要明确系统开发的工作计划、投资计划、工程进度计划和资源利用计划。

3. 信息系统建设开发的原则

(1)领导参加的原则。信息系统的开发是一项庞大的系统工程,它涉及组织日常管理工作的各个方面,所以领导出面组织力量、协调各方面的关系是开发成功的首要条件。

(2)优化与创新的原则。信息系统的开发不能模拟旧的模式和处理过程,它必须根据实际情况和科学管理的要求加以优化与创新。

(3)充分利用信息资源的原则。充分利用信息资源即数据尽可能共享,减少系统的输入/输出,对已有的数据、信息作进一步的分析处理,以便充分发挥深层次加工信息的作用。

(4)实用和实效的原则。实用和实效即要求从制订系统开发方案到最终信息系统都必须是实用的、及时的和有效的。

(5)规范化原则。规范化即要求按照标准化、工程化的方法和技术来开发系统。

(6)发展变化的原则。发展变化的原则指要充分考虑组织管理模式可能发生的变化,使系统具有一定的适应环境变化的能力。

4.信息系统建设开发的基本思想

信息系统的建设是一项复杂的系统工程,一般具有投资资金大、开发周期长、技术要求高、开发队伍结构合理等特点。为了能建设一个高效、实用的物流信息系统,应当了解信息系统建设的基本思想。

(1)树立系统开发的总体观念。信息系统的开发通常有两种方法,即"自底向上"法和"自顶向下"法。前者从现行系统的业务现状出发,先实现一个个具体的初级功能,然后由低级到高级,逐步增加计划、控制、决策等功能,自下而上地实现系统的总目标。后者是从系统的总目标和整体优化出发,制定全系统的总体规划,然后按总体规划分阶段逐步实现。无论采用哪种方法,都必须树立总体观念。

在信息系统中,各子系统是相互依存的,它们互为环境、互有输入输出。一个子系统是另一个的环境,一个子系统的输出很可能是另一个子系统的输入。由于系统开发不可能各子系统齐头并进,因此在分步开发的过程中,要注意这种子系统之间的依存关系,处理好相关子系统的衔接问题。在系统开发中树立总体观念还涉及数据共享、代码统一等问题。

(2)面向用户的观念。系统开发人员必须牢记,用户的要求或者说管理工作的要求是开发信息系统的出发点和归宿。系统成功与否取决于它能否承担起实际的管理业务,能否提高管理效率以及能否给企业带来经济效益。因此,系统开发要着眼于提高用户的效率。开发人员必须在系统开发的整个过程中始终与用户保持密切的接触,认真地向各级管理人员了解具体的管理业务和有待改进的地方,采纳他们合理的建议和要求。同时,应不断地向管理人员介绍系统开发的进展情况,对于重要问题应与用户有关人员协商并取得一致意见。总之,系统开发人员与用户间的真诚合作是系统成功的关键,否则,草率地调研后便关起门来"摘设计",必然导致系统开发的失败。

(3)严格区分阶段。必须将系统开发的整个过程严格地区分为几个阶段,为每个阶段规定明确的任务和应取得的成果,这一思想应贯穿系统开发的全过程。混淆工作阶段的种种做法,例如:在系统分析未完成之前就匆忙地选机型、确定硬件配置;在应用软件的结构未确定之前就开始编写程序等,表面上看起来似乎工作进展很快,实际上必将造成返工,造成不必要的人力和物力浪费,其结果只能是欲速则不达。

(4)采用自顶向下法。无论是进行系统分析还是系统设计,无论是分析原系统的现状还是提出新系统的具体方案,都应采用自顶向下、由整体到局部的逐级分解、逐步细化的方法。

(5)采用直观的工具来描述系统。由于系统开发队伍的专业构成复杂,各自担任的工作不同,因此在系统开发人员的内部也存在同样的问题。解决这个问题的方法是采用一些能够明确地描述和刻画系统的直观工具,这些工具的采用有利于用户与开发人员之间以及从事系统开发的各类专业人员之间的思想交流,避免由于表述不清产生误解而造成不必要的损失。

(6)工作成果要成文。系统开发每个阶段的工作成果都应完整地形成正式的文档。这一方面是为了明确责任,便于工作的交接,更重要的是为系统维护提供完整的技术资料。信息系统的开发是历时较长、有许多人参加的大型工程,无用的技术资料或资料不完整,于工作的开展是十分不利的。

5. 信息系统建设开发的生命周期

物流信息系统的生命周期一般分为 3 个阶段:系统定义、系统开发和系统维护。其中,系统定义又分为可行性研究和需求分析;系统开发又分为总体设计、详细设计、编码和测试。信息系统生命周期示意图如图 8-11 所示。

图 8-11　信息系统生命周期示意图

(1)可行性研究。可行性研究的任务是了解用户的要求及现实条件,从技术、经济、社会等几个方面研究论证信息系统的可行性。

可行性研究的工作过程是:系统分析员在用户的参与下对用户要求和现行系统进行深入细致的调查研究,初步确定目标系统的高层逻辑模型和目标系统的规模,对可利用的资源(计算机使件、软件、人力等)、成本及可取得的效益和开发的进度进行估算,制订初步开发计划,然后对这些资料进行可行性论证,最后向用户的主管部门和开发公司管理机构提交可行性研究报告,准备评审。

可行性研究是一个压缩和简化了的系统分析和设计过程,是一个较高层次的抽象、不涉及具体的实现细节。可行性研究最终要与用户一起得出这项工程是否继续进行的结论。一般来说,只有技术上可行、经济上有较高投资回报率、用户可以接受的信息系统工程项目才值得继续进行。如果该信息系统工程项目不可行,应及时终止,以免造成更大的浪费。

(2)需求分析。需求分析的主要任务是确定待开发的信息系统的功能要求、性能要求和运行环境约束。系统的功能要求是指信息系统必须完成的功能;系统的性能要求包括信息系统的安全性、可靠性、可维护性、计算精度、错误处理和适应性等;系统的运行环境要求是指开发出的信息系统必须满足运行环境方面的约束。

需求分析阶段结束的标志是提交信息系统需求规格说明书(Software Requirements Specification,简称 SRS)。SRS 是一份面向开发过程的技术文件,同时也是开发方与用户方之间的一份技术合同,内容包括需求分析中的全部内容,其内容只有经过双方的认可,开发工作才能进入下一阶段。

(3)总体设计。总体设计的基本任务有两个:一是根据需求规格说明,提出几种可供选择的系统解决方案,并确定一个用于实施的最佳方案;二是建立信息系统的总体结构。信息系统在开发过程中通常有多种解决方案可供人们选择,如哪些部分由人工完成,哪些部分由计算机完成,由计算机完成的部分中哪些采用批处理方式,哪些采用人机交互处理方式,信息存储是采用文件系统还是数据库等。系统分析员需用系统流程图或其他工具描述每种可能的系统，估算每种系统方案的成本和效益，然后在权衡各种方案利弊的基础上，推荐一个最佳方案，并制订实现所推荐方案的实施计划。

建立信息系统的总体结构，即明确信息系统由哪些模块组成、每个模块完成的功能是什么、模块与模块之间的关系如何，并设计全局数据库或数据结构，规定设计约束，制订集成测试计划。如果系统规模比较大，应该将系统分解为若干个子系统，再分别设计每个子系统的结构，并给出各子系统接口定义。

总体设计结束的标志是提交总体设计说明书、数据库或数据结构说明书和集成测试计划等文件。

(4) 详细设计。详细设计又称为过程设计，其主要任务是用图形工具或伪码（如 HPQ 图、程序流程图、N-S 图、PAD 图、PDL 语言）描述模块的实现过程。详细设计的任务还不是编程，它类似于其他工程中的图纸，得到的是每个模块的程序蓝图。

详细设计阶段结束的标志是提交详细设计说明书，包括模块开发卷宗和模块测试方案。

(5) 编码。编码的任务是选择适当的程序设计语言（高级程序设计语言或汇编语言），把详细设计的结果翻译成选定语言编写的程序，并对编写出的每一个模块程序进行测试（又称单元测试）。

编码阶段结束的标志是程序员提交源程序清单和单元测试方案的结果。

(6) 测试。测试的任务是通过各种类型的测试和调试使信息系统达到预期的要求。测试分单元测试、集成测试和验收测试 3 个步骤。

单元测试是对组成信息系统总体结构的每一个模块进行测试，检查每个模块是否实现了其功能，一般在编码阶段由程序员完成。集成测试的主要工作是根据信息系统的总体结构，把经过单元测试检验的模块按某种选定的策略装配起来，在装配过程中对信息系统进行必要的测试，主要检测模块的接口问题。验收测试的主要工作是由专门的测试人员在用户积极参与下对目标系统进行验收，检查信息系统是否实现了需求规格说明书中确定的各种需求，以及信息系统的配置是否完整和正确。

测试阶段结束的标志是提交各种测试方案和测试的结果，以及完整一致的信息系统配置。

(7) 系统维护。系统维护的任务是通过各种必要的维护活动，使系统持久地满足用户的需要。这个阶段与前面的 6 个阶段有显著区别，前面 6 个阶段是系统的开发设计阶段，有很强的时间限制，而系统维护是从系统交付后一直到系统寿终正寝的整个运行区间，时间跨度比较大。系统维护有改正性维护、适应性维护、完善性维护和预防性维护 4 种类型。维护的一般过程是：提出维护要求、分析维护要求、提出维护方案、审批维护方案、确定维护计划、修改系统设计、修改程序、测试程序和复查验收，每次维护都需要提交正式的维护记录资料。

下面以现在人们常用的菜鸟驿站为例，具体介绍物流管理信息系统中的实际应用。

菜鸟网络于 2013 年 5 月 28 日成立，是由阿里巴巴、银泰、复星等公司集体投资的，其定位是"社会化协同、以数据为驱动力的平台"。菜鸟网络的五大战略思想为：快递、仓配、跨境、农村和驿站。作为菜鸟网络五大战略方向之一的菜鸟驿站，是一个面向社区和校园的物流服务网络平台，为网购用户提供包裹代收服务，致力于为消费者提供多元化的"最后一公里"服务。

对于收货不便和有保护隐私需求的用户,在天猫和淘宝平台下单后填写地址时,从页面上选择菜鸟网络推出的"菜鸟驿站",即可免费使用代收包裹服务。过程中还对所有包裹物流自动跟踪,提供包裹到达驿站信息提醒等服务。菜鸟驿站还可以通过整合零散用户寄件需求,减少"最后一公里"的物流成本,优化时效,提高用户体验。

菜鸟驿站软件的使用方法如下:
①首先下载菜鸟驿站软件,进入用户登录界面,登录菜鸟驿站系统。
②在菜鸟驿站首页的包裹状态页面有驿站寄件、查包裹以及未取包裹和即将到站包裹等信息,用户可利用菜鸟驿站软件平台对所购包裹的实时运输信息进行查询。
③用户拿包裹时直接在菜鸟驿站软件里面提交要取的包裹,便可前往菜鸟驿站站点直接去包裹。
④领取包裹后可在菜鸟驿站软件中对服务进行打分,以反馈用户的体验。

作为整个物流管理信息系统一部分,读者可以通过了解菜鸟驿站的运营过程,对物流信息的跟踪与管理,体会物流信息管理系统的便捷与强大之处。因此,物流信息系统的开发与建设具有重大意义。

第三节 物流信息技术

一、物流自动识别与收集技术

1. 条形码技术

条形码简称条码,是由一组粗细不同、按照一定的规则安排间距的平行线条组成的图形标识符,用以表达一组数字、字母或符号等信息。常见的条形码是由反射率相差很大的黑条(简称条)和白条(简称空)按照一定的编码规则(码制)组成的。《物流术语》(GB/T 18354—2006)对条码所作的定义为:"由一组规则排列的条、空及字符组成的,用以表示一定信息的代码。"条形码可以标出物品的生产国、制造厂家、商品名称、生产日期、图书分类号、邮件起止地点、类别、日期等许多信息,因而在商品流通、图书管理、邮政管理、银行系统等许多领域都得到了广泛的应用。

条形码技术是电子与信息科学领域的高新技术,所涉及的技术领域较广,是多项技术相结合的产物。经过多年的长期研究和应用实践,现已发展成为较成熟的实用技术。在信息输入技术中,采用的自动识别技术种类很多。条形码作为一种图形识别技术,与其他识别技术相比有如下特点:

(1)简单。条码符号制作容易,扫描操作简单易行。
(2)信息采集速度快。普通计算机的键盘录入速度是200字符/min,而利用条码扫描录入信息的速度是键盘录入的20倍。
(3)采集信息量大。利用条码扫描,一次可以采集几十位字符的信息,而且可以通过选择不同码制的条码增加字符密度,使录入的信息量成倍增加。
(4)可靠性高。键盘录入数据,误码率为1/300,利用光学字符识别技术,误码率约为1/10000。而采用条码扫描录入方式,误码率仅有1/1000000,首读率可达98%以上。

（5）灵活、实用。条码符号作为一种识别手段可以单独使用,也可以和有关设备组成识别系统实现自动化识别,还可和其他控制设备联系起来实现整个系统的自动化管理。同时,在没有自动识别设备时,也可实现手工键盘输入。

（6）自由度大。识别装置与条码标签相对位置的自由度要比OCR(Optical Character Recognition,光学字符识别)大得多。条码通常只在一维方向上表示信息,而同一条码符号上所表示的信息是连续的,这样即使是标签上的条码符号在条的方向上有部分残缺,仍可以从正常部分识读正确的信息。

（7）设备结构简单,成本低。条码符号识别设备的结构简单,操作容易,无须专门训练。与其他自动化识别技术相比较,推广应用条码技术,所需费用较低。

条形码可以分成不同的种类,具体分类如下：

（1）一维条形码。常见的一维条形码的码制有20多种,其中广泛使用的码制包括UPC码、EAN码、ITF25码、Code39码、CODABAR码、ISBN码、Code128码,以及Code93码等。不同的码制具有不同的特点,适用于特定的应用领域。

①UPC码(统一商品条码)。UPC码在1973年由美国超市工会推行,是世界上第一套商用的条形码系统,主要应用在美国和加拿大。UPC码包括UPC-A和UPC-E两种系统。UPC码只提供数字编码,限制位数(12位和7位),需要检查码,允许双向扫描,主要应用在超市与百货业。

②EAN码(欧洲商品条码)。1977年,欧洲12个工业国家在比利时签署草约,成立了国际商品条码协会,参考UPC码制定了与之兼容的EAN码。EAN码仅有数字号码,通常为13位,允许双向扫描,缩短码为8位码,主要应用在超市和百货业,如图8-12所示。

③ITF25码(交叉25码)。ITF25码的条码长度没有限定,但是其数字资料必须为偶数位,允许双向扫描。ITF25码在物流管理中应用较多,主要用于包装、运输、国际航空系统的机票顺序编号、汽车业及零售业,如图8-13所示。

图8-12　EAN码　　　　　　图8-13　ITF25码

④Code39码。在Code39码的9个码素中,一定有3个码素是粗线,所以Code39码又被称为"三九码"。除数字0~9以外,Code39码还提供英文字母A~Z及特殊的符号,它允许双向扫描,支持44组条码,主要应用在工业产品、商业资料、图书馆等。

⑤CODABAR码(库德巴码)。这种码制可以支持数字、特殊符号及4个英文字母,由于条码自身有检测的功能,因此无须检查码。CODABAR码主要应用在工厂库存管理、血库管理、图书馆借阅书籍及照片冲洗业。

⑥ISBN码(国际标准书号)。ISBN码是因图书出版、管理的需要及便于国际间出版物的交流与统计而出现的一套国际统一的编码制度。每一个ISBN码由一组有"ISBN"代号的10位数字组成,用以识别出版物所属国别地区、出版机构、书名、版本及装订方式。这组号码也可以说是图书的代表号码,大部分应用于出版社图书管理系统,如图8-14所示。

⑦Code128 码。Code128 码是目前我国企业内部自定义的码制，可以根据需要来确定条码的长度和信息。这种编码包含的信息可以是数字，也可以是字母，主要应用于工业生产线领域、图书管理等。

⑧Code93 码。这种码制类似于 Code39 码，但是其密度更高，能够替代 Code39 码。

图 8-14　ISBN 码

（2）二维条形码。20 世纪 70 年代，二维条形码技术在传统条形码基础上发展起来，它将条形码的信息空间从线性的一维扩展到平面的二维，可以从水平、垂直两个方向来获取信息，具有信息容量大、成本低、准确性高，编码方式灵活、保密性强等诸多优点。自 1990 年起，二维条形码技术在世界上开始得到广泛的应用。

二维条码也有许多不同的编码方法，通常可分为以下几种类型：

①线性堆叠式二维码。线性堆叠式二维码是指在一维条形码的基础上，降低条码行的高度，安排一个纵横比大的窄长条码行，并将各行在顶上互相堆积，每行间都用一模块宽的厚黑条相分隔。典型的线性堆叠式二维码有 Code49 码、Code16K 码、PDF417 码等，如图 8-15 所示。其中，PDF417 码由于解码规则比较开放和商品化，因而使用比较广泛。PDF417 码是一个多行结构，每行数据符号数相同，行与行左右对齐直接衔接，其最小行数为 3 行，最大行数为 90 行。

a)Code49码　　b)Code16K码　　c)PDF417码

图 8-15　Code49 码、Code16K 码和 PDF417 码

②矩阵式二维码。矩阵式二维码是指在一个矩形空间通过黑、白像素在矩阵中的不同分布进行编码。矩阵式的条码比堆叠式的具有更高的自动纠错能力，更适用于条码容易受到损坏的场合。典型的矩阵二维码有 Aztec、Maxi Code、QR Code、Data Matrix 等。其中，Aztec 是由美国韦林公司推出的，最多可容纳 3832 个数字、3067 个字母或 1914 个字节的数据；Maxi Code 是由美国联合包裹服务（UPS）公司研制的，用于包裹的分拣和跟踪；Data Matrix 则主要用于电子行业小零件的标识。

③邮政码。邮政码通过不同长度的条进行编码，主要用于邮件编码，如 Postnet、BPO 4-State。

④新型二维码。还有一些新出现的二维条形码系统，包括由美国公司研制的适用于分布环境下运动特性的 UPS Code、Veritec 公司的 Veritec Symbol、荷兰飞利浦研究实验室提出的圆点矩阵二维码表示法等。

（3）彩色条形码。彩色条形码主要是结合带有视像镜头的手提电话或个人电脑，利用镜头来阅读杂志、报纸、电视机或电脑屏幕上的颜色条码。它将传送到数据中心，数据中心会根据收到的颜色条码来提供网站资料或消费优惠等。

条形码目前应用十分广泛，在物流领域中的常见应用如下：

（1）生产线上的产品跟踪。在日常生产中，对产品的生产过程进行跟踪。首先由商务中心下达生产任务单,任务单跟随相应的产品进行流动。然后,在每一生产环节开始时,用生产线终端扫描任务单上的条码,更改数据库中的产品状态。最后,产品下线包装时,打印并粘贴产品的客户信息条码。

(2)装配线上的产品跟踪。当不同型号的产品在同一流水作业线上进行装配时,在零部件进入装配线前,用扫描器识别零部件的条形码,可避免差错。在产品装配完毕后还可通过识别整机上的条形码,一方面对生产完成情况做一个记录;另一方面,对不同型号的产品进行不同的检验和试验。

(3)商品流通。货物的条形码是POS系统快速、准确收集销售数据的手段。借助条形码,POS系统可以实现商品从订购、送货、内部配送、销售、盘货等零售业循环的一元化管理,使商业的管理模式实现精确的数字分析管理和"实时"管理。这样,销售商可以调整进货计划,组织适销货源,减少脱销、滞销带来的损失,加速资金周转,并有利于货架安排的合理化,提高销售额。

(4)仓储配送。条形码的应用是实现仓储配送管理自动化的第一步,条形码可应用于仓储配送中心的订货、进货验收、补货、拣货、交货复点等管理中。

①订货。订货时,工作人员可用条形码扫描器扫描预订商品的条形码并输入订货量,再用调制器传出订货数据。

②进货验收。对整箱进货的商品,其包装箱上有条形码,放在输送带上经过固定式条形码扫描器的自动识别,可接受指令传送到存放位置附近;对整个托盘进货的商品,叉车驾驶员用手持式条形码扫描器扫描外包装箱上的条形码标签,利用计算机与射频数据通信系统,可将存放指令下载到叉车的终端机上。

③补货。商品进货验收后,移到保管区,然后需适时、适量地补货到拣货区。为避免补货错误,可在储位卡上印上商品条形码与储位码的条形码,当商品移动到位后,以手持式条形码扫描器读取商品条形码和储位码条形码,由计算机核对是否正确,这样可保证补货作业的正确性。

④拣货。对于按客户进行拣取的摘取式拣货,在拣取后用条形码扫描器读取刚拣取商品上的条形码,可确认拣货的正确性;对于播种式拣货,可使用自动分货机,当商品在输送带上移动时,由固定条形码扫描器判别商品货号,指示移动路线与位置。

⑤交货复点。对于仓储配送中心出货前的复点式作业,由于在拣货的同时已经以条形码确认过,故无须再进行此复点作业。

总之,对于物流仓储配送作业而言,由于大多数的储存货品都具备条形码,所以用条形码进行自动识别与资料收集是最便宜、最方便的方式。商品条形码上的资料经条形码读取设备读取后,可迅速、正确、简单地将商品资料自动输入,从而达到自动化登录、控制、传递、沟通的目的。

综上所述,条形码在现代化物流管理中起着直接、高效的信息媒体作用。条形码技术已经成为物流现代化的一个重要组成部分,它有力地促进了物流体系各环节作业的机械化、自动化,对物流各环节的计算机管理起着基础性作用。

2. 射频识别技术

射频识别技术(Radio Frequency Identification,简称RFID)是20世纪80年代开始出现的

一种自动识别技术,常称为感应式电子晶片或近接卡、感应卡、非接触卡、电子标签、电子条码等。它是一种非接触式的自动识别技术,利用芯片存储数量更大的"无形"信息,通过射频方式进行非接触双向通信来识别和交换数据,识别工作无须人工干预,可工作于各种恶劣环境。

RFID 是一种简单的无线系统,只有两个基本器件,该系统用于控制、检测和跟踪物体。系统由一个询问器(或阅读器)和很多应答器(或标签)组成,其主要设备包括射频卡(标签)和读写器,连接到数据网络上的读写器用于获取射频标签上的各种信息。

RFID 是一项易于操控、简单实用且特别适合用于自动化控制的灵活性的应用技术,识别工作无须人工干预,既可支持只读工作模式,也可支持读与工作模式,且无须接触或瞄准;可自由工作在各种恶劣环境下。短距离射频产品不怕油渍、灰尘污染等恶劣的环境,可以替代条码,例如用在工厂的流水线上跟踪物体;长距射频产品多用于交通上,识别距离可达几十米,如自动收费或识别车辆身份等。其所具备的独特优越性是其他识别技术无法比拟的,主要表现以下几个方面:

(1)读取方便、快捷。数据的读取无须光源,甚至可以透过外包装来进行。有效识别距离更长,采用自带电池的主动标签时,有效识别距离可达到 30m 以上。

(2)识别速度快。标签一进入磁场,阅读器就可以即时读取其中的信息,而且能够同时处理多个标签,实现批量识别。

(3)数据容量大。数据容量最大的二维条形码(PDF417),最多也只能存储 2725 个数字;若包含字母,存储量则会更少;RFID 标签则可以根据用户的需要扩充到数十千字节。

(4)使用寿命长,应用范围广。其无线电通信方式,使其可以应用于粉尘、油污等高污染环境和放射性环境,而且其封闭式包装使得其寿命大大超过印刷的条形码。

(5)标签数据可动态更改。利用编程器可以向电子标签里写入数据,从而赋予 RFID 标签交互式便携数据文件的功能,而且写入时间比打印条形码更短。

(6)具有更好的安全性。RFID 电子标签不仅可以嵌入或附着在不同形状、类型的产品上,而且可以为标签数据的读写设置密码保护,从而具有更高的安全性。

(7)动态实时通信。标签以 50~100 次/s 的频率与阅读器进行通信,所以只要 RFID 标签所附着的物体出现在解读器的有效识别范围内,就可以对其位置进行动态的追踪和监控。

射频识别技术与条形码是两种不同的技术,有不同的适用范围,有时会有重叠,两者最大的区别是条形码是"可视"技术,而射频标签只要在接收器的作用范围内就可以读取。射频识别技术改变了条形码技术依靠"有形"的一维或二维几何图案来提供信息的方式,与条形码识别系统相比,具有如下优势:

(1)通过射频信号自动识别目标对象,无须可见光源。

(2)具有穿透性,可以透过外部材料直接读取数据,保护外部包装,节省开箱时间。

(3)射频产品可以在恶劣环境下工作,对环境要求低。

(4)读取距离远,无须与目标接触就可以得到数据。

(5)支持写入数据,无须重新制作新的标签。

(6)使用防冲突技术,能够同时处理多个射频标签,适用于批量识别场合。

(7)可以对 RFID 标签所附着的物体进行追踪定位,提供位置信息。

射频识别技术应用十分广泛,目前在物流领域中的应用如下:

(1)物料或商品追踪。将射频识别标签植入产品包装,并在零售商的货架上安装阅读器,可发现放置错误的物品。当顾客拿取商品时,可及时更新销售数据,提供实时库存信息,并提醒店员查验是否发生了偷窃行为。当货架上存货数量减少到一定水平时,系统就发出补货的信号;对于化妆品和食物等,还可依据相关信息进行保质期控制。

若将射频技术应用于整个供应链,则可实现产品从工厂到零售商配货中心、到货架再到最终消费者手中的全过程无缝跟踪与管理。无论物资是在订购、运输或仓储的哪个过程中,管理人员都可以实时掌握所有的信息。运输部分的功能是靠贴在集装箱和装备上的射频识别标签实现的。RF 接收转发装置通常安装在运输线的一些检查点上(如门柱上、桥墩旁等),以及仓库、车站、码头,机场等关键地点。接收装置收到 RF 标签信息后,连通接收地的位置信息,上传至通信卫星,再由卫星传送给运输调度中心,送入中心信息数据库中。

(2)运输管理。在火车或货车上安装 RFID 自动识别系统,有助于调度员实时掌握其运行情况,不仅有利于管理,还可大大减小发生事故的可能性。机场使用 RFID 电子标签对旅客行李进行管理,可提高工作效率,达到理想的效益。高速公路的收费站口使用 RFID 可以实现电子不停车收费。

二、物流信息存储和管理技术

1. 数据库技术

数据库技术是现代信息科学与技术的重要组成部分,是计算机数据处理与信息管理系统的核心。它是通过研究数据库的结构、设计、管理以及应用的基本理论和实现方法,并利用这些理论来实现对数据库中的数据进行处理、分析和理解的技术,即:数据库技术是研究、管理和应用数据的一门软件科学,研究和解决了计算机信息处理过程中大量数据有效地组织和存储的问题,在数据库系统中减少数据存储冗余、实现数据共享、保障数据安全以及高效地检索数据和处理数据。

数据库技术研究和管理的对象是数据,所以数据库技术所涉及的具体内容主要包括:通过对数据的统一组织和管理,按照指定的结构建立相应的数据库和数据仓库,利用数据库管理系统和数据挖掘系统设计出能够实现对数据库中的数据进行添加、修改、删除、处理、分析、理解、报表和打印等多种功能的数据管理和数据挖掘应用系统,并利用应用管理系统最终实现对数据的处理、分析和理解。

数据管理是数据库的核心任务,其内容包括对数据的分类、组织、编码、储存、检索和维护。数据库管理技术的发展是和计算机技术及其应用的发展联系在一起的,经历了由低级向高级全的发展过程,主要分为人工管理、文件系统管理、数据库技术管理 3 个阶段。

(1)人工管理。20 世 50 年代中期以前为人工管理阶段,是数据管理的初级阶段。20 世纪 50 年代以前,计算机主要用于数值计算,没有操作系统和专门管理数据的软件,外部存储器备只有纸带、卡片和磁带。这一阶段的数据管理的特点如下:

①数据不能长期保存。早期的计算机的存储设备昂贵,计算机通常不需要长期保存数据,只是在计算某一课题时将有关数据输入,用完后不保存原始数据,也不保存计算结果。

②数据缺乏管理软件。没有专门对数据进行管理的软件系统,程序员不仅要规定数据

的逻辑结构,而且还要在程序中设计物理结构,包括存储结构、存取方法、输入输出方式等。

③数据冗余度高。数据与程序不具有独立性,一组数据对应于一个程序,不同应用程序的数据之间是相互独立、彼此无关的。即使两个程序使用相同的数据,也必须各自定义、各自组织,无法共享、相互利用和互相参照,从而导致程序和程序之间有大量重复的数据。

（2）文件系统阶段。20世纪50年代后期到20世纪60年代中期为文件系统阶段。这一阶段,计算机技术有了很大的发展,出现了计算机的联机工作方式,计算机开始大量用于管理。在硬件方面,外存储器有了磁盘、磁鼓等可以直接存储的设备。在软件方面,出现了操作系统以及包含于其中的文件管理系统,专门对大量的数据进行管理。此时的数据处理系统是把计算机中的数据组织成相互独立的数据文件,系统可以按照文件的名称对其进行访问,对文件中的记录进行存取,并可以实现对文件的修改、插入和删除。但是,文件系统只是简单地存放数据,它们之间并没有有机的联系,其数据面向特定的应用程序,因此数据共享性和独立性差且冗余度大,管理和维护的成本也很高。这一阶段的数据管理特点如下：

①应用程序与数据之间具有一定的独立性。由于利用操作系统中的文件系统进行专门的数据管理,程序员不必过多地考虑数据存储细节,可以集中精力进行算法设计,即应用程序与数据之间具有设备独立性。比如读取数据时,只要给出文件名,而不必知道文件的具体存放地址;保存数据时,只需编写保存指令,而不必费力设计一套程序去控制计算机如何物理地保存数据。

②数据可以长期保存在存储设备上供用户使用。数据可以长期限存在计算机外部储器上,可对数据进行反复处理,并支持文件的查询、修改、插入和删除等操作。

③实时处理。由于有了直接存取设备,也有了索引文件、链接存取文件、直接存取文件等存储机制,所以既可以采用顺序批处理方式,也可以采用实时处理方式。

尽管用文件系统管理数据比人工管理数据有了长足的进步,但面对数量大而且复杂的数据管理任务时,文件系统管理仍然不能完全满足需求,主要表现在如下几个方面：

①数据独立性不足。尽管应用程序与数据之间具有设备独立性,但是应用程序仍然依赖于文件的逻辑结构,即文件逻辑结构改变后必须修改应用程序。另外,由于语言环境的变化要求修改应用程序时也会引起文件数据结构的改变,因此,数据与应用程序间仍缺乏数据逻辑独立性。

②数据冗余度大且容易产生数据不一致性。在文件系统中,文件一般为某一用户或用户组所有,文件仍是面向应用的。文件系统一般不支持多个应用程序对同一文件的并发访问,故数据处理的效率较低。因此,数据共享性差、冗余度大、使用方式不够灵活。同时,由于相同数据重复存储、各自管理,容易产生不一致的数据。

③数据整体是无结构的。数据的存取以记录为基本单位。文件系统实现了记录内的结构化,但从文件的整体来看却是无结构的,其数据面向特定的应用程序。

④数据是集中管理,其安全性、完整性得不到可靠保证,并且在数据的结构、编码、输出格式等方面难以规范化和标准化。

（3）数据库系统阶段。20世纪60年代后期,数据管理技术进入数据库系统阶段。随着计算机软、硬件技术的飞速发展,网络通信的出现使得各种用户共享一个数据集合成为可能,在这种情况下出现了数据库系统。在这一阶段中,数据库中的数据不再是面向某个应用

或某个程序,而是面向整个企业(组织)或整个应用的。这一阶段的数据管理特点如下:

①采用一定的数据模型实现数据结构化。数据库中的数据是按照一定的数据模型来组织、描述和存储的,这被称为数据结构化。数据模型能够表示现实世界中各种数据组织和数据间的联系,是实现数据的集成化控制和减少数据冗余的前提和保证。数据的结构化是数据库与文件系统的根本区别。

②应用程序与数据具有很高的数据独立性。用户可以使用简单的逻辑结构来操作数据而不需要考虑物理结构,同时,物理结构的改变也不影响数据的逻辑结构和应用程序。

③数据共享度高、冗余度小。由于数据库是从整体上来描述数据的,数据不再面向某一应用,所以大大减小了数据的冗余度,从而节省了存储空间,减少了存取时间,避免了数据的不一致性。在具体使用时,可以抽取整体数据的子集用于不同的应用系统。当应用改变时,只要重新选择子集或者稍加改变,数据即可有更多的用途。

④数据安全性较高。任何应用程序对数据库的访问都要经过数据库管理系统。这种对数据库的统一管理和控制的方式,提高了数据库系统的安全性及其并发控制和数据恢复能力,并且极大地提高了应用程序的开发效率。

数据库技术在物流领域中的应用如下:

(1)保存物流信息管理系统的数据。数据库系统主要用来实现整个物流远程监控系统数据的保存功能。根据系统复杂程度、数据量大小的不同,可采用不同的数据库系统。对于数据量较小、数据间结构相对简单的系统,可考虑采用 SQL Server 数据库,而对数据量庞大、数据间结构复杂的系统则可考虑选用 Oracle 数据库。

(2)保障物流信息系统的数据安全。企业管理信息系统中有很多重要的数据存储在数据库中,为了保证这些数据的万无一失,避免因数据灾难对企业造成重大损失,必须要求系统提供方便的数据备份和恢复功能。数据库系统管理员可利用数据库所提供的数据备份恢复功能来备份恢复企业管理系统中的数据,让用户简单、快捷地实现数据静态备份,恢复主要功能。

(3)物流信息数据采集。信息数据采集是一个动态过程,物流作业中产生的信息经过一系列的数据加工才最终被存放在数据仓库中。数据加工的最前端为物流基础作业信息源,包括物流基础作业和增值服务作业的数据信息,也包括 HTML 文件、知识库等各种信息。信息首先经过包装器监视器,包装器负责把信息从信息源的数据格式转换成数据仓库的数据格式和数据模型,加工形成可以多维分析的数据;监视器负责自动监测信息源中数据的变化,并把这些变化传递给集成器;集成器对收到的信息进行过滤、提取和合并处理,然后再存放到数据仓库中。

(4)物流管理信息系统平台开发。由数据仓库支持的物流信息系统平台能够满足管理人员的决策需要,能快速响应其对信息数据的多维查询和分析的需要。物流管理信息系统平台建设中数据仓库与应用程序同步开发。其中,过程描述是统一规范定义企业具体的业务过程,形成书面标准格式;数据描述是规定信息数据的格式、种类、时间等数据属性,建立数据信息的维度。在完成详细的过程描述和数据描述后,一部分工作是按照数据描述开发数据仓库的层次结构,另一部分工作是编译业务过程描述,开发系统平台的应用程序,以实现管理人员对物流管理信息系统的交互式操作。

(5)物流决策支持系统。建立物流管理信息系统是为企业进行物流管理与决策服务,此系统的功能是获取内部各系统业务信息,取得外部信息,并结合内部和外部信息编制各种报告,提供分析图表。通过建立决策支持系统,及时地掌握商流、物流、资金流和信息流所产生的信息并加以利用。在数据仓库技术、运筹学模型基础上,运用数据挖掘工具对历史数据进行多角度、立体的分析,实现对物流中心的资源的综合管理,为决策提供科学决策的依据。因此,决策支持系统由人机交互子系统、数据仓库管理子系统和模型库管理子系统组成。其中,人机交互子系统实现控制数学模型和数据处理模型的结合与运行;模型库管理子系统负责建立、存放、删除、检索、统计、维护和管理有关模型,并负责模型与数据仓库管理子系统间的数据交换,提供模型的操作与管理语言;数据仓库管理子系统承担数据存储、删除、检索、排序、索引、统计和维护的任务,并提供数据操作的语言接口,对数据仓库进行目标信息存取。

2. 数据挖掘技术

现代物流系统是一个庞大的复杂系统,每个物流节点的信息流量都非常大,物流网络体系信息化的推进更是使原来数据库的规模不断扩大,从而产生了巨大的数据流,如果不能对这些数据进行准确、高效的收集和及时处理,管理者就很难快速地作出正确的决策,也无法实现对物流过程的及时控制。因此,人们需要一种新的数据分析技术来对海量数据进行处理。数据挖掘技术(Knowledge Discovery in Database,简称KDD)就是顺应这种需要应运而生的数据处理技术,它是知识发现的关键步骤。

Berry and Linoff 将数据挖掘定义为:对大量数据进行探索和分析,以便发现有意义的模式和规则的过程。它通常包括数据清理、数据集成、数据选择、数据变换、模式发现、模式评估和知识运用。数据挖掘是将机器学习、可视化和人工智能等技术应用到大规模数据库中,从大量不完全的、有噪声的、模糊的、随机的数据中,提取隐含在其中的有效的、新颖的、潜在的、有用的信息和知识,并最终挖掘出可理解模式的高级处理过程。简言之,就是利用算法从数据中抽取模式,将大容量数据转换为有用的知识和信息。根据信息存储格式不同,用于数据挖掘的对象有关系数据库、面向对象数据库、数据仓库、文本数据源、多媒体数据库、空间数据库、时态数据库、异质数据库及 Internet 等。

数据挖掘的基本流程包括以下几个环节:

(1)定义问题。清晰地定义出物流活动中业务问题,确定数据挖掘的目的。

(2)数据准备。对物流信息系统数据库中的数及其他相关信息数据进行选择、预处理和转换。

①数据选择。搜索所有与物流业务对象有关的内外部数据信息,在大型数据库和数据仓库目标中提取数据挖掘的目标数据集。

②数据预处理。进行数据再加工,包括检查数据的完整性及数据的一致性、去噪声、填补丢失的域、删除无效数据等。

③数据转换。将数据转换成一个分析模型,这个分析模型是针对挖掘算法建立的,建立一个真正适合挖掘算法的分析模型是数据挖掘成功的关键。

(3)数据挖掘。根据数据功能的类型和数据的特点选择相应的算法,在净化和转换过的数据集上进行数据挖掘。数据挖掘一般有两种方式:

①发现型的数据挖掘。让数据挖掘系统为用户产生假设。

②验证型的数据挖掘。用户自己对于数据库中可能包含的知识提出假设。

(4)结果分析与评价。视不同的数据挖挖掘操作选择分析方法,对数据挖掘的结果进行解释,使其转换成为能够最终被用户理解的知识,并选择合适的可视化工具,通过使用者证实发现知识的可靠性。根据最终用户的决策目的对提取的信息进行分析,把最有价值的信息区分出来,并且通过决策支持工具提交给决策者。如果结果不能令决策者满意,需要重复以上数据挖掘过程。

(5)数据挖掘技术在物流领域的运用。将分析所得到的数据挖掘知识集成应用到物流业务信息系统的组织结构中去。数据挖掘技术在物流领域中的具体应用如下:

①物流中心复合选址。物流中心复合选址,是指在一些已知的备选地点中选出一定数目的地点来设置物流中心(流通中心、配送中心),使形成的物流网络的总费用最小。

解决这类问题的常规方法是数学规划。但在实际操作中,当问题规模变得很大,或者要考虑一些市场因素(如顾客需求量)时,数学规划就存在一些困难。此时,可以用数据挖掘中的分类树方法来加以解决。

用分类树方法解决这个问题时,通常需要以下4个方面的数据:中心点的位置;每个中心点的业务需求量;备选点的位置;在中心点和备选点之间的距离。分类树的目标是连续地划分数据,使依赖变量的差别最大。使用分类树方法的真正目的是将数据分类到不同组或分支中,在依赖变量的值上建立最强划分。

通过分类树方法,不仅能确定中心点的位置,同时也能确定每年各个地址间物品的运输量,使整个企业必要的销售量得到保证。企业长期折现的总成本也会达到最小值。

②配送管理。配送管理包括配送计划的编制、配送路线的设计和优化及配送过程中的配载(混载)等。在许多配送体系中,管理人员需要采取有效的配送策略以提高服务水平、降低货运费用,其中要考虑的有车辆路径问题(确定合理路径,使每个客户只能被访问一次,且每条路径上的客户需求量之和不能超过车辆的承载能力)、车辆利用能力问题(避免因车辆在运输过程中空载率过高或整车运力未完全利用而导致运输成本增加)和车辆运输能力问题(货品规格和利润价值)。运用数据挖掘对顾客的需求和运输路径综合起来进行分类,将有助于对整个配送策略中的车辆作出合理选择。

③仓储管理。仓储管理包括存储货物、中转运输、顾客服务3方面的内容,在这3方面的成本计算中,存储成本无疑在企业总的成本核算中占很大一部分。合理安排货品的存储有助于压缩货品的存储成本。在解决如何通过合理指派储位(哪些货品放在一起)来提高拣货效率的问题时,数据挖掘中的关联模式分析就可以发挥作用了。通过关联分析可以得到关于各种产品在出库作业中的关联程度,据此决定这种货品在货架上的配置。

总之,数据挖掘能够挖掘蕴藏在海量数据中大量未知的和有价值的信息,为企业物流管理提供各种决策信息,减轻物流管理者从事低层次信息处理和分析的负担,使他们专注于最需要决策智慧和经验的工作,从而提高管理和决策的水平。随着信息技术的不断发展,数据挖掘技术将为企业物流管理决策提供越来越强大的功能支持。

3. 大数据技术

目前行业对于大数据技术的概念暂无统一的定义,一般认为从大量形式多样的数据(包括结构化、半结构化和非结构化数据)中快速获取到有价值的信息,就是大数据技术。大数据技术的一个核心目标就是从体量巨大、结构繁多的数据中挖掘出其背后的规律(数据分析),发挥数据的最大价值,并且由计算机代替人去挖掘信息从而获取知识。

大数据的通用技术主要是数据管理相关技术,按照数据从获取到处理的各个流程划分,包括数据采集技术、数据预处理技术、数据储存技术和数据分析技术。

(1)数据采集技术。数据采集技术是通过传感器或其他待检设备、社交网络或移动互联网等方式自动获取数据的技术。

目前数据采集大体可分为3类:一是内部数据采集,多采用系统日志采集方法,即采用分布式结构的数据采集工具进行数据采集;二是外部数据采集,以互联网数据为主,多采用网络数据采集方法即通过网络爬虫实现,或网站公开应用程序接口(Application Programing Interface,简称API)等方式从网站上获取数据信息;三是一些特殊的数据(企业生产经营数据或学科研究数据等保密性要求较高的数据)采集,可以通过与企业或研究机构合作,使用特定系统接口等相关方式进行。

(2)数据预处理技术。数据预处理技术主要包括数据清理技术、数据集成技术、数据变换技术与数据规约技术。

数据清理技术主要包括进漏值处理、噪声数据处理(数据中存在着错误或者偏离期望值的数据)、不一致数据处理。数据集成技术是指将多个数据源中的数据整合并存储到一个数据库中来解决数据的模式匹配、数据冗余、数据值冲突监测与处理等问题。数据变换技术可以更好地对数据源中数据进行挖掘,一般包括数据平滑、数据聚集、数据泛化、数据规范化和数据属性构造等。数据规约技术可实现数据集的规约标识,使得数据集变小但仍接近于原数据的完整性。

(3)数据储存技术。数据存储与管理是用存储器把采集到的数据存起来,建立相应的数据库,以管理和调用。典型的数据存储技术有3种,分别是基于海量并行处理结构(Massively Parallel Processing,简称MPP)架构的新型数据库集群、基于海杜普(Hadoop)架构的技术扩展和封装、大数据一体机。

(4)数据分析技术。数据分析与挖掘主要目的是把隐藏在一大批看来杂乱无章的数据中的信息集中起来,进行萃取、提炼,以找出潜在有用的信息和所研究对象的内在规律的过程。数据分析和挖掘是一种决策支持过程,它主要基于人工智能、机器学习、模式识别、数据挖掘、统计学、数据库等技术,能够高度自动化地分析大数据,作出归纳性的推理,从中挖掘出潜在的模式,从而在大数据中提取有用信息。

(5)大数据技术在物流领域的应用。

随着大数据技术的不断发展,该技术已成功应用于物流领域中,具体应用如下:

①库位优化。合理安排仓库里的商品存位置对于提高仓库利用率和装卸搬运、拣货效率等具有重要意义。对于电商企业商品种类较多的快进快出型仓库,库位优化意味着工作效率和工作效益的提高。

对于货物储存时间的长短、放在一起可以提高分拣率的货物种类等,都可以通过大数据的关联模式分析出来,通过分析商品销售/存储数据间的相互关系来合理安排仓库位置,进而提高拣货效率,减少人工成本,提高企业效益。

②配送路线优化。配送路线是影响物流企业的配送效率和配送成本的关键因素,其优

化过程是典型的非线性规划问题,也一直是物流领域的研究热点。

物流企业目前可以运用大数据来分析商品的特征和规格、客户的不同需求(时间和金钱)、所走路段的交通状况及事故发生概率等因素,从而制定出最合理的配送路线,提高配送效率,降低配送成本,使物流的配送管理更加智能化,提高物流企业的信息化水平。

③市场预测。商品的销量往往会随着时间的推移、消费者行为和需求的变化而变化,之前常常是通过一些原始方法,应用较为简单的数据分析方法来预测有关市场的需求,所考虑的因素比较少,采用的数据较为单一,所得到的结果往往可靠性较低。

大数据技术的应用可以帮助企业更加准确地勾勒出客户的行为与需求信息,即通过挖掘真实有效而又广泛的数据背后的规律来反映市场需求的变化,从而优化产品设计,对产品进入市场后的各个阶段作出预测,向客户推荐个性化的商品和服务,进而更加合理地控制物流企业库存,降低企业的运营成本。

④仓库选址。物流企业可以运用大数据技术对自身的经营特点、消费者特点和交通状况等数据进行分析处理,从而综合考虑各种因素,得出企业最优的仓库选址。

⑤车货匹配。在车货匹配领域,大数据分析技术已经成为企业优化自身服务并且进行业务拓展技术。运用大数据技术可以将全国的物流网络的数据联合起来,及时了解各个点线的货物运输需求,从而降低返程空载率及运输成本,提高物流行业运输效率。物流平台企业还可以通过对自身数十万用户数据的采集、存储、分析、挖掘,对其关键节点的数据进行分析解读,进而精准刻画用户画像,研发出更多增值服务项目。

三、物流信息交换技术

1. EDI 技术

EDI 技术即电子数据交换技术,是 20 世纪 80 年代发展起来的融现代计算机技术和远程通信技术为一体的产物。目前业界与学术界对 EDI 的定义主要有以下几种。

国际标准化组织将 EDI 描述为:"将贸易(商业)或行政事务处理按照一个公认的标准形成结构化的事务处理或信息数据格式,从计算机到计算机的电子传输。"

联合国际贸易法律委员会(UNCITRAL)对 EDI 的定义为:"EDI 是利用符合标准的结构化的信息从计算机到计算机之间的电子传输。"

国际标准化组织电工委员会在 ISO/EC 14662《信息技术开放式 EDI 参考模型》国际标准(Information Technology-Open-EDI Reference Model Standard)中对 EDI 的定义是:"在两个或两个以上的组织的信息系统之间,为实现业务目的而进行的预定义和结构化的数据的自动交换";对开放式 EDI 的定义是:"为完成明确的共同业务目标而在多个自治组织之间,根据开放式 EDI 标准进行的电子数据交换。"

我国对 EDI 公认的较为精确的定义是:"按照协议的结构格式,将标准的经济信息,经过电子数据通信网络,在商业伙伴的电子计算机系统之间进行交换和自动处理。"

简单地讲,EDI 就是一种数据交换的工具和方式,参与 EDI 交换的用户按照规定的数据格式,通过 EDI 系统在不同用户的信息处理系统之间交换有关业务文件,达到快速、准确、方便、节约、规范地进行信息交换目的。其定义的内涵可总结为以下 4 点:

(1)使用 EDI 的是交易的双方,是企业之间的而非同一组织内不同部门间的文件传递。

（2）EDI处理和传输的数据是参与贸易各方之间的商业文件。

（3）文件传输采用国际公认的EDI标准报文格式，通过计算机网络实现。

（4）信息的发送、接收与处理是由计算机自动进行的，无须人工干预。

EDI是国际商业贸易方式的重大变革。由于使用EDI可以减少甚至消除贸易过程中的纸面单证，因此EDI也被通俗地称为"无纸贸易"。EDI有着现行的纸面单证处理系统所无法比拟的优势，这些优势主要体现在以下4个方面：

（1）企业采用EDI可以更快速、更便宜地传送发票、采购订单，传输通知和其他商业单证，提高快速交换单证的能力，从而可加快商业业务的处理速度。更重要的是，这些过程可以被监督，从而为企业提供了跟踪管理和审计这些操作的能力。

（2）通过对数据进行电子传输，避免了人工录入时容易出现的数据不一致的错误，提高了总体质量，降低了数据对人的依赖性，还能减少无意义的处理时间。

（3）EDI能更快、更精确地填写订单，以便减少库存，直到实现零库存管理。

（4）EDI存储了完备的交易信息和审计记录，为管理决策者提供更准确的信息和数据，进而为企业增加效率和降低成本提供了更大的可能性。

近年来EDI在物流中应用广泛，被称为"物流EDI"。所谓"物流EDI"，是指货主、承运业主以及其他相关的单位之间，通过EDI系统进行物流数据交换，并以此为基础实施物流作业活动的方法。

物流EDI的优点在于供应链组成各方基于标准化的信息格式和处理方法通过EDI共同分享信息、提高流通效率、降低物流成本，主要表现在以下4个方面：

（1）节省时间和资金，提高工作效率和竞争力。在全球范围内发送一份电子单证最快只需几秒钟。发票能在更短的时间内投递，数据能立即进行处理。采用EDI之后，订购、制造和货运之间的周期被大大缩短，减少了库存开销。EDI意味着更准确的数据，实现数据标准化及计算机自动识别和处理，消除人工干预和错误，减少人工和纸张费用。

（2）改善对客户的服务。EDI也是一种改善对客户服务的手段，它巩固了EDI贸易伙伴之间的市场和分销关系，提高了办事效率，加快了对客户需求的反应速度。

（3）消除纸面作业和重复劳动。经济的增长带来各种贸易单证、文件数量的激增。纸张协会曾有统计得出以下用纸量超速增长的规律：年国民生产总值每增加100亿元，用纸量就会增加8万t。此外，在各类单证中有相当大的一部分数据是重复出现的，这些数据需要反复地录入，浪费人力和时间，降低了工作效率。纸面贸易文件成了阻碍贸易发展的一个比较突出的因素，EDI能够有效地解决以上两个问题。

（4）扩展了客户群。许多大的制造商和零售商都要求他们的供应商采用EDI。当他们评估选择一种新的产品或一个新的供应商时，是否采用EDI是个重要的评估因素。由于EDI的应用领域很广，一个具有EDI实施能力的企业无疑会扩大其客户群，引来更多的生意。

EDI最初由美国企业应用在企业间的采购业务活动中，随后逐步扩展到制造、运输、仓储、外贸等多个领域。电子数据交换在物流领域中的应用如下：

（1）制造业供应管理。制造业利用EDI能充分理解并满足客户的需要，制订出合理的供应计划，以达到降低库存、加快资金流动的目的。

(2) 运输管理。发货方、承运人、收货方之间采用 EDI 进行货运单证和运输安排等信息的电子数据传输,可使发货方依据客户要求合理安排拣货作业;也可使承运方依收货方指令安排运输设备,充分利用运力,并在运输过程中对货物进行跟踪管理,为客户提供高层次和便捷的服务;还可使收货方可及时了解到货信息,在收货时提高验货效率,并及时反馈到货信息。

(3) 仓储管理。运用 EDI 可迅速核对采购与到货数据,易于发现差错,大大降低仓储企业或零售企货作业的差错率,节省进货商品检验的时间和成本,还可加速货物的提取及周转,减弱空间紧张的矛盾,提高储位利用率。

(4) 外贸通关和报关。EDI 用于外贸业,可提高用户的竞争能力。EDI 用于通关和报关,可加速货物通关,提高对外服务能力,减轻海关业务的压力,防止人为弊端,实现货物通关自动化和国际贸易的无纸化。

2. 电子商务拓展标记语言

通过连接在一起的计算机系统,数据能从一个系统传送到其他系统,从而不再使用纸介质文件来交换商业数据,这个概念就是 EDI 的原型。EDI 的出现大大提高了商业运作效率,但是,虽然全世界的前 10000 家公司中 98% 以上都在使用 EDI,全世界其他公司却仅有 5% 是 EDI 的用户。EDI 虽然很有效,但启动费用很高。近一段时间,人们也一直在寻找 EDI 的替代方案,希望能够找到一种使全球不同规模的公司都能受益的、便宜的交换标准商务文档的方法。在这样的背景下,电子商务拓展标记语言(electronic business using extensible Markup Language,简称 ebXML)应运而生。

ebXML 是一组支持模块化电子商务框架的规范,它支持全球化的电子市场,使任意规模的企业通过交换基于可拓展标记语言(Extensible Markup Language,简称 XML)的信息,不受地域限制地接洽和处理生意。ebXML 是联合国贸易促进及电子商务中心(UN/CEFACT)和美国结构信息标准高级组织(Organization for the Advancement of Structured Information Standards,简称 OASIS)共同开发的全球规范标准,它为贸易双方提供了一种安全稳定、可以实现相互操作的信息交换模式。

由于 XML 本身不具备使其适应商务世界需求的所有工具,所以希望通过 ebXML 实现使电子商务简单、容易,并且无所不在;最大限度地使用 XML,为 B2B(Business to Business,商对商)和 B2C 提供一个同样的开放标准以进行跨行业的商务交易;将各种 XML 商务词汇的结构和内容一起放进一个单一的规范,提供一条从当前 EDI 标准和 XML 词汇表移植的途径,鼓励行业在一个共同的长期目标下致力于直接的或短期的目标;用 ebXML 进行电子商务活动,避免要求最终用户投资于专有软件或强制使用专业系统,保持最低成本,支持多种书面语言并容纳国内、国际贸易的通用规则。

ebXML 全球电子商务标准化总体解方案主要有以下特点:

(1) 提供推动力,使目前用于短期垂直解决方案的通用资源重新配置,以形成一个通用的长期解决方案。

(2) 支持行业和商务参与方的横向和纵向数据段。

(3) 将电子商务的成本降至最低。

(4) 提供多种语言支持。

(5) 满足国内贸易与国际贸易的需求。

（6）提供 EDI 标准和 XML 商务标准的转换方法。

ebXML 的目的是提供一个基于 XML 的开放式技术框架，使 XML 能够按连贯的和统一的方式应用于应用程序之间、应用程序与人之间以及人与应用环境之间的电子商务数据交换，从而建立一个统一的全球电子市场。

电子商务拓展标记语言在物流领域中的应用如下：

（1）构建物流信息交换平台。由于 EDI 和 XML 表达和传输数据的方式都是各自独立的，所以，能够利用这两种技术构建外部的信息交换系统。然而 EDI 的信息交换具有成本高、可能存在技术缺陷，并且存在限制传统商业事务的标准规则等许多问题，而 ebXML 技术是建立在 Internet 基础之上的一种信息交换模式，其应用构建物流信息平台的优势主要表现在以下几个方面：

①有广泛认可的技术优势。

②投入的成本低。

③能够使物流企业更好的整合资源。

④更有利于统一的物流标准的形成。

⑤整合物流资源更便捷。

⑥安全可靠，有助于更好地获取与交换信息。

（2）建造现代物流企业的外部信息交换系统。应用 ebXML 建造其外部信息交换系统时的主要流程如下：

①注册阶段。现代物流企业 A 利用 ebXML 注册自己的商业实施细节以及相关链接等配置信息。注册到 ebXML 的商业配置文件将描述该公司支持的商务文本以及具有的数据交换能力等。

②发现阶段。客户 A 在 ebXML 中注册了其商务运作能力之后，客户 B 发现客户 A，并向客户 A 公司发送请求信息，向其表达愿意运用 ebXML 交换商务信息。

③协商阶段。客户 A 和客户 B 达成相关协议之前要进行智能协商，并最终生成 CPA 文档。

④业务阶段。首先要根据现代物流企业的业务需求和客户 A 与客户 B 达成的 CPA 文档中协商的贸易条件选择相应的业务，然后再进行实际的操作业务。贸易伙伴相互之间的信息交换和贸易往来都是通过消息服务进行的。

（3）实现物流企业内部的数据处理。在现代物流企业内部信息平台中，ebXML 的数据流程如下：

①在互联网 Http 协议的支持下，物流企业的客户端通过浏览器向物流信息平台的处理业务接口发出数据请求，接受的请求并通过安全认证后，请求数据由 XML 中间件打包为格式标准的 XML 文件，数据打包文件被 XML 的中间件解压为适合企业的内部数据库的数据格式后，储存在业务数据库中。

②业务数据通过企业内部的信息管理系统存储或者提取，然后再按照业务数据类型通过物流信息的业务处理接口发布或者传送给物流供应链中的节点企业。现代物流企业的信息平台在 XML 的基础上，不强迫物流供应链中其他的企业使用统一的标准进行数据处理，而只是将不同系统的数据格式通过客户化的接口来实现统一。

ebXML技术在现代物流企业的信息平台中应用,有助于物流企业和不同的多个供应商、配货商以及客户之间进行信息相互传递,以此驱动物流系统的快速运转,并使物流企业内部能够及时获得物流的运作信息,实现对商品流通的及时控制,提高物流效益。通过分析不难发现,ebXML技术作为一个提供信息交流的平台,不仅可以使现代物流企业在低成本的条件下实现与客户信息的互换,还可以使不同规模的现代物流企业平等参与市场竞争,从而使其能够获得更多的机会。

四、物流自动跟踪技术

1. 全球定位系统

全球定位系统是美国陆、海、空三军从20世纪70年代开始联合研制的,通过人造卫星对地面目标进行测定关行定位和导航的技术,是具有在海、陆、空进行全方位实时三维导航与定位能力的卫星导航与定位系统。美国军方耗时20年,投资300多亿美元,于1994年全面建成,其全球覆盖率高达98%。

目前,全球共有四大卫星定位系统。除了美国研发的GPS外,还有我国的北斗导航系统(COMPASS)、俄罗斯的GLONASS系统("格洛纳斯"系统)、欧盟的伽利略卫星导航系统(Galileo satellite navigation system)。

北斗导航系统是2000年我国开始建设的自主开发、独立运行的全球卫星定位系统。它是为服务国家经济建设而研制的,为我国的交通运输、气象、石油、海洋、森林防火、灾害预报、通信、公安以及其他特殊行业提供高效的导航定位服务。目前,我国北斗导航系统还在建设中,它由3部分即空间段、地面段和用户段组成。其中,计划发射5颗静止轨道卫星和30颗非静止轨道卫星来组建空间段。2011年,北斗开始向我国及周边地区提供连续的导航定位和授时服务;2012年,北斗向亚太大部分地区正式提供连续定位、导航、授时等服务。2020年,北斗三号系统建成,向全球提供服务。

"格洛纳斯"系统是与美国GPS相似的全球卫星导航系统,是从20世纪80年代初开始建设的。它由3部分组成,即卫星星座、地面监测控制站和用户设备。其覆盖范围包括全部地球表面和近地空间。虽然1982年已经成功发射"格洛纳斯"系统的第一颗卫星,但由于苏联解体,导致整个系统发展缓慢。直到1995年,俄罗斯耗资30多亿美元,才完成了GLO-NASS导航卫星星座的组网工作。此卫星网络由俄罗斯国防部控制。

伽利略卫星导航系统是由欧盟研制和建立的全球卫星导航定位系统,其目的是摆脱欧洲对美国全球定位系统的依赖,打破其垄断。该计划于1999年由欧洲委员会公布,于2002年3月正式启动,提供覆盖全球的高精度、高可靠性的定位服务,实现完全非军方控制、管理。该计划总共将发射32颗卫星,总投入达34亿欧元。该项目由欧洲委员会和欧空局共同负责,但因各成员国存在分歧,计划已几经推迟。系统建成的最初目标是2008年,但由于技术等问题,延长到2011年。2010年初,欧盟委员会再次宣布,伽利略系统将推迟到2014年投入运营。2015年3月30日,欧洲发射了2颗伽利略导航卫星,欲抗衡GPS。

本书中,GPS指的是全球定位系统,包括美国研制的GPS。根据《物流术语》(GB/T 18354—2006)中给出的定义,GPS即利用导航卫星进行测时和测距,使在地球上任何地方的用户,都能测定出他们所处的方位。

GPS 具有如下特点:

(1)全球全天候定位。GPS 卫星的数目较多,且分布均匀,保证了地球上任何地方任何时间至少可以同时观测到 4 颗 GPS 卫星,确保实现全球全天候连续的导航定位服务(除打雷、闪电等条件下不宜观测外)。

(2)定位精度高。应用实践已经证明,GPS 相对定位精度在 500km 以内可达 10^{-6}m,100~500km 可达 10^{-7}m,在 100km 可达 10^{-9}m。在 300~1500m 工程精密定位中,1h 以上观测时解其平面位置误差小于 1mm,与 ME-5000 电磁波测距仪测定的边长比较,其边长较差最大为 1.5mm,校差中误差为 0.3mm。

(3)观测时间短。随着 GPS 的不断完善和软件的不断更新,20km 以内相对静态定位,仅需 15~20min,快速静态相对定位测量时,当每个流动站与基准站相距在 15km 以内时,流动站观测时间只需 1~2min,采取实时动态定位模式时,每站观测仅需几秒钟。因而使用 GPS 技术建立控制网,可以大大提高作业效率。

(4)测站间无须通视。GPS 测量只要求测站上空开阔,不要求测站之间互相通视,因而不再需要建造觇标。这一优点既可大大减少测量工作的经费和时间(一般造标费用约占总经费的 30%~50%,同时也使选点工作变得非常灵活,以及省去经典测量中的传算点、过渡点的测量工作。

(5)仪器操作简便。随着 GPS 接收机的不断改进,GPS 测量的自动化程度越来越高,有的已趋于"傻瓜化"。在观测中测量员只需安置仪器,连接电缆线,量取天线高,监视仪器的工作状态,而其他观测工作,如卫星的捕获、跟踪观测和记录等均由仪器自动完成。结束测量时仅需关闭电源,收好接收机,便完成了野外数据采集任务。

如果在一个测站上需做长时间的连续观测,还可以通过数据通信方式,将所采集的数据传送到数据处理中心,实现全自动化的数据处理。另外,接收机体积也越来越小,相应的质量也越来越轻,极大地减轻了测量工作者的劳动强度。

(6)可提供全球统一的三维地心坐标。GPS 测量可同时精确测定测站平面位置和大地高程。GPS 水准可满足四等水准测量的精度,另外,GPS 定位是在全球统一的 WGS-84 坐标系统中计算的,因此全球不同地点的测量成果是相互关联的。

GPS 主要由 3 部分组成,即空间卫星系统、地面监控系统和用户接收系统。

(1)空间卫星系统。GPS 空间卫星系统由 24 颗卫星组成,如图 8-16 所示。其中,可用于导航的卫星有 21 颗,剩余的 3 为活动备用卫星。这 24 颗卫星均匀分布在 6 个轨道平面内,各轨道平面对于赤道平面的倾角为 55°,各轨道平面之间相距 60°,每个轨道平面内各卫星之间的间隔为 90°。卫星的轨道分布保证在世界各地任何时间可见到至少 4 颗卫星,这些角度和位置都是经过精确计算的,一分一毫都不差。因为这些卫星相当于一个个坐标,故对地面 GPS 用户计算方位非常重要。

(2)地面监控系统。卫星是否一直在预定的轨道上运行,以及卫星上的各种设备是否正常工作,都要由地面监控设备进行检测和控制。GPS 地面监控系统包含 3 个部分,即 1 个主控站、5 个监控站和 3 个注入站。其中,主控站负责管理、协调整个地面控制系统。监控站主要负责收集卫星观测数据,并将这些数据传送至主控站。主控站根据各监控站对 GPS 卫星的全部观测数据,计算出每颗卫星的轨道和卫星钟改正值。在每颗卫星运行至上空时,注入

图8-16　GPS空间卫星系统组成

站将主控站的指令注入卫星。卫星的运行要受地面控制，以确保运行轨道参数的准确，否则定位就会发生偏差，所以必须实时对这些卫星进行观测。

（3）用户接收系统。GPS用户接收系统即GPS接收机，如图8-17所示。GPS接收机包括接收机硬件、机内软件及GPS数据处理软件等。GPS在工作的过程中，无论在任何时刻、在地球上任何位置，每台GPS接收机都可以同时接收至少4颗GPS卫星发送的空间轨道信息。接收机通过解算接收到的每颗卫星的定位信息，就可以确定该接收机的位置，从而实现高精度的三维（经度、纬度、高度）定位和导航功能。

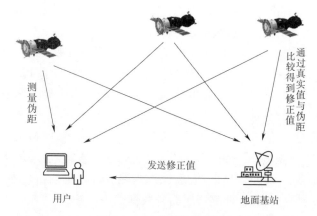

图8-17　GPS用户接收系统

GPS具有三大基本功能，即导航、测速和授时，其应用范围非常广泛。

（1）陆地应用。陆地应用主要包括车辆导航、应急反应、大气物理观测、地球物理资源勘探、工程测量、变形监测、地壳运动监测、市政规划控制等。

（2）海洋应用。海洋应用包括远洋船最佳航程航线测定、船只实时调度与导航、海洋救援、海洋探宝、水文地质测量、海洋平台定位和海平面升降监测等。

（3）航空航天应用。航空航天应用包括飞机导航、航空遥感姿态控制、低轨卫星定轨、导弹制导、航空救援和载人航天器防护探测等。

GPS在物流领域中主要有如下应用：

（1）货物及运输的实时监控。GPS计算机信息管理系统可以通过GPS和计算机网络实时地收集全路列车、机车、车辆、集装箱及所运货物的动态信息，实现对陆运、水运货物的跟踪管理，用户在任意时刻只要知道货车的车型、车号或船舶的编号，就可以通过发出查询指令，立即从铁路网或水运网中找到该货车或船舶，知道其现在所处的位置、距离运输目的地的里程，以及所有装运货物的信息。用户还可使用GSM（Global System for Mobile Communications，全球移动通信系统）的语音功能与驾驶员进行通话，或使用本系统安装在运输工具上的移动设备的汉字液晶显示终端进行汉字消息收发对话。驾驶员通过按下相应的服务、动作键，将该信息反馈到网络GPS，质量监督员或托运方可在网络GPS工作站的显示屏上确认其工作的正确性，了解并控制整个运输作业的准确性（发车时间、到货时间、卸货时间、返回时间等)。GPS 的应用可以大大提高运营的精确性和透明度,为货主提供高质量的服务。

(2)运输工具的动态调度。借助 GPS,调度人员能在任意时刻通过调度中心发出调度指令,并得到确认信息。操作人员可通过在途信息的反馈,在运输工具未返回车队前即做好待命计划,提前下达运输任务,减少等待时间,加快运输工具周转速度,从而实现运输待命计划管理。操作人员还可将运输工具的运能信息、维修记录信息、车辆运行状况登记、驾驶员信息、运输工具的在途信息等多种信息提供给调度部门进行决策,以提高重车率,尽量减少空车时间和空车距离,充分利用运输工具的运能,实现运能管理。

(3)运输规划与优化。借助 GPS 可事先规划车辆的运行路线、运行区域、何时应该到达何地等,并将该信息记录在数据库中,以备以后查询、分析使用,即通过对相关运输数据进行存储和分析,实现路线规划及优化。

(4)运输工具的导航。导航是 GPS 的首要功能,也是最基本的功能。车载导航设备接收 GPS 数据,即可显示车辆行驶中的位置、即时行驶路线,以及目的地的方位、距离和所需时间。GPS 可为物流运输人员推荐最佳运输路线,物流运输人员也可以根据实际道路情况自己选择最优路线。

2. 地理信息系统

地理信息系统简称 GIS,是在 20 世纪 60 年代开始迅速发展起来的地理学研究新成果,是由地理学、计算机科学、测绘遥感学、城市科学、环境科学、信息科学和管理科学交叉而成的新学科。《物流术语》(GB/T 18354—2006)中给出的定义是:"地理信息系统由计算机软硬件环境、地理空间数据、系统维护和使用人员 4 部分组成的空间信息系统,该系统可对整个或部分地球表层(包括大气层)空间中有关地理分布数据进行采集、储存、管理、运算、分析、显示和描述。"

从概念的形成到普及,GIS 主要经历了以下 4 个发展阶段:

(1)形成阶段。1963 年,加拿大土地调查局为了处理大量的土地调查资料,首次提出地理信息系统这一术语,并建立了世界上第一个实用的地理信息系统——加拿大地理信息系统。该系统主要用于自然资源的管理和规划。在这个时期,大多数地理信息系统工作局限在政府和大学中。

(2)巩固阶段。20 世纪 70 年代后,计算机技术的迅速发展、大容量磁盘的使用,为地理信息系统的采集、录入、检索、处理与输出提供了有力的支持,从而巩固了地理信息系统的发展。在这个时期,政府部门、大学和商业公司普遍重视地理信息系统。

(3)发展阶段。从 20 世 80 年代开始,大规模和超大规模集成电路的问世以及计算机的推出,使得地理信息系统的传输时效得到极大提高,地理信息技术被普遍推广并得到了广泛应用。在这个时期,很多国家积极致力于该系统的开发和应用,全球各国都开始关注和重视地理信息系统。

(4)普及阶段。随着计算机软、硬件的飞速发展,网络进入了千家万户,因此地理信息系统开始成为许多机构必备的工作系统。地理信息系统已发展成为现代社会最基本的服务系统,公众已开始关注国家级乃至全球性的地理信息系统的开发应用。在这个阶段,我国的地理信息系统技术也得到了迅速发展。

GIS 主要由 4 部分组成,即计算机硬件系统、软件系统、地理数据和应用人员(即用户),

如图 8-18 所示。硬件和软件系统为 GIS 建设提供环境,地理数据是 GIS 的重要内容,应用人员是系统建设中的关键和能动性因素,直接影响和协调其他几个组成部分:

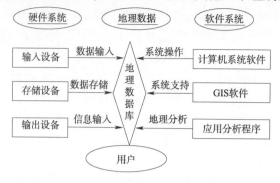

图 8-18　GIS 组成图

(1)硬件系统。GIS 硬件系统主要是指计算机硬件系统,包括输入设备、存储设备和输出设备等。其中,输入设备主要包括数字化仪、扫描仪、键盘、数字相机;存储设备主要包括软盘、硬盘、磁带机和和光盘读写器;输出设备主要包括显示器、绘图仪、打印机、相片记录仪。

(2)软件系统。软件是指 GIS 运行所必需的各种程序,主要包括计算机系统软件、地理信息系统软件和应用分析软件 3 部分。

计算机系统软件包括数据输入和校验、数据存储和管理、数据变换分析、数据显示输出和用户接口模块。数据输入和校验软件主要是指各种转换软件,即将地图数据、统计数据和文字报告转换成计算机兼容的数字形式,对数据存储和数据库管理方及地理元素的位置、连接关系以及属性数据进行构造和组织,使其便于计算机和系统用户理解。

地理信息系统软件提供存储、分析和显示地理信息的功能和工具,主要的软件部件有:输入和处理地理信息的工具,数据库管理系统工具,支持地理查询、分析和可视化显示的工具和容易使用这些工具的图形用户界面等。

应用分析软件是指系统开发人员或用户根据地理专题或区域分析的模型编制的用于某种特定应用任务的程序,是系统功能的扩充和延伸。应用程序作用于地理专题数据或用于地理分析的部分,也是从空间数据中提取地理信息的关键。用户进行系统开发的大部分工作是开发应用程序,而应用程序的水平在很大程度上决定系统实用性的优劣和成败。

(3)地理数据。应用计算机数据库技术对地理数据进行科学的组织和管理的硬件与软件系统是 GIS 的核心部分,它包括一组独立于应用目的的地理数据的集合、对地理数据集合进行科学管理的数据管理系统软件和支持管理活动的计算机硬件。广义的地理数据库还包括地理数学模型库、知识库(智能数据库)和专家系统。地理数据库属于空间数据库,表示地理实体及其特征的数据具有确定的空间坐标,为地理数据提供标准格式、存储方法和有效的管理,能方便、迅速地进行检索、更新和分析,使所组织的数据达到冗余度最小的要求,为多种应用目的服务。

(4)应用人员。GIS 应用人员包括系统开发人员和 GIS 技术的最终用户,他们的业务素质和专业知识是 GIS 工程及其应用成败的关键。

GIS 具有以下功能：

(1) 数据采集与编辑。GIS 的数据通常归纳为不同性质的专题和层，数据的采集与编辑就是把各层地理要素转化为空间坐标及属性对应代码输入计算机中。

(2) 数据存储与管理。GIS 的核心是一个地理数据库。数据库是数据存储与管理的主要技术，地理信息系统数据库（或称为空间数据库）是地理要素特征以一定的组织方式存储在一起的相关数据的集合。

(3) 数据处理和变换。由于地理信息系统涉及的数据类型多种多样，同一种类型的数据的质量也可以有很大差异，所以数据的处理和变换极为重要。常见的数据处理的操作有数据变换、数据重构、数据抽取。

(4) 空间分析和统计。GIS 强调空间分析和统计，通过空间分析模型来分析空间数据。GIS 的成功应用依赖于空间分析模型的研究和设计。空间分析和统计也是地理信息系统的一个独特研究领域，其特点是帮助确定地理要素之间新的空间关系。常用的空间分析有拓扑空间查询、叠合分析、缓冲区分析和空间集合分析。

(5) 制图功能。GIS 是在计算机辅助制图基础上发展起来的一门技术，是地图制作的重要工具。采用 GIS 可以制作符号，对数据进行各种渲染，高效、高性能、高度自动化是 GIS 制图的重要特点。

(6) 提供和获得与空间位置相关的服务。通过空间分析为各类用户提供管理和商业上的辅助决策，如疾病、林火等突发事件的监测与预警，设施故障处理，基站选址，企业选址，客户分布管理服务，房地产管理服务等。

GIS 在物流领域的应用主要是指利用 GIS 强大的地理数据功能来完善物流分析技术，使企业能合理调配和使用各种资源，提高运营效率和经济效益。物流配送的过程主要是货物的空间位置转移的过程。在物流配送过程中，涉及货物的运输、仓储、装卸、送达等各个业务环节，而各个环节涉及的问题，如运输路线的选择、仓库位置的选择、仓库容量设置、合理装卸策略、运输车辆调度和投递路线选择等，又都涉及地理要素和地理分布。国外公司已经开发出利用 GIS 提供专门物流分析的工具软件。完整的 GIS 物流分析软件集成了车辆路线模型、网络物流模型、分配集合模型和设施定位模型等。

(1) 车辆路线模型。车辆路线模型用于解决一个起始点、多个终点的货物运输中如何降低物流作业费用，并保证服务质量的问题，包括决定使用多少辆车、每辆车的路线等。物流分析中，在一对多收发货点之间存在多种可供选择的路线的情况下，应该以物料运输的安全性、及时性和低费用为目标，综合考虑，权衡利弊，选择合理的运输方式并确定费用最低的运输路线。

(2) 网络物流模型。网络物流模型用于解决寻求最有效的分配货物路径问题，也就是物流网点布局问题，如将货物从 N 个仓库运往到 M 个商店，每个商店都有固定的需求量，因此需要确定由哪个仓库提货送给哪个商店，所花费的运输代价最小。

(3) 分配集合模型。分配集合模型可以根据各个要素的相似点把同一层上的所有或部分要素分为几个组，用以解决确定服务范围和销售市场范围等问题。如某一公司要设立 X 个分销点，要求这些分销点要覆盖某一地区，而且要使每个分销点的顾客数目大致相等。

(4) 设施定位模型。设施定位模型用于确定一个或多个设施的位置。在物流系统中，仓库和运输线路共同组成了物流网络,仓库处于网络的节点上,节点决定着线路。如何根据供求的实际需要并结合经济效益等原则,在既定区域内设立多少个仓库,每个仓库的位置,每个仓库的规模,以及仓库之间的物流关系等问题,运用此模型均能很容易地得到解决。

五、其他物流信息技术

1. 物联网技术

物联网是指通过射频识别、红外感应器、全球定位系统、激光扫描器、气体感应器等信息传感设备,按约定的协议,实时采集任何需要监控、连接和互动的物体或过程。物联网采集其声、光、热、电、力学、化学、位置等各种所需信息,并与互联网结合,进行信息交换和通信,以实现物与物、物与人的智能化识别、定位跟踪、监控和管理。

根据物联网的特征来划分,物联网主要有3大技术体系:感知技术体系、通信与网络技术体系和智能技术体系。物流行业中常用的物联网感知技术主要有RFID技术、条码自动识别技术、激光技术、红外技术、GPS技术、GIS技术、车载视频技术、视频识别技术、传感器技术和蓝牙技术等;常用的物联网通信与网络技术主要有现场总线技术、互联网技术、无线局域网技术、局域网技术、无线移动通信技术和M2M(Machine to Machine,数据算法模型)技术等;常用的物联网智能技术主要有ERP技术、自动控制技术、专家系统技术、数据挖掘技术、智能调度技术、优化运等技术、智能机器人技术、智能信息管理系统技术、移动计算技术、智能计算技术和云计算机技术等。

物联网借助感知技术、通信与网络技术、智能技术,对单个商品进行识别、定位、跟踪、监控和管理。基于这些特性,将物联网技术应用于物流的各个环节,可保证商品的生产、运输、仓储、销售及消费全过程的安全时效,为供方提供最大化的利润,为需方提供最佳的服务,同时消耗最少的自然资源和社会资源。

物联网技术在物流领域中主要有如下应用:

(1)物流生产和运输领域。借助RFID技术和GPS技术等物联网技术的支持,可以实时获取商品所承载的信息,从而获取商品的位置信息,对商品进行自动跟踪。商品生产商应用物联网技术,管理原材料的供应和产品的销售,动态跟踪产品运送,及时召回不合格产品,提升自身服务水平,提高消费者对产品的信赖度。商品运输商通过EPC(Engineering Procurement Construction,电子产品代码技术)自动获取数据,由于EPC电子标签具有读取范围广、编码唯一难以伪造的特点,借助其可以实现自动通关、运输路线跟踪和货物鉴别,提高了商品运输的安全度和效率。

(2)物流仓储领域。在物流仓储管理中,运用物联网技术,对产品的入库和出库信息采用电子标签记录,所采集的信息被存入物流管理系统数据库,实现对产品的自动分拣存取、分类堆放和库存统计管理。根据产品出库自动扫描记录,可以防止存货被盗或因工作人员操作不当引起的物品流失等问题。

(3)销售管理领域。在销售管理环节,借助物联网技术,能够及时获取商品库存数据,并自动将数据传递至销售终端的仓库管理系统,待信息汇总后传递给上一级分销商或生产商,有利于上游供货商合理安排商品供货计划。在货物调配环节,通过RFID标签技术实现货物自动分拣、有序配送和分发,并可以实时跟踪货物流向,保障货物及时送达消费者手中。销售终端的零售商借助 EPC 技术及时获取货架商品和库存信息,提高订单供货率,降低商品脱销和库存积压的可能性。

(4)商品消费领域。在商品消费过程中,借助物联网技术,消费者可随时掌握所购买商品及其生产厂家的信息,发现商品质量问题可以及时进行责任追溯,生产厂家也可以及时对发现的问题进行纠正。这样既保证了消费者能够买到满意的商品,也有助于生产厂家对产品进行品控以降低不良率。

2. 云计算技术

近年来,云计算技术得到了快速发展。现阶段云计算在为各类互联网业务提供有力支撑的同时,已经向制造、物流、政务、金融、医疗、教育等企业级市场延伸拓展,成为推进制造强国、网络强国战略的重要驱动力量。

对于云计算的定义有多种说法,现阶段广为接受的是美国国家标准与技术研究院(National Institute of Standards and Technology,简称 NIST)给出的定义:云计算是一种按使用量付费的模式,这种模式提供可用的、便捷的、按需的网络访问,进入可配置的计算资源共享池(资源包括网络、服务器、存储、应用软件、服务),这些资源能够被快速提供,而只需投入很少的管理工作,或与供应商进行很少的交互。而实现云计算这种模式所使用的技术就是云计算技术。

云计算包括 5 大关键技术,分别为虚拟化技术、分布式大量数据存储、大量数据管理技术、分布式编程模式与云计算平台管理技术。

(1)虚拟化技术。虚拟化技术是指计算元件在虚拟的基础上而不是真实的基础上运行,它可以扩大硬件的容量,简化软件的重新配置过程,减少软件虚拟机相关开销和支持更广泛的操作系统。虚拟化技术根据对象不同,可分成存储虚拟化、计算虚拟化、网络虚拟化等。

(2)分布式大量数据存储。云计算系统由大量服务器组成,同时为大量用户服务,因此云计算系统采用分布式存储的方式存储数据,以冗余存储的方式(集群计算、数据冗余和分布式存储)保证数据的可靠性。

(3)大量数据管理技术。云计算需要对分布的、大量的数据进行处理、分析,因此,数据管理技术需要能高效地管理大量的数据。云计算系统中的数据管理技术主要是 Google 的数据管理技术和 Hadoop 团队开发的开源数据管理模块 HBase。

(4)分布式编程模式。云计算提供了分布式的计算模式,客观上要求其具有分布式的编程模式。通用的分布式并行编程模型有 MapReduce 模型、Dryad 模型等。

(5)云计算平台管理技术。云计算系统的平台管理技术能够使大量的服务器协同工作,方便进行业务部署和开通,快速发现和恢复系统故障,通过自动化、智能化的手段实现大规模、系统的可靠运行。

云计算技术的应用具有快速部署资源或获得服务、按需扩展和使用、按使用量付费等特征,能够节省用户成本,提高效率。"云"即提供资源的网络,是云计算技术的一个应用载体,其主要有如下特点:

(1)快速部署资源或获得服务。专业的云服务提供商利用云计算技术搭建计算机存储、运算中心,用户通过互联网借助浏览器或者软件就能很方便地访问自己所需的资源。

(2)按需扩展和使用。在各类"云"上面的资源都可以按照客户的需求进行扩展。

(3)按使用量付费。用户在使用"云"时,按需获取资源,并且只需为自己所用部分的资源付费。云计算技术在物流领域主要解决企业部门间数据交换、货物实时跟踪、信息发布等方面的问题。

云计算技术在物流领域中主要有如下应用:

云计算产业泛指与云计算相关联的各种活动的集合,其产业链主要分为4个层面,即基础设施层、平台与软件层、运行支撑层和应用服务层。基础设施层以底层元器件、云基础设施硬件设备资源为主;平台与软件层以云基础软件、云应用软件等云平台与云软件资源为主;运行支撑层主要包括咨询、集成监理、运维、培训等;应用服务层主要包括云终端和云服务。

云计算技术在智能物流和供应链领域有着广泛的应用,基于运输云计算,实现制造企业、第三方物流和客户三方的信息共享,提高车辆往返的载货率,实现对冷链物流的全程监控,还可以构建供应链协同平台,使主机厂和供应商、经销商通过电子数据交换实现供应链协同。

3. 区块链技术

区块链技术的思想及其应用潜力已经受到各行业广泛关注。国内物流行业目前处物发展阶段,正不断加快对新技术的吸收应用,以实现行业的降本增效,提高物流服务质量,促进行业健康发展。区块链技术于2016年初入物流行业人士的视野,如今已迅速成为关注和讨论的热点话题,可以预见区块链技术在物流行业的研究和应用已进入快车道。

目前,国内对于区块链技术的研究讨论刚刚起步,对其定义仍未得出统一结论。相对而言,美国关于区块链技术的研究更为系统成熟,美国联邦储备系统已成立相关技术研究工作组,多个州已经出台监督管理法规,来针对相关应用区块链技术的产品,且相关学术研究也较为丰富。美国学者梅兰妮·斯万在其著作《区块链:新经济蓝图及导读》中给出了区块链的定义:"区块链是一种公开透明的、去中心化的数据库。"公开透明体现在该数据库是由所有的网络节点所共享的,并且由数据库的运营者进行更新,同时也受到全民的监管;去中心化则体现在该数据库可以看作一张巨大的可交互电子表格,所有参与者都可以进行访问和更新,并确认其中的数据是真实可靠的。可以认为,区块链技术是使得区块链这样一种数据库实现公开透明化、去中心化的技术。

在区块链技术的保障下,区块链中所有参与者都可以对数据进行访问、更新以及监管,区块链实质上是一种分布式数据库。在分布式数据库中,数据的存储和记录均由系统参与者来集体维护。区块链能实现数据由系统参与者集体记录,而非由一个中心化的机构集中记录;可以存储在所有参与记录数据的节点中,而非集中存储于中心化的机构节点中。若将区块链视为由众多节点组成的网络,整个网络中信用的产生并不依靠网络中的单个节点(第三方机构的担保),而是通过技术的手段使所有参与者能够对数据进行记录、存储与监管,以形成可信任的数据库。

区块链技术具有如下特点:

(1)开放性与共识性。在区块链网络中,任何人都可以参与区块链网格的运作,每一台设备都能作为一个节点,每个节点都允许获得一份完整的数据库拷贝。节点间基于一套共识机制,通过竞争计算共同维护整个区块链。任何一个节点失效,其余节点仍能正常工作。

(2) 去中心化，去信任化。区块链由众多节点共同组成一个端到端的网络，不存在中心化的设备和管理机构。节点之间数交换通过数字签名技术进行验证，无须互相信任，只要按照系统既定的规则进行，一个节点不能也无法欺骗其他节点。

(3) 交易透明化，双方匿名化。区块链的运行规则是公开透明的，所有的数据信息也是公开的，因此每一笔交易都对所有节点可见。由于节点与节点之间是去信任的，因此节点之间无须公开身份，每个参与的节点都是匿名的。

(4) 不可篡改性，可追溯性。单个甚至多个节点对数据库的修改无法影响其他节点的数据库，除非能控制整个网络中超过51%的节点同时修改，但这几乎是不可能发生的情形。区块链中的每一笔交易都通过密码学方法与相邻两个区块串联，因此可以追溯到任何一笔交易记录。

区块链技术未来在物流领域中主要有如下应用：

(1) 降低外贸物流信息处理成本。外贸物流涉及的参与方较多，一次交易至少涉及供应商、贸易公司、银行、外汇管理局、国税局、商检局、海关、货运代理企业、运输企业等众多主体。外贸具有一定流程，且各组织都有各自的数据库，外贸的信息处理需要围绕每个节点组织依次展开，频繁的信息沟通和处理带来了较高的信息传递和处理成本。如果将区块链技术应用于外贸物流，将外贸信息集中到公开公共的数据库中，各组织单位之间可以实现点对点的自由信息传输，且信息的变化会由程序自动记录存储到公共数据库中，信息的传递和处理成本将有效降低。

例如，一批冷冻货物从东非运输至欧洲，中间要经过30个组织超过200次的交流，其中文本传输带来的成本占到了总成本的20%。如果这批货物是从东非运输到中国，距离更长，各组织间交流带来的信息处理成本更高。如果将区块链技术运用到运输交易过程中，将链条上所有组织的交易及其产生的信息全部纳入公开透明的账本中进行管理，交易信息实时记录到区块链当中，各成员可以实时分享，在区块链中真正实现"点对点"的信息沟通，外贸物流信息传成本也将随之降低。

(2) 解决危化品物流安全监管问题。随着我国危化品物流市场不断增长，危化品物流安全问题越来越受到人们的关注。我国化工产业的布局决定了我国具有规模巨大的危化品物流市场。以石油、天然气等为基础原料的化工产业集群大都分布在西部，而其输出产品的销售地和下游深加工企业又多集中在东部沿海地带。目前，我国5000余种化工原料产销分布不均，95%以上需要异地运输，"产销分离"决定了危化品物流的"紧俏"。由于一些仓储和运输设施设备的不达标，以及全流程监控能力的缺乏，目前对于危化品物流的监管主要是事后监管，减少危化品物流安全问题的环境条件有待改善。

区块链技术是解决这一问题的可行手段。如果把危化品物流各环节参与者物流与交易信息写入区块链中，对新的信息变更可以实时更新、查询和监督，对危化品所处的位置、状态可以进行同步了解，从而可实现有效的事前监管。同时信息会永远保存且不能篡改，方便发生安全生产事故后进行事后追责，真正实现危化品物流全流程的透明运作，形成安全作业的良好环境。

(3) 解决中小企业融资难问题。区块链技术还可以帮助物流供应链上的中小企业解决融资难问题。近年来,我国物流供应链行业处于持续、快速的发展阶段,一批具备较强供应链管理能力的物流企业迅速崛起。然而,物流供应链上的企业大多是中小企业,企业的信用等级评级普遍较低,很多中小企业没有得到信用评级,难以获得银行或金融机构的融资贷款服务。

而区块链技术在物流行业的应用,使得物流商品具备了资产化的特征,有助于解决上述问题。区块链技术可以将信息化的商品价值化、资产化,主要是因为区块链技术的所记载的资产不可更改、不可伪造。而固定了商品的唯一所有权,可以使得所有物流链条中的商品可追溯、可证伪、不可篡改,实现物流商品的资产化。利用区块链基础平台,可使资金有效、快速地接入物流行业,从而改善中小企业的营商环境。

(4)改善食品安全问题。随着人们生活水平的提高,老百姓对于健康的食品安全问题越来越关注。食品安全的保证既需要从源头控制产品质量,又需要从生产方到消费者全流程的有效监管。相对于较为完善的食品安全标准体系,我国目前对于食品产品流通过程的监督手段仍较为缺乏。人们对于食品的生产和流通信息往往无从知晓,关于食品质量安全的诚信体系有待完善。应用区块链技术可能是解决食品安全问题的一个有效突破口。将食品生产商、分销商、零售商、物流企业以及消费者等参与者的信息都录入区块链当中,所有参与者都可以方便地对食品的来源和流通过程进行查询和监督,网络中表现更优的参与者将获得更多利益,缺乏诚信或服务质量不高的参与者将得到相应的惩罚,食品安全信用体系将更快建立起来,企业以安全高质量的食品为逐利的基础,老百姓也能吃上放心食品。

第九章　21世纪的物流系统

物流是一个庞大的系统,它是以物流管理通道内物资的合理流动和员工的恰当安排为目的,把相关活动组合起来构成的一个网络。进入21世纪,传统的物流系统显然已经不能满足日益增长的客户需求。RFID/EPC、GPS、互联网等科技创新成果为物流业带来了新的机遇,同时也给企业带来了一定的挑战。如何将这些最前沿的研究成果与传统的物流系统进行完美的融合是一个极具前景的研究方向,这也是21世纪的物流系统的发展方向。本章将从智能化物流系统、互联网物流系统、绿色物流系统对21世纪的物流系统进行分析。

第一节　智能化物流系统

智能物流与传统物流最明显的区别是物流信息化,即运用现代信息技术手段,通过物流信息的适时传递和准确处理,为企业物流管理提供可靠的决策依据,达到整合物流资源、降低物流成本、提升物流运作率的目的。

一、智能化物流系统的内涵

智能化是21世纪物流系统的必然趋势,它是物流自动化、信息化的一种高层次应用。作为一条新的产业链,物流智能化是针对物流行业的。近年来,随着物流行业的快速发展,信息技术和自动化技术等先进技术在物流系统中发挥着越来越重要的作用。而消费者对服务质量、效率、成本等因素的高度关注也使物流系统的智能化成为业内外人士关注的热点。

智能物流系统是在智能交通系统(Intelligent Transportation System,简称ITS)等相关信息技术的基础上,以电子商务(Electronic Commerce,简称EC)方式运作的现代物流服务体系。它通过ITS和相关信息技术解决物流作业的实时信息采集,并在一个集成的环境下对采集的信息进行分析和处理。通过在各个物流环节中的信息传输,为物流服务提供商和客户提供详尽的信息和咨询服务。

智能物流系统(Intelligent Logistics System,简称ILS)能够使物流企业实时地掌握运输计划和仓储计划的执行情况、货物在仓库和在途情况,准确地预估货物的销售和库存情况,从而组织新一轮的生产资料采购和生产过程。同时,它能够使第三方物流企业在最短时内获得客户的采购或供应信息,并及时作出响应,实现整个物流系统的高效运转。智能物流系统的结构示意图如图9-1所示。

二、智能化物流系统的组成

智能化物流系统由以下几个部分组成:
(1)为客户提供服务的智能服务系统,包括客户结构分析模块、订单处理模块、市场前景预测模块。

（2）对物流设备进行监控和管理的智能系统，包括实时监控模块、双向通信模块、车辆动态调度模块、货物 Web 实时查询模块。

（3）对物流信息资源进行处理的智能系统，包括仓储管理模块、库存动态分析模块、其他信息资源管理。

（4）对物流配送进行智能优化调度的系统，包括配送物品分析模块、配送路径规划、MAPX（可编程控件）、BAS（服务设备）启发式算法。

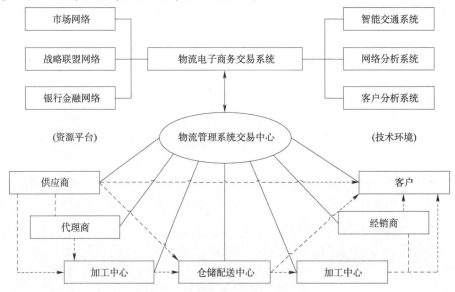

图 9-1　智能物流系统的结构示意图

三、智能化物流系统的特性

物流智能化是建立在智能化配送系统基础上的，它充分利用了电子商务的物流配送的操作方法。物流智能化利用智能流通体系来处理实时物流数据，通过对数据的采集、整理和计算，并经过不同渠道的物流数据传播，为物流企业与客户提供详细的参考数据和咨询帮助。物流智能化是物流行业进步的必然方向，而经济社会的发展对物流智能化的发展起到了巨大的推动作用。

首先，它应该具备多样性的解决策略以满足不同客户的多样性需求。其次，要具备更加精确的实时定位功能，如物流追踪与定位等。再次，能够进行更合理的物流决策。如当遇到公共突发事件等意外情况时，能够合理地对应急物资进行优化配送。最后，各参与者需要更加紧密地合作与交流。如多个物流服务商的协同作业、信息共享，以形成一个完整的物流回路。因此，21 世纪的智能化物流系统应具备高效、精细、精准、灵活、可靠的特点。

四、智能化物流系统的目标

智能化物流系统依托智能交通系统和相关信息技术来为物流企业和客户提供实时、详尽的商品信息和咨询服务。智能化物流系统所要完成的目标可以分为两部分：

(1)对物流企业而言,对其进行过程优化重组。

(2)在电子商务大背景下,尽可能地满足客户的所有需求,从而为客户提供前所未有的增值性服务,进而提高物流的服务水平,降低总成本,为企业开拓业务资源。

五、智能化物流系统的构建

为了实现物流系统的智能化,不仅需要构建更加合理的物流系统体系结构,而且还需对物流系统现有的理论、模型等作出更深一步的拓展,同时借助 RFID、GPS 等先进科技技术,完成物流信息系统和物流作业系统更加紧密的协同与合作。物流基础设施是物流智能化水平的最直观表现。智能化设备是企业进行配送优先安排的必要条件,同时也是其重要的运营方式。与日本、欧洲等发达国家相比,我国基础设施的智能化水平还有待提高。在具备先进的基础设施的前提下,物联网技术、RFID 等先进技术能够显著降低运营成本,提高运输效率。通过具有先进技术的物流智能化系统的应用,在一定程度上可以使物流运营服务成本得到有效降低,使物流运营管理水平得到提升,促进物流运营流程的信息化发展。

与此同时,一个整合多方面信息的智能化信息平台也是必不可少的。在高度信息化的今天,信息安全是人们关注的焦点。而智能化信息平台需要整合一整条供应链中的所有信息,包括客户的基本信息、物品的流动信息等商业信息,甚至会涉及国家机密。因此,如何确保这些重要信息不被泄露与窃取是物流行业必须要解决的一个严峻问题。政策法规对智能化物流系统健康有序的发展也是非常重要的。政府的相应部门应该实施一些促进性政策制度来优化智能化发展环境,为我国智能化物流系统的发展保驾护航。

第二节 互联网物流系统

经济全球化使得物流业向全球化、信息化、一体化的方向发展。现代信息技术的发展,特别是互联网迅速向市场渗透,正在促进企业的运营方式发生变化。由于互联网具有公开标准、使用便捷、成本低等特点,使得企业在应用互联网进行物流管理时的成本较低且动态性好。互联网是现代社会最重要的技术变革,它改变了信息散播与获取的方式,同时也改变了人们消费的形式。物流已然成为人们日常生活中必不可少的一部分,物流与互联网的联系也更加紧密。

一、互联网物流系统的内涵

物联网、云计算、大数据等先进信息技术的应用将现实的物流运作与互联网上虚拟的物流信息进行了深入的融合。互联网物流系统将"线上"与"线下"有机结合在一起。在这个系统中,互联网对物流系统的实体操作进行决策,它是整个系统的"大脑",并将全方位的物流信息扩展到线下的实体物流,进而实现"线上"与"线下"的互联互通。RFID/EPC、GPS/GIS、各类传感器等先进技术的应用,可实时采集物流数据并同步到互联网上,实现了"天网"(互联网)与"地网"(实际物流系统)的密切融合。

2012 年,"互联网+"的概念首次出现。如今,这一理念改变了我们的生活方式,造就了无数的创新与改革,也开阔了我国经济新常态下高速发展经济的新模式。

"互联网+"物流形成了物流发展的第4次变革即信息化变革。互联网使电子商务得到迅猛发展,通过电子商务我们进入了互联网消费时代,它改变了传统的 B2C 消费模式,形成了以消费者为核心的多流向模式,进而引发了物流活动的巨幅增长。

二、互联网物流系统的功用

互联网与物流的紧密结合使物流管理的成本更低、信息动态性更好、客户满意度更高。互联网物流系统将传统物流的一些环节与手续进行了一定程度的简化,在网上进行物品的采购与分配,加强了企业内部、企业与供应商、企业与消费者等的联系与沟通。消费者可以直接在网上获取商品的信息,进行网上购物。这种方式依托强大的互联网系统,可以分析客户的"大数据",进而对客户的需求信息进行实时评估,有利于企业对产品进行计划性生产,以达到企业效益的最大化。同时,通过互联网技术,生产企业也能与客户进行实时的沟通与交流,大大降低了双方的总成本,提高了客户满意度,开拓了企业的销售领域。此外,互联网物流系统还能够实时追踪商品,并在线上规划物流线路、检测等,为物流企业提供详细的信息,使物流程序标准化、规范化,大大增加了企业对物流环节的监管。未来物流业的发展也将更加依托互联网技术,互联网技术也为物流业提供了充分的信息空间。相对于实体物流环节,物流系统的信息空间具有相对体制无关性、相对物理无关性的特点。

当今物流业的迅猛发展主要在于互联网技术的进步,具体表现在以下 3 个方面:

(1)信息得到一定程度的延伸与放大。在传统物流系统中,物流供应方以及参与企业通常通过 EDI 等技术进行信息交流与共享,以确保物流信息的顺畅流通。而在互联网物流系统中,物流信息必然传播得更快、更广,从而积极推进物流国际化的进程。

(2)互联网物流系统增加了企业内部、企业间,以及企业与客户间的联系。互联网物流系统首先增加了企业内部各部门之间的信息交流与共享,提高了企业运营的效率。其次,促进了物流供应链参与者之间的交流与协作。最后,促进了物流供应方与客户之间的交流,提高了物流服务质量。

(3)互联网物流系统促进了全球经济一体化。互联网物流系统的应用和发展缩小了世界"空间",缩短了企业、物流企业、消费者之间的联系与运输距离。互联网物流低成本、快节奏、大范围等优势的发挥,不仅有效地降低了物流成本,而且加快了物流速度,拓宽了物流服务和运动范围,并在速度和范围的双重作用下,使流程更加紧凑、运行更加快捷、服务更加及时、管控更加有效,最终以最小的投入和最优的结构,获得了最大的效益,从而确保物流迈上了一个又一个高水平。这也从另一方面促进了全社会、全球经济的快速优质发展。

三、互联网物流系统的发展趋势

一些国际化大企业如丰田、GE 等都在大力发展互联网物流。同时,国内一些企业如京东、顺丰都在尝试使用无人机配送商品,苏宁也在设计"苏宁云仓"。全球的物流行业正在从劳动密集型向技术密集型转变。2015 年国务院印发的《关于积极推动"互联网+"行动的指导意见》(国发〔2015〕40 号)明确将高效物流列入其发展目标中。高效物流的实现正是"互联网+"时代物流企业的主要目标。在"互联网+"的新时代背景下,一批创新型的物流企业诞生和成长,一些传统的物流企业也在积极与"互联网+"融合,颠覆原有的商业模式与运营方式。"互联网+"已经开启了智能物流新时代,在这样的大环境下,对物流企业而言,其更应该追求精细化发展,并整合各项资源。互联网物流系统作为21世纪物流最具发展潜力的方向,正在发挥着越来越重要的作用。将互联网技术充分应用到物流系统中是物流企业面临的一大难点。

需要指出的是,互联网物流系统的出现并没有完全否定原有的物流系统与网络,它是一种新的物流系统模式,是建立在发达的物流网络资源之上的,它们之间是相互协作、相互依存的。互联网物流系统促进了虚拟企业与实体企业的合作,因为线上的虚拟物流最终都是要依托线下实体物流网络来形成一个完整的物流网络回路。只不过线上的虚拟物流的发展速度要远高于线下的实体物流。线上虚拟物流的快速发展最终也会促进线下实体物流的发展。

互联网物流系统给我们的最大启示就是要高度重视物流信息化工作。这既是企业物流的内在需要,也是其未来发展的必然要求。将最先进的互联网技术应用到物流系统中,才能使我国的物流业更快、更好地发展。因此,我们必须在引进、应用、创新互联网技术等方面下足功夫。

第三节 绿色物流系统

物流与社会经济的发展是相辅相成的,现代物流一方面促进了国民经济从粗放型向集约型转变,又在另一方面成为消费生活高度化发展的支柱。然而,无论在"大量生产-大量流通-大量消费"的时代,还是在"多样化消费-有限生产-高效率流通"的时代,都需要从环境的角度对物流体系进行改进,即需要形成一个环境共生型的物流系统。环境共生型的物流管理就是要改变原来经济发展与物流、消费生活与物流的单向作用关系,在抑制物流对环境造成危害的同时,形成一种催促经济和消费生活同时健康发展的物流系统,即向环保型、循环型物流转变。绿色物流正在这一背景下成为全球经济可持续发展的一个重要组成部分。

一、绿色物流的内涵

绿色物流其实是物流管理与环境科学交叉的一门学科。21世纪的物流与环境的关系可以用图9-2简单表示。

在研究社会物流与企业物流时,必须考虑环境问题。尤其是在产品的获得与运输过程中,运输作为物流业最主要的活动,或多或少地会影响周边的环境。同时,如何对废旧物品进行合理的处理,进而最大限度减少对环境的危害且节约总成本,也是物流管理所必须考虑的方面。因此,绿色物流可以定义为:在物流过程中抑制物流对环境造成危害的同时,实现对物流环境的净化,使物流资源得到最充分的利用,利用先进物流技术规划和实施的运输、储存、包装、装卸、流通加工等物流活动。

绿色物流的内涵可以从以下几个方面来理解:

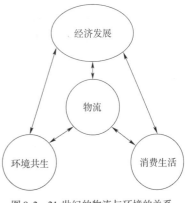

图9-2 21世纪的物流与环境的关系

(1) 绿色物流是共生型物流。传统物流往往是以对环境与生态的破坏为代价以提高物流的效率。而绿色物流则专注于环境保护与可持续发展,进而使环境与经济发展共存。通过物流的革新与进步,减少和消除物流对环境的负面影响。

(2) 绿色物流是资源节约型物流。绿色物流不仅关注物流过程对环境的影响,而且强调资源的节约利用。在实际工作中,资源浪费现象是普遍存在的,它不仅存在于生产领域、消费领域,也存在于流通领域。例如,过量储存产品会造成产品陈旧、老化、变质,运输过程的商品破损,流通加工过程余料的浪费等。在计划经济时期,原物资部提出了"管供、管用、管节约"的方针,这一方针在今天仍然非常适用。

(3) 绿色物流是循环型物流。传统物流只注重从资源开发到生产、消费的正向物流,而忽略了废旧物品、可再生资源的回收利用所形成的逆向物流。循环型物流包括原材料副产品再循环、包装废弃物再循环、废旧物品再循环、资源垃圾的收集和再资源化等。因此,绿色物流是经济可持续发展的必然结果。

二、绿色物流系统的内涵

1. 废弃物再处理物流系统

从经济可持续发展的角度看,大量生产和消费所产生的废弃物对经济社会产生了严重的消极影响,这不仅表现为废弃物难以处理,而且很容易造成资源的浪费和环境的破坏。所以,21世纪的物流系统应该有效地利用资源且最大限度减少对环境的影响。

减少废弃物物流,就要实现资源的循环使用(如饮料瓶等的二次利用)、再利用(如不可用物品转化成新物品的原料)。因此,建立起生产、流通、消费、回收的循环系统是十分有必要的。

2. 物流系统污染的控制措施

对物流系统污染进行控制,即在物流系统和物流活动的规划与决策中尽量采用对环境污染小的方案,如采用排污量小的车型、近距离预先配送、夜间运货(减小交通阻塞、节省燃料和减小废气排放)等。发达国家政府倡导绿色物流的对策是在污染发生源、交通量、交通流三个方面制定相关政策以进行规制(表9-1)。

发达国家政府倡导的绿色物流对策　　表9-1

方　法	细　节
发生源规制	根据大气污染防治法对废气排放进行规制
	根据对车辆排放二氧化氮的限制来对车种进行规制
	促进使用符合规制条件的车辆
	低公害车的普及推进
	对车辆噪声进行规制
交通量规制	指导货车使用合理化
	引导企业选择恰当的运输方式
	提高中小企业流通的效率化
	统筹建设物流中心

续上表

方　法	细　节
交通流规制	道路与铁路的立体交叉发展
	发展现代化交通管制系统
	道路停车规制
	环状道路建设

（1）发生源规制。发生源规制主要是对产生环境问题的源头进行管理。从当今的物流系统来看，产生环境问题的主要物流载体是货车，即由于物流量的增大以及配送服务的发展，货车使用频率与数量增加，而货车的增加必然导致大气污染的加重。基于此，发生源规制主要包括废气排出规制和针对车辆的二氧化氮排放量规制。

（2）交通量规制。交通量规制主要是发挥政府的指导作用，推动企业从自用车运输向货车运输转化，发展共同配送，建立现代化的物流信息网络等，以最终实现物流的效率化。其中，中小企业如何提高物流效率是政府规制的重点。

（3）交通流规制。交通流规制的主要目的是通过建立都市中心环状道路、道路停车规制以及实现交通管制的高度化等来减少交通堵塞，提高配送效率。

当然，推进绿色物流除了加强政府管制外，还必须重视民间倡导，即积极发挥企业在保护环境方面的作用，从而形成一种自律型的物流管理体系。从当今企业群体或民间组织的举措看，对绿色物流的推进主要表现在：通过车辆的有效利用提高配送效率和货物积载率；通过运输方式的改变减少货车的运行以及降低单位货车废气排放量等。表9-2列出了民间倡导的有关绿色物流对策。

民间倡导的有关绿色物流对策　　　　表9-2

措　施	方　法	项　目
通过车辆的有效利用，提高配送效率和货物积载率	输配送计划化	建立多频度、少量配送以及JIT配送
		通过订发货计划化、均衡化，实现有计划的配送
		配送路线的最优化
		通过商物分离、直送，实现输送最优化
		信息化的推进
		减少退货运输和错误配送
	城市内共同配送	同产业共同配送
		异产业共同配送
		由物流运营者统一集货、发货
		地域内共同配送
	主干线运输的效率化	通过提高往返载货率实现效率化
		货运业者的共同运行
	物流的标准化	一贯制联合运输

续上表

措　　施	方　　法	项　　目
通过车辆的有效利用,提高配送效率和货物积载率	物流的标准化	装载工具的标准化
		包装尺寸的标准化
	运输时间的缩短	收货业务的合理化
		商品检验时间的缩短
		停车场地的确保
		配送工具的确保
	物流中心建设	输送的集约化
	从自用型向营业型货车转化	在库的集约化
通过运输方式的转换减少总运行车辆数	转向铁路运输	向铁路集装箱运输转换
		导入固定式输送
	转向海上运输	转向集装箱船
		转向轮渡式运输
减少车辆排放量	向符合规制的车辆转换,并导入低公害车	—
	推动正确合理的车辆驾驶	—

为了实现可持续发展的目标,从物流管理的角度来看,不仅要在系统设计或物流网络的组织上充分考虑企业的经济利益(最低的配送成本)和经营战略的需要,同时也要考虑商品消费后的循环物流,包括将废弃物及时、高效从消费地转移到处理中心,以及在商品从生产者运输到消费者的过程中减少容易产生垃圾的产品的生产。除此之外,还应当考虑如何最大限度减少企业的物流系统对环境所产生的消极影响(如车辆拥堵、噪声等)。显然,要解决上述问题,需要企业在物流安排上有一个完善、全面的规划,诸如配送计划、物流标准化、运输方式等,特别是在制定物流管理体系时,企业不能仅仅考虑自身的物流效率,还必须与其他企业协同起来,从综合管理的角度,集中、合理地管理生产和配送活动。

三、绿色物流系统的特征

讨论绿色物流系统时必须将其放在特定的区域考察。从系统论的角度看,绿色物流系统主要有5个特征。

(1)开放性。绿色物流系统由多个要素构成,其内部各要素之间、系统与外部大环境之间不断地进行着物质、能量和信息的交换,并且以"流"的形态贯穿其间,从而形成一个动态的、系列的、层次的、具有自我调节和反馈能力的相对独立体系。正是通过"流",物流系统才得以维持自身的发展;也只有通过"流",才能识别绿色物流系统的动态特征和演化规律,才能评判、比较和推断不同系统的优劣。开放性的另一个体现就是绿色物流系统内部要素之间存在着协同与竞争的复杂关系。

(2)区域性。绿色物流系统总是有一定的空间范围,也就是说,当我们讨论物流业发展或物流业的绿色化发展时,总是将其置于特定的空间上去考察。区域作为某种特定范围的地域综合体,有其特定的自然、社会、经济、生态环境等要素,也有其固有的形成、发展和演化机制,一个区域的社会经济活动必须遵循其固有的基本规律。因此,绿色物流系统也必须考虑区域这一基本特征。按照区域范围的大小不同,绿色物流系统可以划分为社会绿色物流系统和城市绿色物流系统,而企业物流是两者的基本组成部分。

(3)多环节性。绿色物流系统也就是物流系统的绿色化,既包括物流系统的"绿色"状态,也包括为使物流系统变得"绿色"所进行的调整和行动过程。由于物流系统具有多环节的特点,绿色物流系统也具有多环节的特点。不管是社会物流、城市物流,还是企业物流,绿色物流系统都应该包括绿色包装、绿色运输、绿色仓储、绿色流通加工等功能环节。

(4)行为主体的多样性。绿色物流系统的行为主体包括了广大的公众(消费者)、各行业的生产企业、分销企业、物流企业、批发/零售业等。这些行为主体的环境意识和环境战略对他们所在的供应链物流的绿色化将产生重要的推动作用或制约作用。因此,与绿色物流系统相关的政策法规、消费者督导、企业自律等也是实施绿色物流战略的宏观管理策略。

(5)层次性。层次性表现在绿色物流系统本身可分解为若干子系统,各子系统还可以进一步分解为更小的子系统。如按照对绿色物流系统管理和控制主体不同划分,可分为社会决策层、企业战略层和企业作业层3个层次的绿色物流活动。其中,社会决策层的职能是通过制定绿色物流方面的政策、法规、标准,传播绿色理念,约束和指导企业的绿色物流战略;企业战略层的任务则是从战略高度与供应链上的其他企业协同,共同规划并管理企业的绿色物流系统,建立有利于资源再利用的循环物流系统;作业层的绿色物流活动主要是指物流作业环节的绿色化,如运输的绿色化、包装的绿色化、流通加工的绿色化、仓储的绿色化等。

四、构建绿色物流系统的必要性

当前局势下,发展绿色物流刻不容缓。因此,构建绿色物流系统具有以下必要性:

(1)顺应绿色发展的浪潮,解决环境问题。从生产到消费,从绿色产业、绿色企业到绿色产品、绿色消费,整个社会都在密切关注环境问题。而迅猛发展的物流业,也应在强调长远利益的同时关注可持续发展问题。而只有在物流的所有环节保证是绿色的、环保的,才能从根本上解决环境问题,促进我国绿色产业的形成。

(2)经济可持续发展的必然要求。可持续发展是在不破坏后代资源与生态环境的基础上,更持久、更稳定的经济发展模式。联合国《21世纪议程》明确指出:"地球所面临的最严重的问题之一,就是不适当的消费和生产模式,导致环境恶化,贫困加剧和各国的发展失衡。"因此,要彻底摒弃不可持续的生产和消费模式,以建立可持续发展的新模式。目前,这种模式已渗入生态、经济、社会和技术方面。应用到物流系统中,就是要建立与环境共生的可持续发展的物流体系,杜绝恶性环境污染的蔓延,力争节约资源,降低成本,使物流业可以长期、稳定而高效地发展。

(3)循环经济的需要。循环经济实际上是可持续发展的重要组成部分。它是一个"资源-产品-废弃物-再生资源"的闭合型经济系统,要求政府在产业结构调整、科学技术发展、城市建设等重大决策中,综合考虑经济效益、社会效益和环境效益,节约利用资源,减少资源与环境财产的损耗,促进经济、社会、自然的良性循环。此外,循环经济还要求全社会以循环利用资源、变废为宝、保护环境的意识,促进资源消耗的减量化、产品反复使用和废弃物资源化。而绿色物流正是符合这种生态经济的要求,符合可持续发展的需要。

(4)企业参与国际竞争的必然选择。在经济全球化的市场背景下,绿色壁垒已成为发展中国家贸易的主要障碍。经过教训和反思之后,我们发现仅仅是"绿色产品"还不够,"绿色包装"和"绿色运输"也尤为重要。目前,各国都在尽力打造绿色物流、绿色供应链,如德国的"蓝天使"计划;日本的《综合物流实施大纲》中也专门制定了环保规划等。

(5)满足广大消费者的需要。目前,消费者不仅要求产品是绿色的,而且对其包装、运输、储存、加工等环节的环保要求也越来越高。消费者要求产品的生命周期都要达到节能、减污、降耗的目标。只有绿色物流、绿色消费的相互渗透、相互作用,才能在生产和消费之间实现环保的目标。

五、绿色物流系统的功用

绿色物流是经济可持续发展的重要方面,它与绿色制造、绿色消费共同构成了一个节约资源、保护环境的绿色经济循环系统。绿色制造(亦称清洁制造),是指以节约资源和减少污染的方式制造绿色产品,是一种生产行为;绿色消费是以消费者为主体的消费行为。绿色物流与绿色制造和绿色消费之间是相互渗透、相互作用的。绿色制造是实现绿色物流和绿色消费的前提,绿色物流可以通过流通对生产的反作用来促进绿色制造,通过绿色物流管理来满足和促进绿色消费。绿色物流的目标与一般的物流活动是不一致的。一般的物流活动主要是为了实现物流企业的盈利、满足顾客需求、扩大市场占有率等,这些目标最终均是实现某一主体的经济利益。而绿色物流的目标是在上述经济利益目标之外,还追求节约资源、保护环境这一既具经济属性又具有社会属性的目标。一般物流系统通常在垃圾收集环节才进行物品的回收。绿色物流系统则在每两类物流环节之间就进行物品的回收、重用,整个物流循环系统由无数个小的循环系统组成,在完成一次大的物流循环之前,每个小循环系统已经工作了无数次,因此确保了物流系统中的物质能得到最大限度的利用。

现代绿色物流系统注重的是全局和长远的利益,强调全方位对环境的关注,体现了社会的绿色形象,是一种新的物流方向。而绿色物流系统的最终目标是可持续性发展,实现该目标的准则是经济利益、社会利益和环境利益的统一。

在我国,由于经营者和消费者对绿色经营、绿色消费理念的提高,绿色物流日益受到广泛和高度的重视,初步搭建起了企业绿色物流的平台。不少企业使用"绿色"运输工具,如采用小型货车等低排放运输工具,降低运输车辆尾气排放量;采用绿色包装,使用可降解的包装材料,提高包装废弃物的回收再生利用率;开展绿色流通加工,以规模作业方式提高资源利用率,减少环境污染。

总之,研究绿色物流系统的最终目的在于引导和促进企业顺应21世纪经济可持续发展的要求和现代物流的发展趋势,实现环境友好的绿色物流战略与措施。而绿色物流系统涉及诸多学科的前沿,它的实现是一项复杂的工程,需要各方面人才的共同努力。

参 考 文 献

[1] 齐二石,方庆琯.物流工程[M].北京:机械工业出版社,2006.
[2] 尹俊敏.物流工程[M].5版.北京:电子工业出版社,2020.
[3] 齐二石,霍艳芳,刘亮.物流工程与管理概论[M].北京:清华大学出版社,2009.
[4] 张远.运输港站与枢纽[M].南京:东南大学出版社,2008.
[5] 郭瑞军.交通运输系统工程[M].2版.北京:国防工业出版社,2015.
[6] 熊桂武.国际多式联运运输优化建模与算法研究[M].重庆:西南交通大学出版社,2017.
[7] 周慧,黄朝阳,陈英慧,等.仓储与配送管理[M].南京:南京大学出版社,2017.
[8] 于宝琴,陈晓,鲁馨蔓,等.现代物流技术与应用[M].重庆:重庆大学出版社,2017.
[9] 毛海军.物流系统规划与设计[M].2版.南京:东南大学出版社,2017.
[10] 赵智锋,叶祥丽,施华.供应链运作与管理[M].重庆:重庆大学出版社,2016.
[11] 王远炼.库存管理精益实战手册[M].北京:人民邮电出版社,2015.
[12] 吴彬,孙会良.物流学基础[M].北京:首都经济贸易大学出版社,2006.
[13] 孙宏岭,武文斌.物流包装实务[M].3版.北京:中国财富出版社,2014.
[14] 刘昌祺,金跃跃.仓储系统设施设备选择及设计[M].北京:机械工业出版社,2010.
[15] 谭利其,何敏瑜.配送与流通加工作用实务[M].北京:科学出版社,2011.
[16] 范丽君,郭淑红,王宁,等.物流与供应链管理[M].2版.北京:清华大学出版社,2015.
[17] 王丰.配送中心规划与运行管理[M].北京:中国石化出版社,2008.
[18] 谢翠梅.仓储与配送管理实务[M].北京:北京交通大学出版社,2013.
[19] 孙宗虎,李世忠.物流管理流程设计与工作标准[M].北京:人民邮电出版社,2007.
[20] 牛东来.现代物流信息系统[M].2版.北京:清华大学出版社,2011.
[21] 王丽亚.物流信息系统与应用案例[M].北京:科学出版社,2007.
[22] 王长琼.物流系统工程[M].2版.北京:高等教育出版社,2016.
[23] 程永生.物流系统分析[M].2版.北京:清华大学出版社,2015.